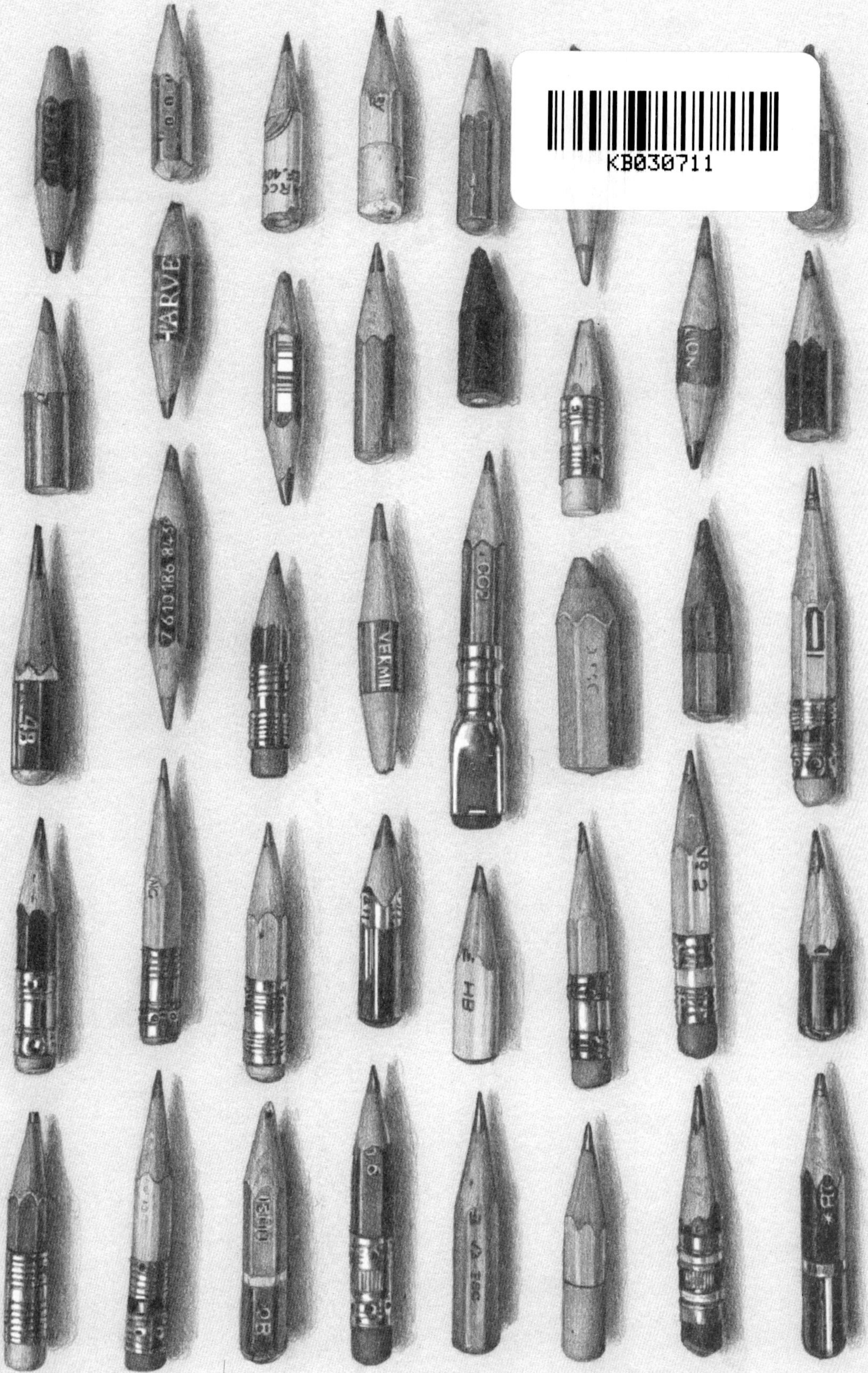

KB030711

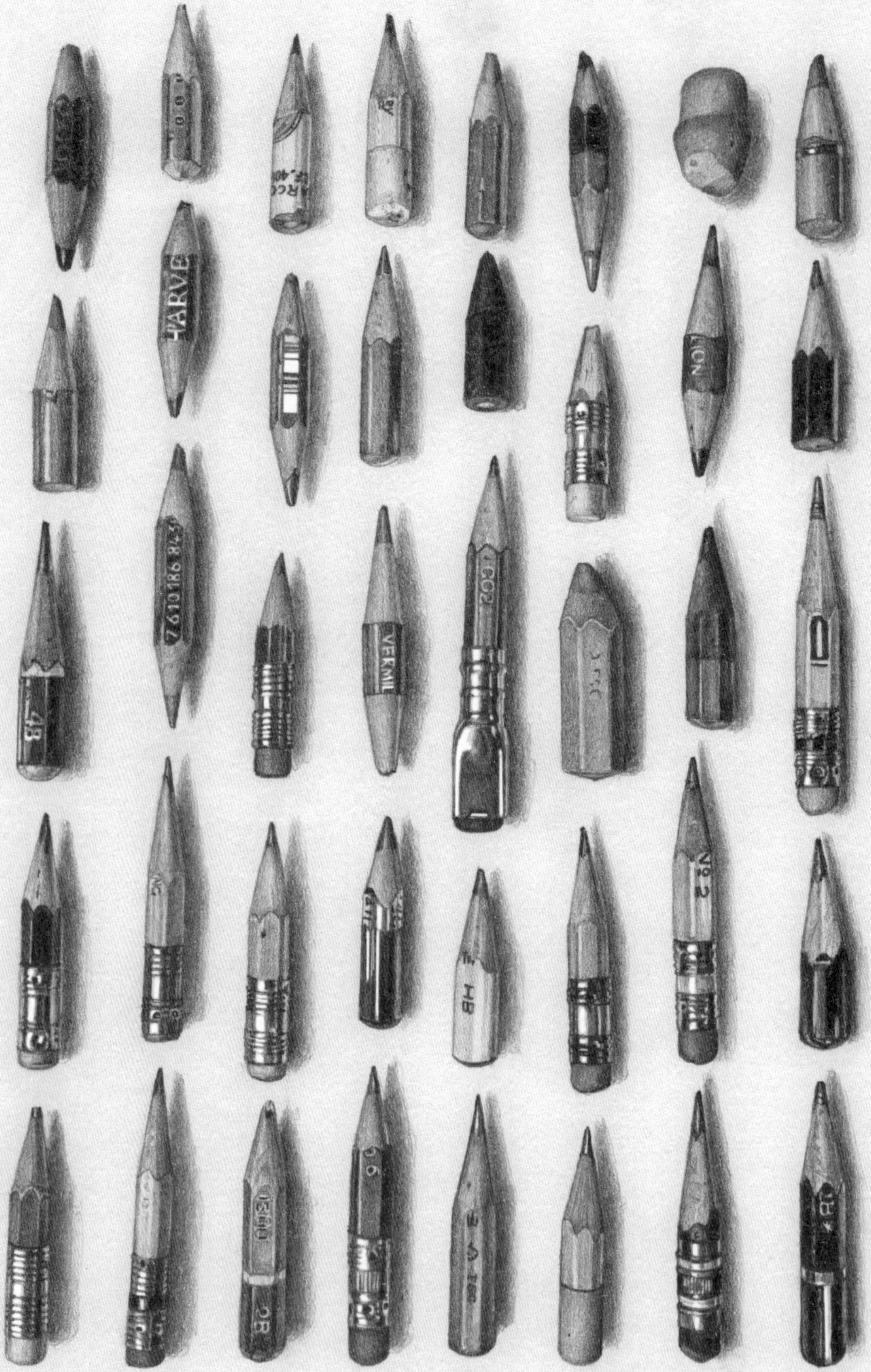
HARVE
LION
7 610186 843
VERMIL
4B
Nº 2
HB
2B

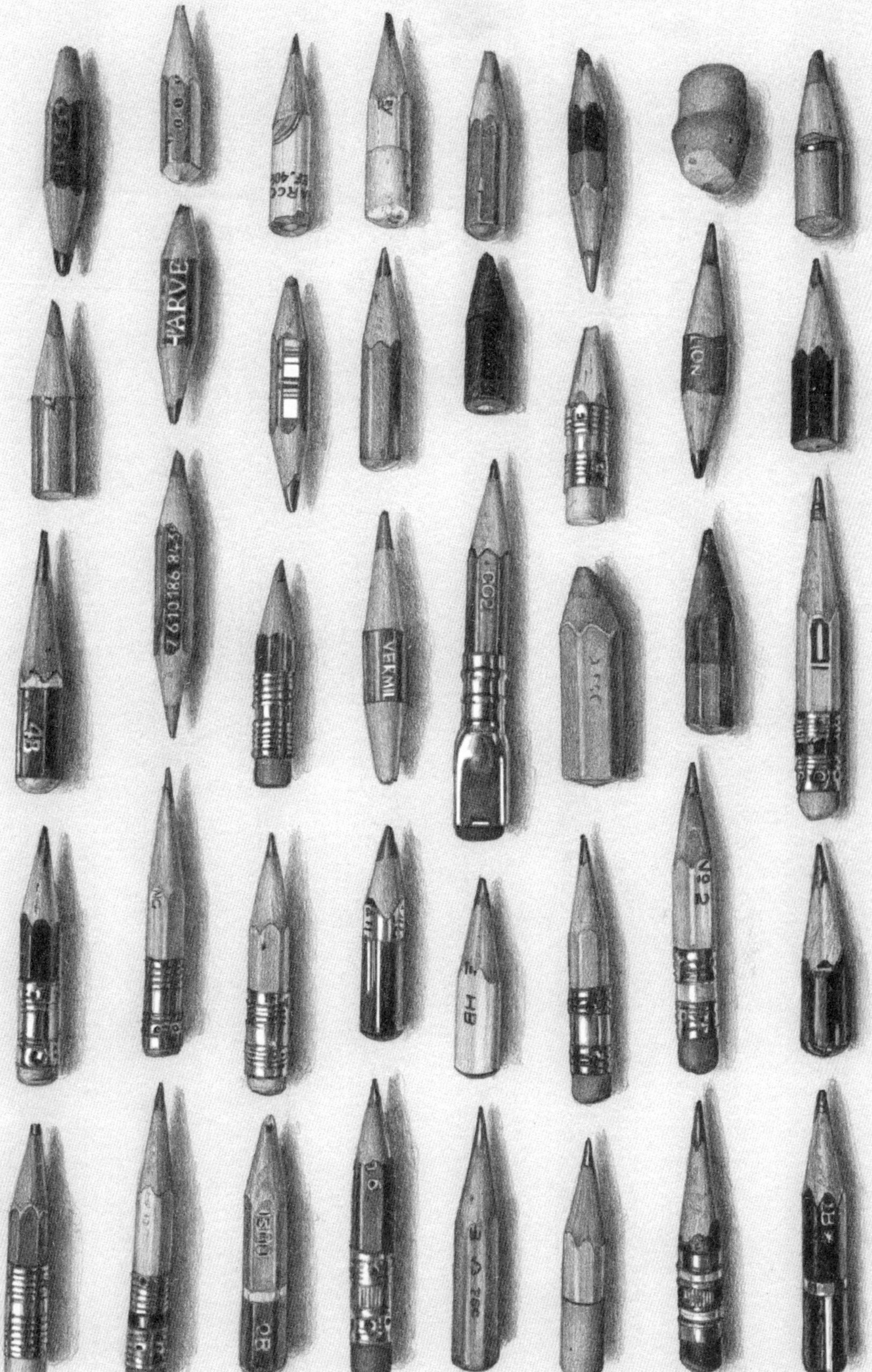
HARVE
LION
VEKMIL
4B
HB

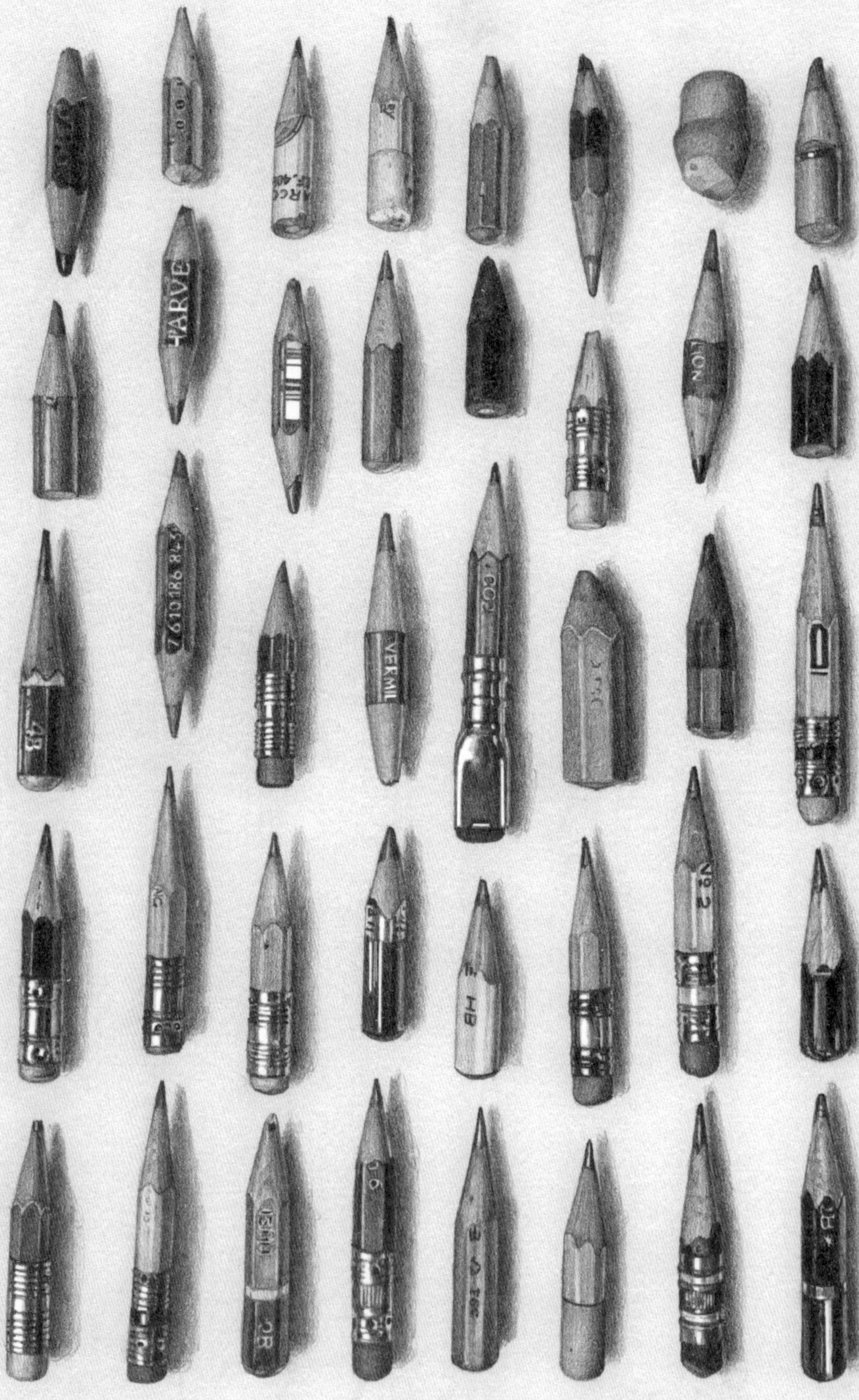

THE PENCIL PERFECT

사소한 물건의 소중한 역사

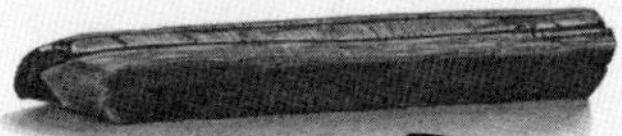

연필 이야기

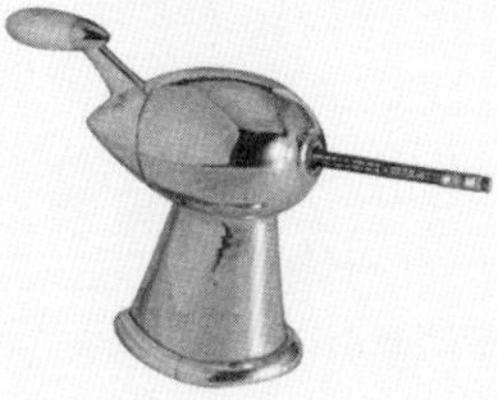

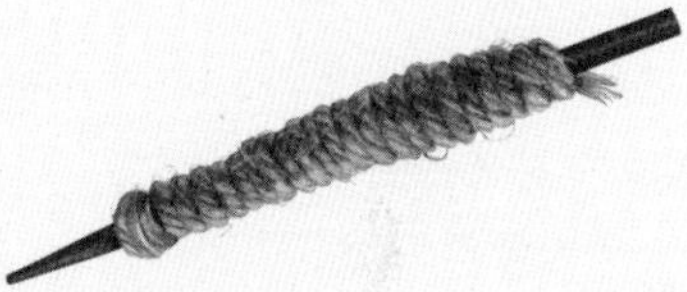

캐롤라인 위버(Caroline Weaver)

이지영 역

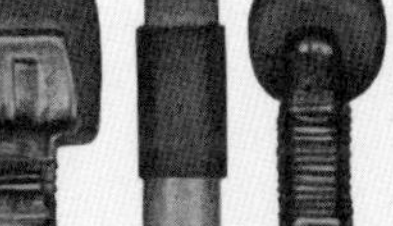

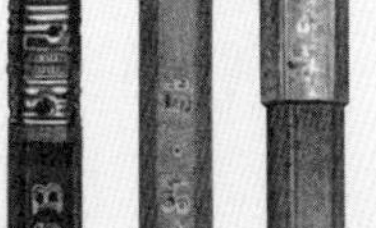

봄봄스쿨

서문

이 책은 연필이라는 하나의 주제, 특히 나무로 만든 연필이라는 경이로운 물건에 관한 책이다. 연필은 어떤 문화권에 사는 사람에게든 친숙한 것이고, 대략 4세기에 걸쳐 존재해오는 동안 현대 공학의 상징이 되었다. 사용 빈도에 상관없이 지금 당신의 책상 위에, 또는 적어도 서랍 속 어딘가에는 연필이 있을 가능성이 크다. 연필은 학용품 쇼핑 목록의 대표적인 아이템이며, 더 진보한 형태의 쓰기와 소통에 익숙해지는 어른들에게 종종 잊히는 물건이기도 하다. 이런 점들을 보면 그 어느 때보다도 바로 지금, 연필을 다시 들여다봐야 할 것이다.

과거 연필의 역사를 알고, 또 현재 알려지지 않은 연필의 명예를 나누고 지키는 데 성인기를 바친 사람으로서, 나는 이 물건을 재조명할 임무를 가지고 있다고 생각했다. 연필을 통해 얻는 경험은 과도한 디지털 기술 사용으로 얻는 경험과는 정반대의 것이다. 연필은 만질 수 있다. 단순하게 나무와 흑연으로 만들어졌으며, 다른 어떤 물건과도 다른 감각적 경험을 준다. 사무용품에 불과하다고 여길지도 모르지만, 사실 연필은 지난 수 세기에 걸친 장인들의 독창성 덕분에 존재하는 것이다. 연필의 물리적 특성들은 끊임없는 전쟁, 문화적 변화, 산업사회의 위업으로 인해 형성되었다.

연필의 역사는 단지 몇몇 일화들과 중요한 사건들로만 가득한 것이 아니라, 잘 알려지지 않은 사실이 많으면서도 특히 이해하기 쉬운 형태의 역사이다. 연필이 21세기와 연관성이 있는지 의문이 제기되는 경우도 있지만, 현재의 연필에 대한 논의는 성격이 다르다. 우리가 살고 있는 세상의 본성은 아날로그 도구를 인지적 경험의 목적뿐만 아니라, 사려 깊은 의사소통을 위한 장치로 사용할 때의 이점들을 생각해보도록 부추기기 시작했다. 연필은 컴퓨터가 할 수 없는 것을 할 수 있다. 이제 우리는 아날로그 혁명의 시작을 경험하고 있다. 이 색다른 혁명은 일상적으로 하는 일의 속도를 급격히 상승하는 것에서 늦추는 것으로 재고하도록 하고, 또 한 걸음 뒤로 물러나도록 하며, 기술이 우리의 마음과 생활방식에 어떤 영향을 미쳤는지 평가하도록 한다.

연필 하나로 그 어디에서도 찾을 수 없는 친밀함을 경험할 수 있다. 연필의 단순한 각 부분은 다양한 감각을 자극한다. 나무 부분에서는 나무가 자라던 숲 냄새를 맡을 수 있고, 흑연 심은 필기할 때 그 특유의 느낌을 주며, 지우개는 마찰과 열을 이용하여 흔적을 지운다. 그리고 연필은 한정된 글자 수를 쓰고, 연필깎이의 빠른 회전을 거치면 완전히 사라진다. 각 동작의 조합은 연필 고유의 사운드트랙을 만들어낸다. 이 상호작용은 순수하고 물리적이며 사용자의 마음속 사고와 생각에 온전히 연결되어 있다. 누구나 연필을 가능한 한 마음대로 쓸 수 있고, 또 지울 수도 있다.

일본의 소규모 연필 공장인 기타보시의 창립자인 스기타니 씨는 언젠가 이렇게 말했다. "연필은 사람들을 위해 자신을 희생합니다. 사람과 연필 모두 심(core)이 필요하죠." 그가 옳았다. 연필은 극히 시적이고 덧없는 성질의 물건이다. 연필은 딱 사용자가 이용한 만큼 마모됨을 자랑스럽게 보여주기 위해 인간이 만든 도구이다. 16세기 흑연의 발견부터 19세기 우리가 지금 알고 있는 나무 연필의 시작까지, 필기도구를 만들기 위해 많은 사람들의 기술, 지식, 그리고 혁신이 필요했다. 모든 혁신자들은 여지없이 결속했으며, 그 연대는 산업화된 세계의 많은 초기 발명품들처럼 협업의 노력에 의한 결과물이었다.

연필에서 배울 수 있는 것은 정치적, 사회적, 기술적 변화를 겪으면서 "필수"보다는 "신뢰"의 맥락으로 세월 속에서 버텨온 도구라는 점이다. 연필은 수많은 문화적 배경 속에서 영속성을 가져왔고, 휴대폰 배터리나 펜의 잉크가 다 떨어졌을 때 손 닿는 곳에 있는 언제나 존재하는 비필수품 중 하나다. 각각의 연필에는 다른 이야기가 담겨 있고, 그 이야기들도 지리적 특성이나 역사에 따라 다르다. 인류학자를 동경하는 나는 연필이 문화적 발전의 완벽하고, 가장 단순하며 실용적인 예라고 믿고 싶어 한다. 프랑스혁명 당시 가마에 구운 연필심의 발명부터 2차 세계대전 당시 물자 부족으로 인한 물리적 변화까지, 또 노란색 미국 연필과 같은 아이콘의 확립까지, 각 연필은 사람, 장소, 또는 시간을 대표한다.

현시대 속에서도 연필은 더 많은 이야기를 만들어내는, "의사소통"의 가치를 여전히 가지고 있다. 연필 이전에는 만년필이 있었고, 연필 이후 현대의 필기도구는 컴퓨터이다. 나는 우리가 잠시 멈추어 연필에 관심을 가져서, 자연의 물질로 만들어졌지만 인간에 의해 완성된 이 위대한 물건이 단순함과 의사소통의 기술을 모두 존중하고 있다는 것을 배울 수 있기를 바란다.

저자 소개

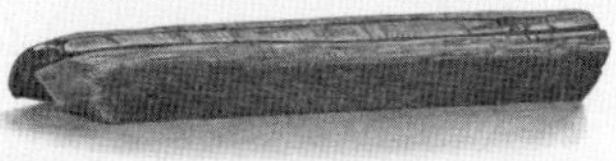

캐롤라인 위버(Caroline Weaver)는 평생에 걸친 연필에 대한 사랑으로, 세계를 돌아다니며 수집한 다양한 나무 연필을 취급하는 가게를 뉴욕에서 운영하고 있다. 어릴 적엔 까렌다쉬 프리즈말로 색연필 세트를 탐냈고, 매일 학교 가기 전, 2000년대 초반에 생산된 검은색 타이콘데로가 연필 여섯 자루를 자랑스러워하며 깎던 아이였다. 연필에 대한 그녀의 사랑과 지식이 자라나기 시작한 것은 그때부터였다. 아직 생산 중인 훌륭한 연필들을 찾아 전 세계를 여행하고 난 후, 2015년 연필 가게를 열었다.

TED연설자로 "연필이 완벽한 이유" 라는 주제로 강연 한 바 있으며, 맨해튼 근처 이스트 빌리지에 거주 중이다. 현재는 소규모 창업자의 컨설팅과 새로운 소매업을 준비하고 있다. 그녀의 팔에는 연필 모양의 문신이 있다.

CHAPTER 1

16/17세기 연필

16세기 영국 컴벌랜드의 드넓고 푸른 풍경을 상상해 보자. 풀이 덮인 언덕을 가로지르는 여행자들에게는 알려지지 않았지만, 그 밑에 있던 숨어 있던 광물은 아주 이상하고 신비해서, 사람들에게 완전히 알려지기까지 한 세기가 넘게 걸렸다. 이 고요한 푸른 땅에서 흑연은 1565년경 폭풍우가 몰아치는 동안 순전히 우연하게 발견되었다. 까맣고 매끄러운 물리적 성질은 자연계에서 발견된 그 어떤 물질과도 달랐다. 순수한 흑연의 덩어리는 가축을 표시할 때뿐만 아니라 나중에는 윤활제, 약용 치료제로도 사용되었고, 당연하게도 런던의 거리에서 끈으로 묶여 미술 재료로 팔리는 등 다양한 목적으로 사용되었다.

우리에게는 평범하고 연필에게는 꼭 필수적인 이 광물은 딱히 알려진 화학적 정체성 없이, 그리고 보편적인 이름조차도 없는 상태에서 거의 100년을 보냈다. 연필이 디자인과 기능 면에서 의심할 여지없이 단순한 사물이라 생각할 수도 있지만, 어떻게 연필이 "연필"하면 떠올리게 되는 연필이 되었는지에 대한 이야기는 사람들이 생각하는 것보다 훨씬 더 복잡하다. 흑연을 효과적인 휴대용 필기도구로 사용하려는 방법은 중대한 과학적, 공학적 문제를 야기했고, 이로 인해 수많은 혁신자들이 흑연을 이해하려고 했을 뿐만 아니라 흑연의 모든 잠재력을 실현하려고 시도하게 되었다. 이 시기의 목수와 가구 제작자들은 목공 기술을 사용하여 순수한 흑연을 나무로 감싸 흑연을 더욱 쉽게 사용할 수 있도록 만들었다. 하지만 그들의 혁신이 수 세기에 걸친 나무 연필 제조로 이어질 것이라는 사실을 그들은 몰랐다.

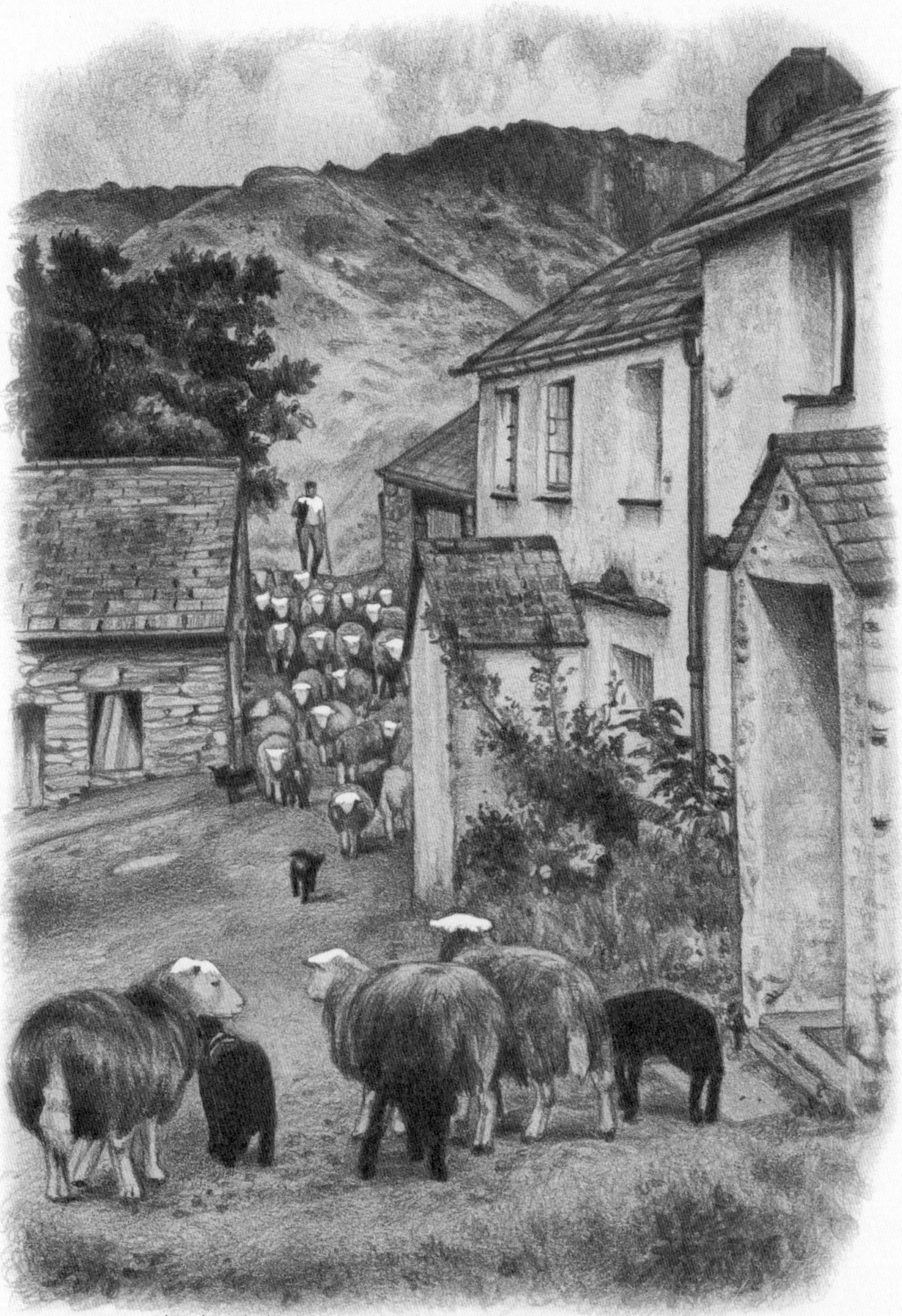

영국의 그림 같은 호수 지역에 위치한 보로데일(Borrowdale) 광산은 그 당시 최고 품질의 흑연을 생산했다. 이 광산은 1600년대 초에 전성기를 맞았다.

흑연의 발견

연필은 항상 한 가지 재료, 즉 흑연으로 정의되어 왔다. 흑연은 어둡고, 매끄러우며, 지울 수 있고, 금속에 준하는 강도를 갖고 있다. 연필은 흑연 없이 존재할 수 없다.

이 재료의 발견은 우연한 만남으로 시작되는 낭만적 이야기처럼 다소 신비하다. 전 세계 거의 어느 대륙에서든 찾을 수 있는 흑연이지만, 그 기원은 특히 한 장소로 알려져 있다.

이야기는 1560년대 영국의 어느 호수 지역으로 거슬러 올라간다. 북서쪽의 무성하고 넓게 펼쳐진 언덕에서 매우 강한 돌풍이 몰아쳐 커다란 물푸레나무(혹자는 참나무라고도 한다)의 뿌리를 통째로 뽑아 버렸다. 그래서 그 자리에 생긴 큰 구멍은 연필의 역사상 가장 중요한 발견으로 이어졌다. 컴브리아 카운티의 지하에서 발견된 것은 미지의 광물질의 퇴적물이었고, 바로 우리가 흑연이라고 부르는 물질이었다.

실제로 그 나무를 발견하고 새로운 물질의 가능성을 인식한 사람이 누구인지는 아무도 확실히 모른다.

흑연의 기원에 관련된 대부분의 이야기는 문서화되어 있지 않고 구전으로만 전해져 전설 같은 이야기가 되었다. 또 다른 이야기에서는 한 양치기가 양을 돌보던 중 그 퇴적물을 발견했다고 한다. 그는 양 떼를 표시하고 추적하는 데 그 새로운 물질이 유용하다는 것을 즉시 발견했고 흑연을 사용한 첫 번째 사람으로 인정되었다.

100년이 지난 지금까지도, 씨르켈(Cirkel)이 흑연에 대해 쓴 책은 가장 이해하기 쉽고 정확한 책이다. 이 책은 연필 애호가보다 화학자가 더 쉽게 읽을 수 있지만, 흑연이라는 광물의 모든 측면을 다루고 있다.

어떤 사람은 한 등산가가 등반하던 중 나무뿌리에 붙어 있는 검은 가루를 발견했다고 이야기하기도 한다. 우리가 아는 것은 엄밀히 말해서 흑연이 새로운 물질은 아니며, 널리 알려지지도 않았다는 것이다. 흑연이 얼마나 오래전부터 존재했는지도 알 수 없지만, 인류의 모든 시대에서 흑연을 사용한 이야기가 전해진다. 신석기시대에 흑연은 도자기를 칠하는 데 사용되었다고 한다. 고대 이집트에서 덩어리 형태로 발견된 흑연에 대한 이야기도 있다. 1907년에 프리츠 씨르켈(Fritz Cirkel)이 쓴《흑연(Graphite): 특성, 발생, 정제 및 사용법》에는, 흑연이 고대의 무덤 속에 묻을 석기에 칠하기 위해 사용되었다는 내용이 있다. 벨기에와 네덜란드의 광산은 영국의 보로데일 광산 이전에 존재했고, 이곳의 흑연은 이탈리아에 수출되어 예술가들에게 "플랑드르의 돌"이라는 이름으로 팔렸다. 1400년대로 거슬러 올라가면, 흑연은 국지적으로 채굴되었고 독일 바이에른 지방에서 도가니를 만드는 데 사용되었다고 한다. 이 이야기 중 어느 것이 사실이고 어느 것이 아닌지 알기 어렵지만, 지금까지는 영국의 케직(Keswick)에서 불리던 대로, 보로데일 광산의 발견이 가장 신뢰성 있고 널리 알려진 이야기이다.

흑연이라는 이름이 붙기 전에는 다양한 이름들로 불렸다. 플럼바고(Plumbago)는 라틴어로 "납(lead) 처럼 작용하는"이란 뜻이었기 때문에 가장 널리 쓰이는 이름이었다. 독일에서는 흑연의 금속성 때문에 종종 비스무트(bismuth)라고 불렸다. 영국의 크럼비아에서 이 자생 물질의 지역적 이름은 광맥에 있는 망간토 같은 덩어리에서 발견되었기 때문에 망간토(wad)였다. 다른 지역들에서는 단순히 검은 납(black lead)이라고 불렸다. 흥미롭게도, 납 페인트를 잠깐 사용하는 것을 제외하고는, 연필이나 흑연 모두 어떤 형태로든 실제로 납을 함유하지는 않는다. 단지 어두운 색과 일반적인 물리적 특성 때문에 납 종류로 여겨졌을 뿐이다. 어떤 이유에서인지, 이 가정은 꼬리표처럼 붙어 있어서 오늘날까지 종종 사실로 간주된다. 연필은 당신을 죽이지 않으니 걱정하지 마라. 가장 초기의 흑연은 화학의 과학적 지식이 완전히 이해되기 훨씬 전에 발견되었고, 새로운 발견들은 관찰의 결과로 얻은 약간의 정보와 이미 알려진 것을 기반으로 분류되었다.

흑연의 화학적 연구 분야의 첫 번째 주요 기반은 보로데일 광산을 발견한 지 약 2세기 후인 1779년경, 산성 물질 연구 전문가였던 독일계 스웨덴 화학자이자 약사인 칼 빌헬름 쉘레(Karl Wilhelm Scheele)가 발견했다. 산에 관심이 많았던 그는 흑연이 산소의 흐름에서 탄산(carbonic acid)에 연소한다는 사실을 발견하여, 흑연이 실제로 거의 탄소로 만들어졌다는 매우 중요한 추론을 이끌어냈다. 이 개념은 다른 유명한 화학자들 사이에서 논쟁거리였고 많은 이들이 의심했지만, 다른 약품에 대한 흑연의 저항이 더 철저히 실험된 후에 결국 인정받았다. 18세기말에 광물학자 A.G.베르너는 흑연의 속성을 더 연구했으며, "쓰다"를 의미하는 그리스어 "graphein"에서 흑연(graphite)이라 명명한 것으로 기록된다.

탄소는 흑연과 다이아몬드를 구성하는 주요 원소로 알려져 있는데, 이 둘의 구조는 몇 가지 세부 사항을 제외하고는 놀랍도록 유사하다. 다이아몬드는 높은 온도와 압력으로 생성되는 반면, 다이아몬드의 형제로 여겨지는 흑연은 더 낮은 결합력을 지녔다. 둘은 정말 비슷하지만 흑연이 다소 간단한 구조를 갖고 있다. 흑연의 결정 구조는 육각형인 반면 다이아몬드는 정육면체이다. 수십 년 동안 심지어 흑연으로 다이아몬드를 만드는 것도 가능했다. 재밌게도, 흑연은 완전히 지워질 수 있고 다이아몬드는 사실상 파괴할 수 없다. 이것과는 별개로, 흑연은 그 자체만의 성질을 갖고 있는 물질이다. 흑연은 화성암(종종 석회암)이나 또는 운석에서 생기는데, 대부분 편상 흑연과 결정성 흑연, 이 두 가지 형태 중 하나로 발생한다. 편상 흑연은 연필과 흑연으로 만들어진 다른 물건들에 가장 널리 사용된다. 결정성 흑연은 다소 드물지만, 스리랑카에서만 활발히 채굴되고 있다. 흑연의 더 흥미로운 특질들 중 하나는, 흑연은 금속처럼 보이지만 금속이 아니고 전기적 전도성을 갖고 있는 유일한 비금속체라는 것이다.

흑연 광산이 어떻게 보일지 궁금하다면, 체코의 체스키 크룸로프(Český Krumlov) 지역의 흑연 광산이나 영국 보로데일 계곡의 시스웨이트(Seathwaite) 광산을 방문해 볼 수 있다. 이 유명한 보로데일 광산은 몇 세기 동안의 활발한 채굴 이후, 1891년에 영구 폐광되었다. 흑연이 발견된 직후 몇 년 동안은 흑연을 잘게 쪼개어 종이, 줄, 양피로 감싸서, 가축들을 기록하는 농부나 그림을 스케치하던 예술가에게 팔았다. 새로운 광산 사업의 일환으로 엘리자베스 여왕의 장려에 힘입어, 독일 광부들이 1700년대 후반에 영국에 와서 보로데일에서 본격적인 채굴 작업을 시작했다. 17세기 초반까지, 보로데일의 흑연은 유럽 전역에 수출되었으며 런던의 거리에서는 일상용품으로 자리매김했다. 흑연은 필기 재료로 인기를 얻었고, 특히 거래 장부를 다루는 무역업자들과 당대의 많은 혁신자들이 선호했다. 이 무렵, 세계의 다른 지역들도 자신들만의 흑연 광산을 개발하기 시작했지만, 석영 그리고(또는) 운모 함유량이 너무 많아 보로데일의 흑연처럼 자르거나 덩어리째 사용하기 힘들었기 때문에, 보로데일의 흑연이 다른 지역의 흑연들에 비해 독보적으로 순도가 높다는 것을 곧 깨달았다.

보로데일 광산의 전성기는 흑연의 순도가 높고 매장량과 수요가 많았던 1600년대 초기라고 여겨진다. 광산은 완전히 고갈되었다고 여겨져서 1678년에 폐광되었다가 1710년에 다시 문을 열었는데, 광산의 명성을 이용하여 자본화시키려는 도둑들이 수년간 침입했던 것으로 밝혀졌다. 지금은 지구 곳곳에서 이용 가능한 모든 자원들을 찾아내기 때문에 상상하기 힘들겠지만, 그 당시에는 보로데일의 흑연보다 좋은 흑연이 없었기 때문에 다른 흑연들이 발견되어도 사람들은 너도나도 보로데일 흑연에 손을 대려 애썼다. 보안조치가 취해지고 다시 문을 연 후, 광산은 19세기 말 영구적으로 폐쇄될 때까지 품질이 더 낮은 흑연을 계속 생산했다. 보로데일 광산의 폐광은 꼭 흑연이 고갈되어서라기보다는, 흑연을 더 쉽게 이용할 수 있게 되었고 고품질 흑연에 대한 프리미엄을 지불하지 않고도 저품질 흑연을 고품질로 가공할 수 있는 기술에 주요한 발전이 있었기 때문이다.

오늘날까지 보로데일 흑연만큼 완벽한 흑연은 발견되지 않았다. 시베리아와 아시아 일부의 광산에

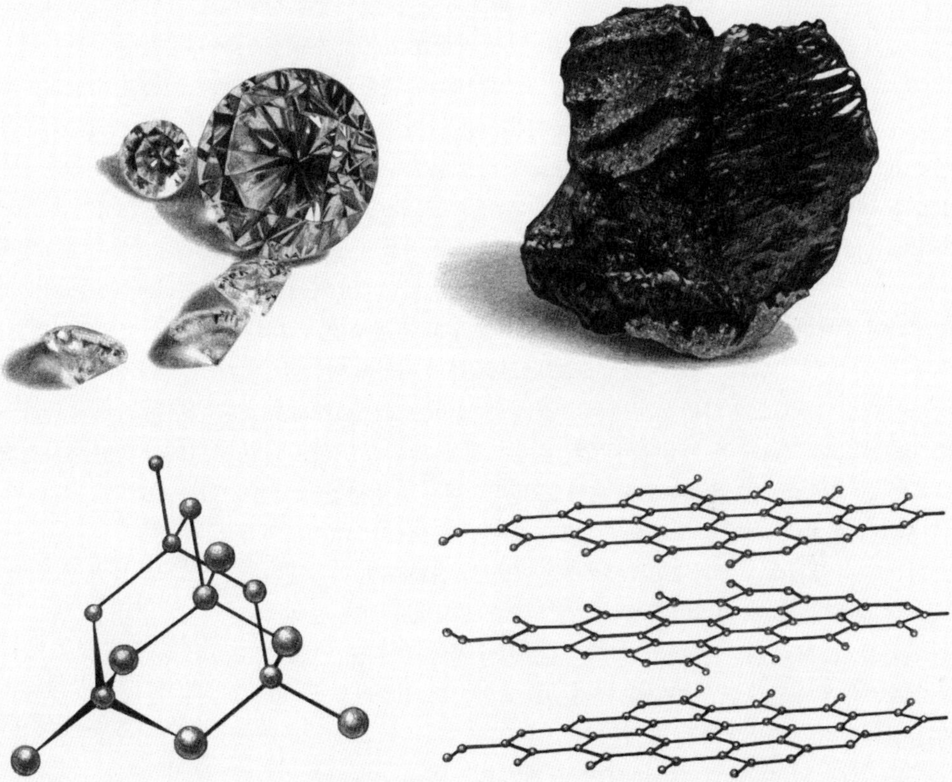

흑연(오른쪽)의 탄소 원자는 거의 파괴할 수 없는 다이아몬드(왼쪽)의 탄소 원자와는 매우 달리 얇은 층들로 이루어져있다. 이 얇은 층들이 다른 물체의 표면에 접촉하면 미끄러지듯 떨어져나가면서 흔적을 남긴다.

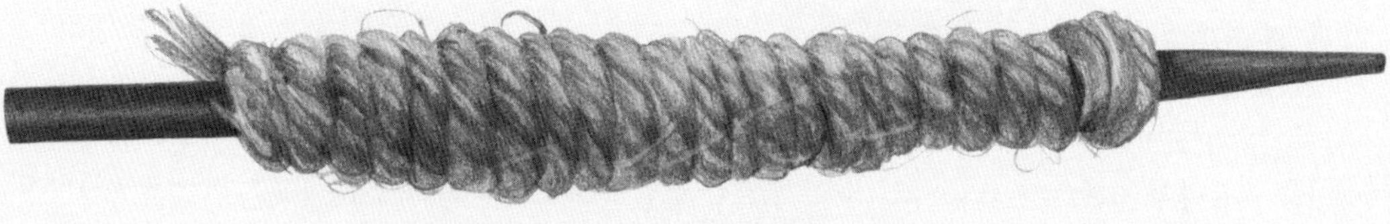

1600년대 초기에, 끈으로 감싼 흑연은
미술 재료로 팔렸다.

비슷한 흑연이 있긴 하지만, 오리지널보다 더 좋은 것은 없어 보였다. 수집한 자료에 따르면, 세상에는 원래의 보로데일 흑연은 단 한 조각도 남아 있지 않다고 한다. 오늘날에는 대부분의 연필이 다양한 곳에서 생산된 흑연의 조합으로 만들어진다.

예전엔 컴벌랜드 연필 회사로 알려졌던 더웬트(Derwent)는 여전히 이 지역에서 흑연 연필을 생산하고 있다. 현재 미술용 연필 브랜드로 알려져 있다.

"연필 관광"을 한번 해보고 싶다면, 케직에 가볼 것을 추천한다. 케직은 컴벌랜드(Cumberland) 연필 박물관의 본거지이기도 하며, 컴벌랜드 연필 박물관은 특히 레이크 지역의 연필 제작에 관한 정보와 유물로 가득하다. 컴브리아 카운티에는 한때 상당수의 연필 공장이 운영되었지만, 지금은 단 한 곳만 남아 있다.

다른 많은 물건들과 산업들이 흑연의 발견으로 이득을 얻었다. 흑연의 간단한 구조, 내열성, 전도성은 오랫동안 수많은 산업들에 유용한 특성이었다. 15세기 이래로 흑연은 용광로 제조에 사용되어왔다고 한다. 조금 더 동시대의 인물이었던 조셉 딕슨(Joseph Dixon)은 뉴욕의 타이콘데로가(Ticonderoga)에 있는 흑연 광산에 투자하여, 1800년대 그의 용광로 회사에 필요한 원료를 공급했다. 흑연의 밀도, 안정성, 내성은 보통 점토와 가는 모래를 사용하여 만드는 용광로 틀의 제작에 이상적이었다. 흑연이 매끄럽고 부드러운 광물이며 섭씨 600도가 넘는 온도에서도 견딜 수 있다는 것은 폭탄과 대포를 만드는 과정에 특히 유용했다. 딕슨은 또한 그의 주물 공장에서 틀의 윤곽을 잡을 때 덜 눌어붙도록 분말 형태의 흑연을 사용했다. 미국 흑연 산업의 창설은 상당 부분 딕슨과 그의 타이콘데로가 광산에 빚지고 있는 셈이다.

타이콘데로가와 딕슨이라는 연필 모두 같은 회사에서 만들어졌다는 사실을 알고 있을 것이다. 더 자세한 내용은 나중에 설명하도록 하겠다.

앞서 언급한 천연 흑연의 매끄러운 성질 때문에, 흑연은 아직까지도 종종 가루 형태의 윤활제로 사용되고 있다. 흑연은 천천히 산화되며, 마찰력이 적고, 산이나 가스의 영향을 받지 않는다는 가장 중요한 장점을 갖고 있다. 유용한 팁 하나를 알려주겠다. 다음번에 빽빽한 자물쇠나 잼 종류가 담긴 병뚜껑이 열리지 않는다면, 연필심 끝을 조금 으깨어 그대로 사용하거나 기름과 섞어 사용해보자. 자물쇠나 병뚜껑이 쉽게 열릴 것이다.

더 최근에는, 알루미늄과 흑연으로 만든 스마트폰 배터리가 개발되고 있다. 이 배터리는 쉽게 방전되지 않고, 현재의 리튬-이온 배터리보다 저렴하며, 더 환경친화적이기까지 하다. 흑연 배터리는 첨단기술 없이 알루미늄 포일(foil), 물, 소금, 식초와 몇 가지 도구를 사용하여 집에서도 만들 수 있다.

이 주제에 대해 조사하기 전에는 생각해보지 않았던 흑연의 용도 한 가지는 1800년대 후반 이후로 쭉 사용되어 왔던 흑연 페인트이다. 흑연 페인트는 보호막 용도로 사용되는데, 특히 철 구조물에 유용하다. 흑연 페인트는 녹을 방지하는 훌륭한 보호제이며, 예전에는 아마씨 기름에 섞어 만들었지만 오늘날에는 보통 수성이다. 요즘에는 흑연 페인트로 잔디 깎는 기계의 바닥을 칠하는 것이 가장 일반적이다. 기계에 잔디가 달라붙지 않도록 하고, 녹이 스는 것을 방지하며, 기계적 문제를 일으키지 않도록 마찰이 적기 때문이다.

흑연이 더 특별한 용도로 쓰이는 경우가 몇 가지 더 있다. 테니스 라켓은 딱딱하지만 동시에 매우 가볍기 때문에 전체나 부분이 종종 이 흑연으로 만들어진다.(흑연에서 벗겨낸 한 겹의 탄소 원자막 나노 소재인 그래핀(graphene)이 테니스 라켓의 재료로 사용됨 : 역주) 또한 수 세기 동안 흑연은 의료적 목적으로 사용되어 왔으며, 종종 과소평가된 자연 치료제로 여겨졌다. 동종요법(18세기 후반 독일의 의사 사무엘 하네만이 창시한 대체 의학으로, 쉽게 말하면 같은 것이 같은 것을 치료한다는 믿음으로 하는 치료 : 출처-나무위키) 영역에서서는, 감기로 인한 통증, 대사 문제, 습진 및 기타 피부 질환, 궤양, 탈모, 폐경과 심한 감정 변화에 효과가 있다고 알려져 있다. 환부에 바르거나 물과 함께 복용하는 방법으로 적용된다. 납 중독에 걸릴 수 있으니 연필을 씹지 말라는 말을 들은 적이 있다면, 흑연을 약으로 사용하라고 권장할 만한 수준은 아니지만 사실은 정반대이다.

동종요법 치료제로 쓰이던 흑연은 종종 "그래파이트" 또는 여전히 "플럼바고"라 불린다.

대부분의 용도, 특히 연필 제조에는 자연적 형태의 흑연이 선호되지만, 흑연은 합성으로도 쉽게 만들어질 수 있다. 양 떼를 표시하든, 소설을 쓰든, 금속을 주조하든, 테니스를 치든, 흑연은 의심할 여지없이 중요한 광물이다. 보로데일 광산이 영원히 폐광되었을 수 있고 탄소 연구에도 더 큰 발전이 있었지만, 흑연의 매장량은 미국, 유럽, 아시아, 아프리카 대륙 전역에 여전히 풍부하고, 앞으로도 우리가 미래를 들여다볼 수 있는 한 계속 그러할 것이다.

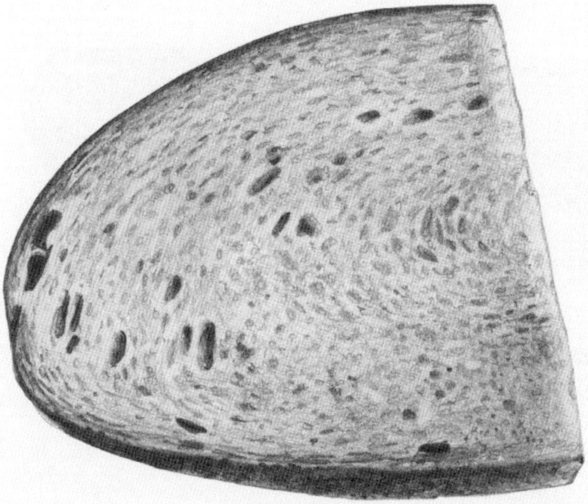

지우개 이전에 빵이 있었다. 고무지우개를 대신하여, 원치 않는 흔적을 지우기 위해 빵조각을 사용했다.

나무 연필의 시대가 열리다

기원에 대한 논쟁은 분분하지만, 오늘날 우리가 알고 있는 나무 연필은 프리드리히 슈테들러(Friedrich Staedtler)가 뉘른베르크 의회의 결정에 불복하기로 결정한 후에 존재하게 되었다.

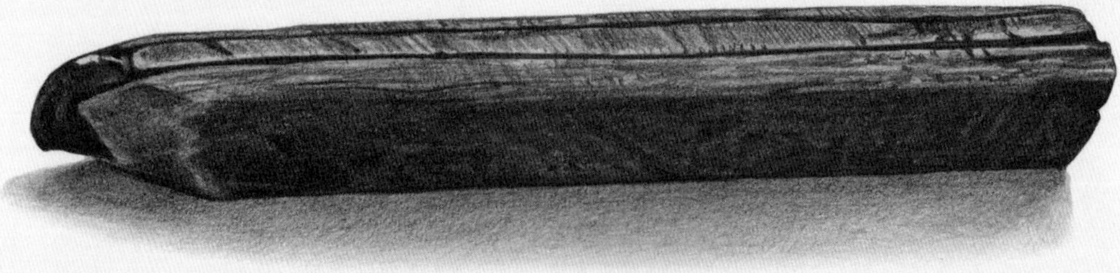

나무 안에 투박하게 넣어진 흑연은 최초의 연필 중 하나라고 여겨진다.

우리가 알고 있는 연필 이전에 그런 물건에 대한 이름은 보통 납, 은, 다른 금속으로 만들어진, 무언가 표시할 때 사용하는 긴 막대를 지칭하는 "스타일러스(stylus)"라는 이름 외에는 없었다. 결국 영어인 "펜슬(pencil)"이라는 단어는 생겼지만 흑연의 다양성에 대한 이름은 없었다. "펜슬"은 예술가가 사용하는 길고 뾰족한 붓을 가리킬 때 사용되었다. 브리태니커 백과사전의 도움을 조금 빌리자면, 흑연이 필기도구라는 맥락에서 이 용어가 이해되기까지는 시간이 좀 걸렸다. 이미 약 한 세기 동안 나무로 감싼 연필이 존재했음에도 불구하고, 1771년까지는 여전히 연필을 브러시(brush)로 정의했다.

나무로 감싼 연필과 비슷한 것에 대한 최초의 언급은 영국에서 흑연을 발견한 시점과 거의 동시인 1565년에 있었다. 스위스의 식물학자 콘라트 게스너(Conrad Gesner)는 그의 저서 《화석론》에서 가운데를 비우고 "잉글리시 안티모니(English antimony)"(흑연이나 그 비슷한 물질로 추정됨) 조각으로 속을 채운 나무 막대에 대해 설명했다. 이것에 대한 간략한 내용과 함께 작은 그림이 묘사되어 있었다. 그림에서 연필 자체는 원통형 나무 막대기로 보인다. 심은 바닥을 가리키고 뒷부분에는 일종의 정교한 손잡이가 붙어 있는데, 이 손잡이는 연필을 서책이나 장부에 묶을 때 사용되었다. 이 그림은 게스너가 연구하던 주제인 화석의 여담이었기 때문에 연필의 첫 번째 증거로서 별로 주목을 받지는 못했지만, 그는 확실히 무언가를 알고 있었던 것 같다.

가장 오래되었다고 알려진 나무 연필은 17세기에 독일의 한 가정집 지붕에서 발견되었고, 현재 파버-카스텔 박물관에 소장되어 있다. 하지만 그 외에 1600년대의 어느 시점 이전에 나무 연필이 존재했다는 기록은 별로 없다. 연필의 초기 역사의 많은 부분이 독일에서 이루어졌다고들 하지만, 최초의 연필은 영국에서 만들어졌고 보로데일 광산과 관련이 있으며, 주로 성직자가 사용하기 위해 케직의 소목장이들이 만들었다고 주장하는 사람도 많다. 바로 이때가 여러 이야기로 인해 모든 것이 애매해지는 시점이다. 물론 흑연은 17세기 영국에서도 필기도구로 사용되고 있었지만, 대부분의 역사는 17세기 중반의 독일 뉘른베르크의 나무로 감싼 연필에 더 우호적인 듯하다.

《화석론》은 게스너가 평생 출간한 70여 권의 책들 중 하나였다. 그는 21세에 그리스-라틴어 사전을 출간하기도 했다.

이 당시 세계의 흑연은 여전히 대부분 보로데일 광산에서 공급하고 있었지만, 광산은 점차 고갈되고 있었다. 그런 상황을 고려해 본다면, 순수한 흑연 막대 대신 나무로 감싼 연필을 생각해내는 것이 자연스러웠을 수 있다. 흑연은 매끄럽고 쉽게 묻어나는 재료였고, 점차 귀중해지고 있었다. 그래서 흑연을 나무로 감싸면 지저분해지는 것을 방지할 뿐만 아니라 원재료의 사용량을 줄일 수 있었다. 또 다른 이점은, 날카롭게 깎을 수 있었기 때문에 더 정밀한 사용이 가능했으며, 단단한 나무 외피 덕분에 흑연이 쉽게 깨지지 않았다는 것이다. 기록되어 있진 않지만, 최초의 진정한 나무 연필의 증거는 뉘른베르크의 목수들이 자신들만의 연필을 만들고 제한적인 거래를 했던 시절로 거슬러 올라갈 수 있다. 여기서부터 뉘른베르크는 연필의 역사상 점점 더 중요한 도시가 되었고, 결국 연필의 출생지뿐만 아니라 세계 연필의 수도로 인정받았다. 이 시점의 연필은 우리가 지금 목수 연필로 알고 있는 형태와 비슷했다. 나무 상자 안에 직사각형 모양의 흑연 막대가 있고, 종종 한쪽이 열린 채로 나무에 흑연의 경도가 새겨져 있는 모습이 말이다. 디자인은 전혀 중요하지 않았고, 단지 유용성만의 문제였다. 상품으로써의 잠재력이 완전히 인정받기도 전이었지만, 이 도구의 단순한 발명은 획기적이었다. 파버-카스텔이나 우리가 알고 있는 다른 주요 독일 브랜드가 생겨나기 훨씬 전이었다. 단 한 가지 이름만 제외하고 말이다.

금속 서랍을 만들던 가구장이의 아들이었던 프리드리히 슈테들러는 장인에게서 연필 제작 기술을 배웠다. 장인은 총포상이었는데, 정확히 말하면 총의 나무 부분을 만들거나 총기 재고를 관리하던 사람이었다. 당시 상점 주인이었던 슈테들러는 연필 제작의 가능성에 매료되어 처음부터 끝까지 혼자서 연필을 만들어보려고 했다. 그가 시도했던 일은 이전에는 누구도 해보지 않았던 것이다. 그 당시 연필 제조업은 두 가지 형태로 나뉘어 있었다. 흑연을 절단하고 가공하는 일은 납 절단기와 납 용융기로 처리했고, 나무 연필에 속(흑연)을 채우는 일은 목수, 총포상, 소목장이, 칼 손잡이를 만드는 사람, 또는 기본적으로 나무 공예가 전문인 사람들이 처리했다. 이때는 유용한 목재 가공 기계가 발명되기 수십 년 전이었기 때문에 공정의 각 단계를 수작업으로 해야 했고, 각 단계를 그 분야의 전문가가 맡았다. 1662년 25살이던 슈테들러는 뉘른베르크 의회에 그가 연필 제조의 전 과정을 맡을 수 있도록 허가를 요청했지만 매몰차게 거절당했다. 그가 목수 길드의 일원이 아니었고, 자격을 부여받은

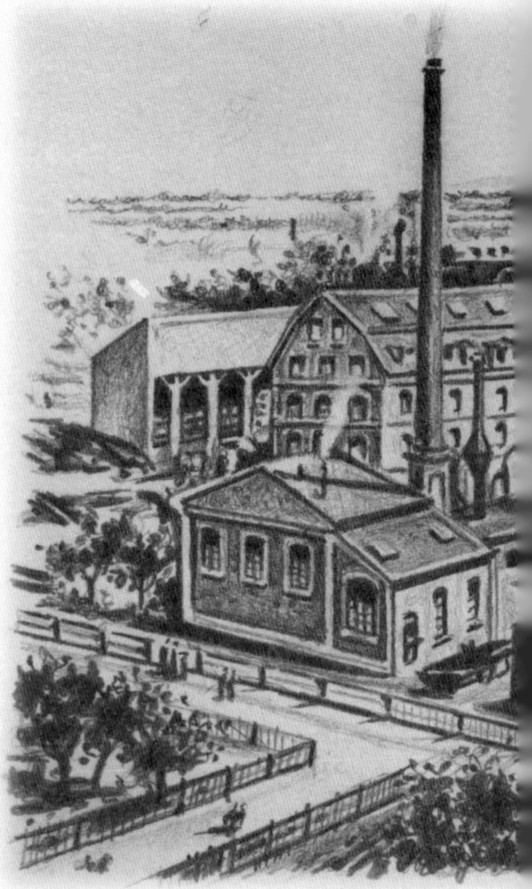

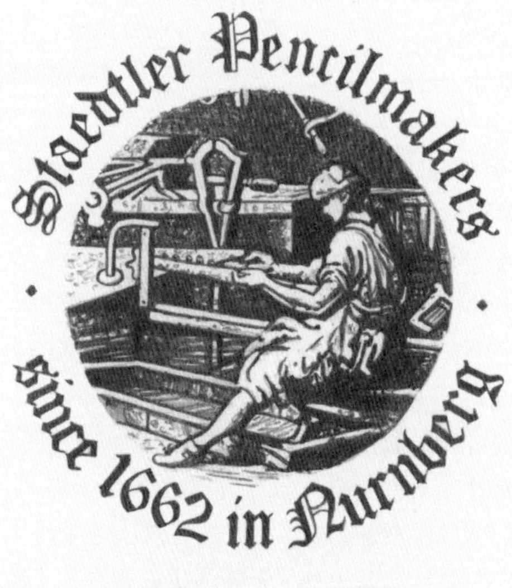

프리드리히 슈테들러는 대담한 방식으로
새로운 거래를 시작했을 뿐 아니라,
누구나
아는 이름이 될 회사를 설립하였다.

숙련공이 아니면 연필 제조업에 참여할 수 있는 특권이 엄격히 금지되었기 때문이다.

슈테들러는 뉘른베르크 의회의 결정에 크게 신경 쓰지 않았다. 그는 그만의 연필을 만들기 시작하여 혼자서 흑연을 절단하고 나무 외피를 씌웠다. 각 연필을 하나씩, 그리고 전적으로 혼자 만들었기 때문에 이 과정은 정말 지루한 작업이었다. 진행됨에 따라, 그는 낮은 품질의 흑연을 갈아서 황과 섞어 처음으로 쓸 만한 흑연 심을 만들었다고 전해진다. 슈테들러가 연필 제조업자로서 명성을 얻자, 뉘른베르크 의회는 그가 자격이 없다고 여겼던 사실에도 불구하고 결국 그의 기술에 주목하게 되었다. 그의 작업장에는 밤

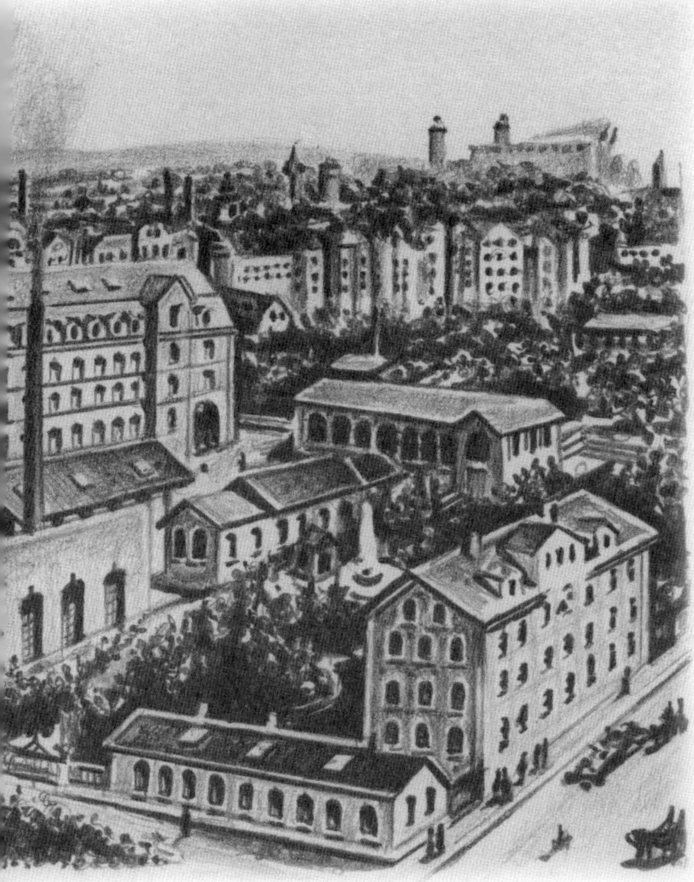

슈테들러 사는 1800년대에 목공 작업장에서 대형 기업으로 발전했으며,
1840년에는 뉘른베르크에서 이미 63종류의 연필을 생산하는 회사가 되었다.

새도록 불이 켜져 있었다. 슈테들러가 연필 제작의 전 과정을 한 작업장에서 처리할 수 있음이 정말 가능하다는 것을 뉘른베르크 의회에 증명해 보인 후, 의회는 공예품에 대한 규정을 변경했으며 "연필 제작자", 또는 독일어로 "블라이슈티프트마허(Bleistiftmacher)"는 점차 합법적인 직업으로 인정받았다.

한 사람의 결심과 야망 덕분에 연필 산업이 시작되었다. 비영어권 연필 제조의 길을 닦은 슈테들러가 아니었다면, 연필은 세계적인 상품이 되기까지 수십 년은 더 걸렸을 것이다. 게스너가 나무로 만든 연필을 언급한 것에서부터 케직 지역의 비슷한 정보까지, 뉘른베르크의 상인들은 미처 깨닫기도 전에 혁신가가 되었고 슈테들러는 당장의 필요를 넘어 세계에서 가장 영향력 있는 일상용품 중 하나를 창조하는 데 중요한 역할을 했다.

뉘른베르크의 연필 제조업이 태동할 시기에, "서투른 직공들"이라 불리는 사람들이 종종 거리에서 더 싸고 조잡한 모조품을 팔려했다. 연필 회사들이 연필에 회사의 로고를 새기게 된 것은 바로 이 때문이다.

CHAPTER 2

18세기 연필

연필에 대해 우리가 아는 모든 것은 연필을 필기도구로 개발하는 데 큰 역할을 한 시기인 18세기의 언젠가에서 비롯되었다. 1760년대에 가구 제작자였던 카스파르 파버(Kaspar Faber)가 설립한 A.W.파버 사는 독일에서 운영되었고, 상업적 시장을 겨냥한 나무 연필을 만들기 시작했다. 과학 혁명의 결과로 흑연의 화학적 특성들이 더 많이 밝혀지기 시작했다. 이로 인해 더 나은 연필을 만들 수 있었고, 장인과 기술자 모두에게 새로운 산업의 기회를 열어주었다.

영국과 독일이 각각 가장 잘 아는 방식으로 연필을 만들고 있을 때, 프랑스혁명 전쟁이 일어났고 프랑스는 사용하기 쉬운 필기도구가 절실히 필요했다. 연필 제조 국가의 모든 무역 라인이 폐쇄됨에 따라 수입이 어려워졌기 때문이다. 최후의 필사적 노력으로, 나폴레옹은 젊은 기술자인 니콜라 자크 콩테(Nicolas-Jacques Conté)와 계약을 맺어 그의 손을 빌리기로 했다. 전설에 따르면, 콩테는 불과 8일 만에 저질의 흑연을 미세한 분말로 갈아서 점토와 섞고 가마에 구워 강도를 향상하는 방법을 발견했다고 한다. 이후 "콩테의 방식(Conté Method)"이라 불리는 이 새로운 발견은 그 어떤 것과도 견줄 수 없을 만큼 연필 제조의 세계를 뒤흔들어놓았고, 우수한 연필을 위한 길을 닦았다.

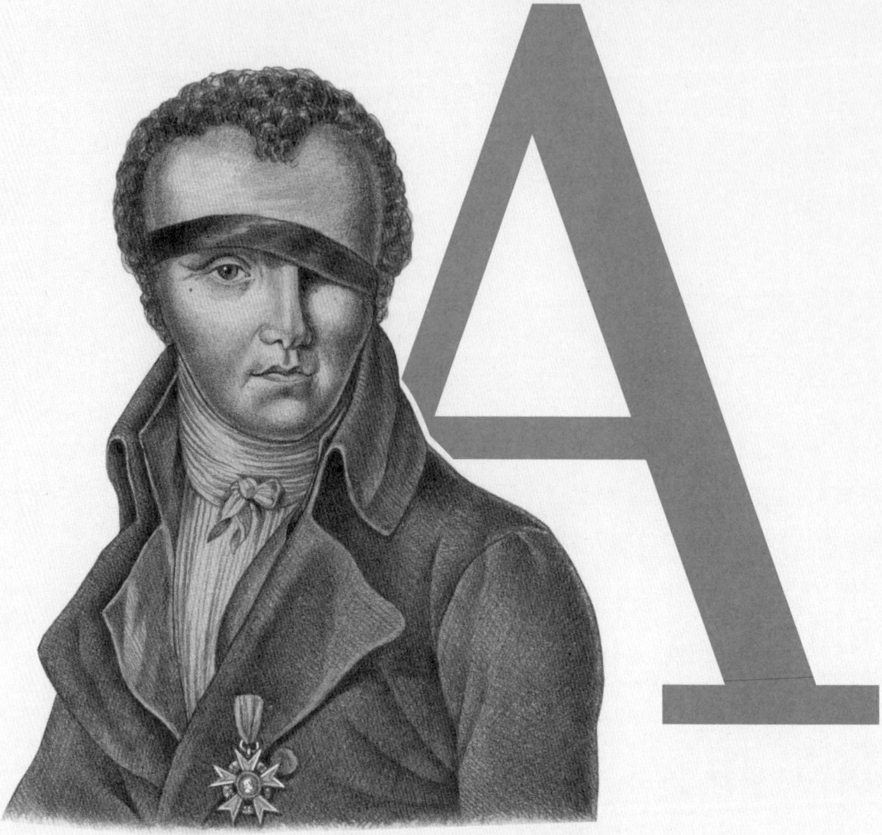

콩테의 방식

니콜라-자크 콩테(1755 – 1805)는 열기구 전문 기술자였는데,
열기구 관련 실험에서 사고로 한쪽 눈을 크게 다친 후 연필로 관심을 돌리게 되었다.

프랑스는 당시 최고의 연필을 탄생시킨 영국과 전쟁을 벌이던 중, 화가에서 기술자로 전향한 니콜라-자크 콩테의 도움을 얻었고, 현재 우리가 아는 그 흑연 심이 탄생했다.

많은 소비재의 역사와 마찬가지로 전쟁의 시기는 연필의 개발과 존재에 큰 영향을 미쳤다. 18세기 대부분의 혁신은 필요에서 나왔고, 1700년대 후반에는 많은 일이 일어났다. 과학 혁명의 결과로 도처에서 과학적 발견이 이루어졌고, 미국 혁명전쟁이 일어났다. 그 결과 영국과 프랑스 간에 전쟁이 일어났고, 그 후 프랑스혁명으로 이어졌다. 유럽 전역에서 영토 분쟁이 있었고 정치적 질서도 거의 없었다. 이때까지만 해도 연필은 꽤 새로운 상품이었기 때문에, 과연 연필이 어디쯤에서 등장하게 될지 궁금할 것이다. 생각해 보면, 역사상 이 시기의 유일하게 대안적인 필기도구는 깃과 잉크였다. 최초의 만년필은 세기말까지 존재하지 않았기 때문에 1700년대에는 휴대용 필기도구가 그리 많지 않았다. 전쟁 기간 동안 연필은 그 편의성과 사용 용이성 때문에 전 세계적으로 엄청난 수요가 생겨났다. 유일하게 좋은 연필은 영국에서 생산되었는데, 그 유명한 보로데일 흑연으로 만들어졌다. 독일에서도 연필을 만들었지만, 사용된 흑연의 순도가 높지 않았다. 흑연 먼지, 황, 접착제의 조합으로 생산된 연필은 부서지기 쉽고 종이에 긁혀서 사용감이 좋지 않았다.

과학 혁명으로 분류된 정확한 기간은 논쟁의 여지가 있지만 일반적으로 약 1550년에서 1700년 사이를 말하며, 수학, 물리학, 특히 화학 분야의 큰 발전이 있었다. 이 시기의 주요 과학자들 중에는 니콜라 코페르니쿠스(Nicolaus Copernicus)와 아이작 뉴턴(Issac Netwon)도 있었다.

18세기 말경, 미국은 독립 선언문에 서명했고 미국 혁명전쟁이 끝났다. (전쟁 중 미국 편을 들었던) 프랑스는 루이 16세의 통치하에 막대한 빚을 지고 있었고, 혁명을 코앞에 두고 있었다. 영국은 프랑스에 분노했고 많은 다른 유럽 국가들이 이에 개입했다. 그 결과는 프랑스 군주제의 전복, 루이 16세 처형 및 나폴레옹의 점령과 같이, 역사책으로부터 우리가 잘 습득한 이야기들이다. 중요한 것은 좋은 연필이 없었다는 사실만이 아니다. 프랑스가 심각한 위기에 있었고 많은 국가들이 혼란에 빠져 있었다는 것이다.

그 당시 모든 좋은 연필은 영국에서 생산되었기 때문에, 프랑스가 그 연필들을 얻기는 불가능했다. 하지만 필요는 발명의 어머니라 했다. 전쟁 중 프랑스의 장관이었던 라자르 카르노는 대안을 찾기 위해 니콜라-자크 콩테라는 이름의 한 남자에게 도움을 구했다. 연필의 역사를 조금이라도 안다면 이 이름이 벌써 낯익을 것이다. 하지만 그 이름이 소박한 연필의 대명사가 된 이유에는 대부분의 사람들이 아는 것보다 더 긴 이야기가 있다.

니콜라-자크 콩테는 프랑스 노르망디 지역의 한 농가에서 태어나 여섯 형제들 중 하나로 자랐다. 전설에 따르면 그는 아홉 살에 오직 칼만을 사용하여 바이올린을 만들었다고 한다. 이 일화는 콩테의 천재성에 근거하면 가능한 일이었지만 확인된 바는 없다. 성인이 되고 얼마 후, 콩테는 초상화 화가의 조수로 일하면서 꽤 실력 있는 화가가 되었지만, 프랑스혁명이 시작되면서 전쟁 물자 공급에 더 실용적이고 유

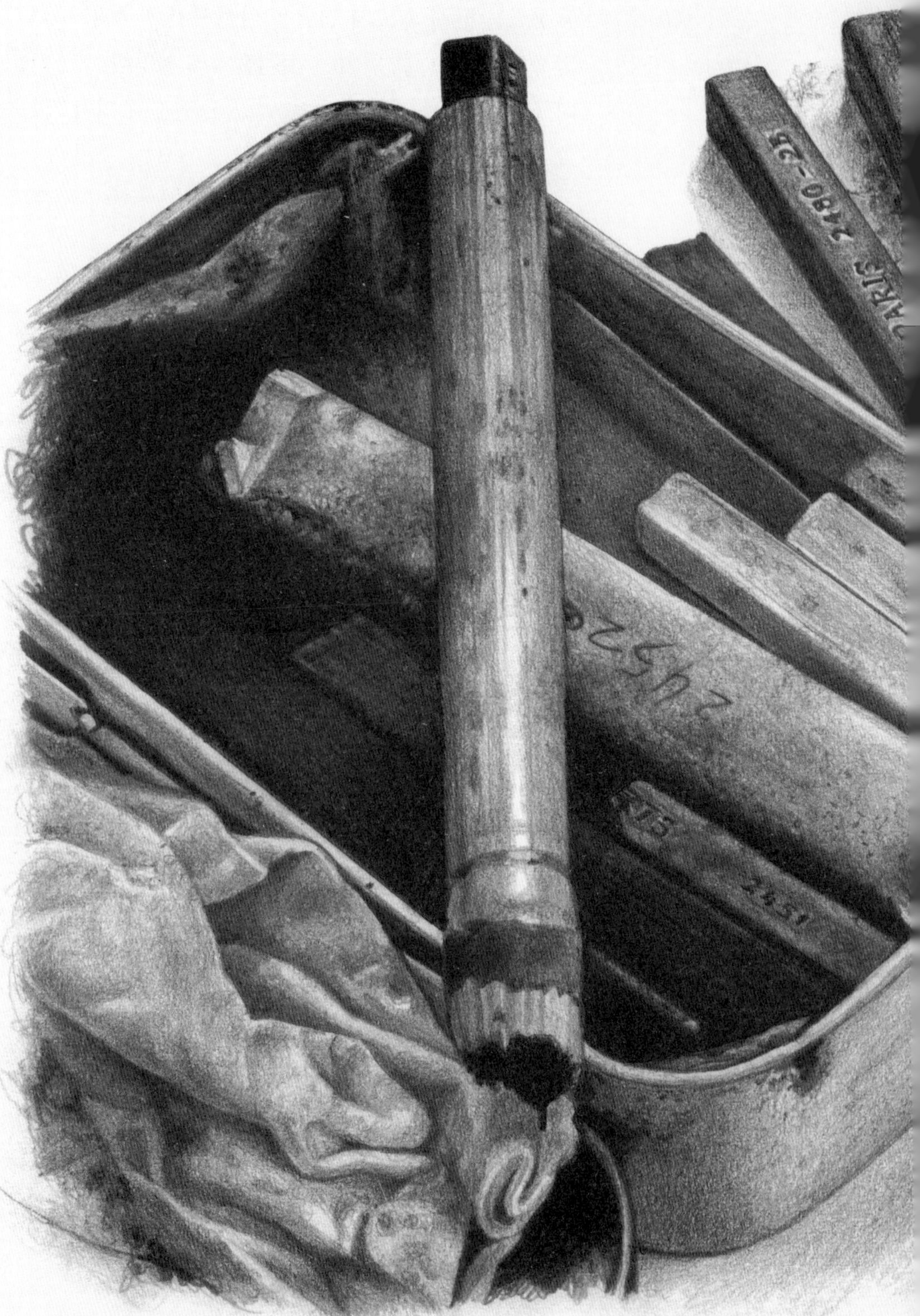
PARIS 2480-25
2451

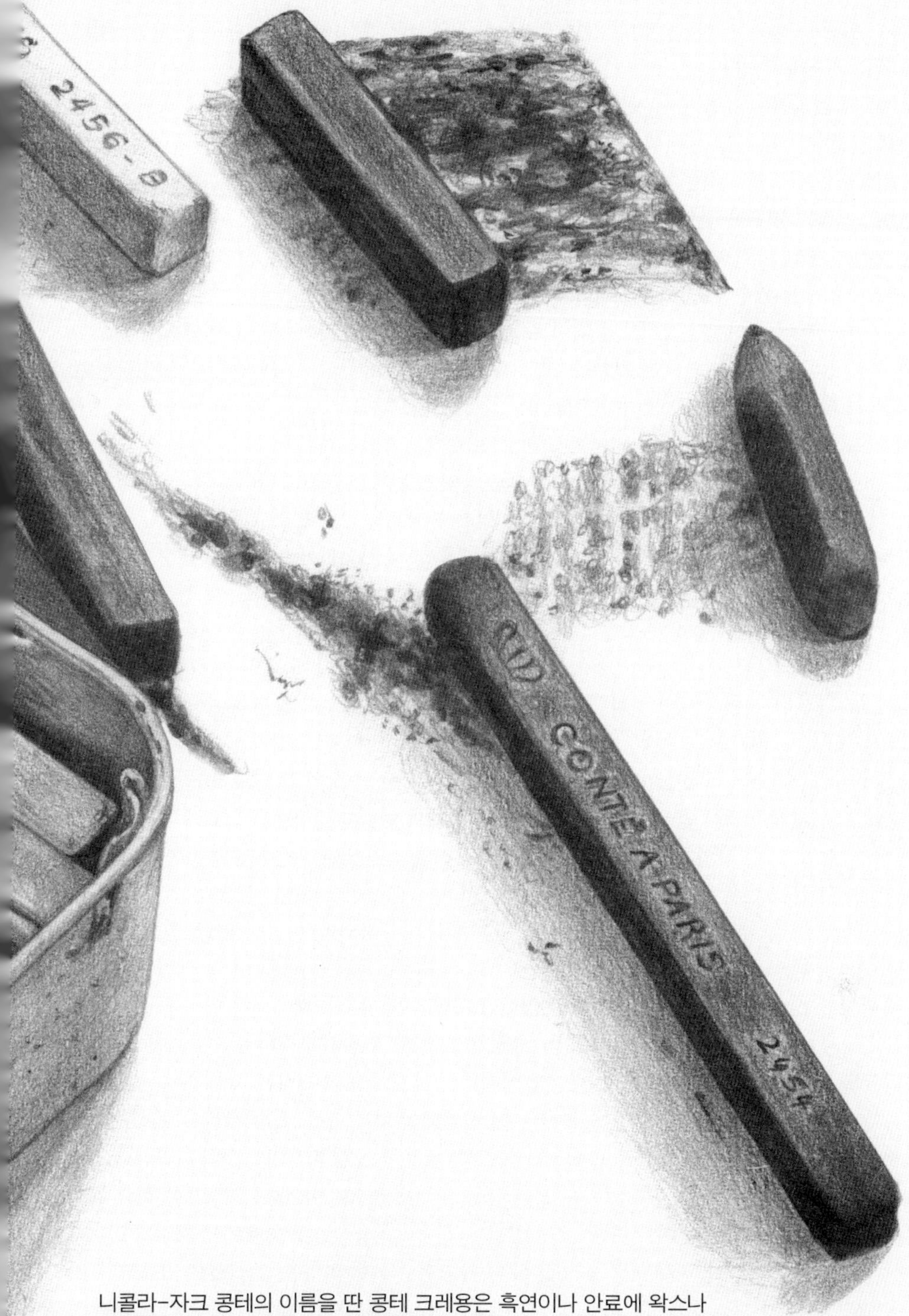

니콜라-자크 콩테의 이름을 딴 콩테 크레용은 흑연이나 안료에 왁스나
점토를 섞어 만든 막대이다. 원래 검은색, 갈색 또는 빨간색으로 생산되었다.

익한 일을 하기 위해 화가를 포기해야 했다. 그는 오랫동안 항공학에 관심이 있었기 때문에, 자연스럽게 기술자로 직업을 바꾸게 되었다.

콩테는 기술자로 일하는 동안 당시 새로 개발된 과학 분야였던 화학, 물리학 및 역학에 뛰어들었다. 열기구는 그의 전문 분야였고, 그는 비행에 사용된 수소 가스 개발에 크게 기여했다. 열기구 관련 폭발 사고 후 그는 왼쪽 눈을 심하게 다쳤는데, 이 일은 더 좋은 연필을 만드는 임무와 관련이 있을 수도 있고 없을 수도 있었다. 어쨌든, 연필을 만드는 일은 훨씬 안전한 직업이었다.

1794년, 39세의 콩테는 이전에 존재했던 모든 연필 제조 방법을 뒤집을 수 있는 무언가를 발견했다. 그는 카르노가 준 임무를 완수했고, 저질의 원자재로 흑연 심을 만드는 간단한 기술을 개발했다. 이 흑연 심은 당시 시장에 있던 다른 어떤 심보다도 품질이 뛰어났다. 가장 주목할 만한 부분은 이 위업을 8일 만에 해냈다는 사실이다. 그 과정의 첫 번째 부분은, 자연 흑연을 미세하게 갈아서 독일인들이 이미 잠시 동안 해왔던 방식과 비슷하게 불순물을 제거하는 당연한 일이었다. 그다음 도토(도자기의 원료로 쓰는 진흙을 통틀어 이르는 말)와 적당량의 물을 넣어 반죽하고, 보로데일 흑연을 절단한 조각과 비슷한 모양의 긴 직사각형 틀에 부었다. 마지막이자 가장 중요한 단계는 흑연으로 채운 틀을 목탄이 가득 찬 도자기 용기에 넣는 일이었다. 도기를 만들 때처럼, 이 도자기 상자들은 혼합물을 굳히고 견고하게 만들기 위해 높은 온도의 가마에 구워졌다. 실제로 이것이 전부였으며, 이로써 더 나은 연필이 탄생했다.

흑연의 발견 이후, 흑연은 금속 주조, 특히 대포 제조에 사용하기 위한 용광로나 틀을 제작하는 데 주로 쓰였다. 흑연은 고온에서 견딜 수 있고 윤활성이 훌륭했기 때문에 이상적인 재료였다.

점토는 흑연 가루를 모으고 부서지지 않게 해 주기 때문에 중요한 성분이었다. 우리는 도자기에 대해 이미 알고 있기 때문에 점토를 경화제로 사용한다는 사실에 익숙하지만, 그 당시에는 진정 혁신적인 발견이었다. 가마 안에서 시간을 보낸 연필심은 길쭉한 조각으로 자른 나무의 깊은 홈에 넣어졌다. 흑연이 놓인 나머지 홈들 위로 다른 나무 조각이 덮였다. 이것은 다른 곳에서 나무 연필이 만들어지는 방법과 비슷했다. 홈이 파인 각 부분에 흑연을 채워 넣는 방식이 말이다. 육안으로 보기에 콩테의 연필은 영국이나 독일의 연필과 똑같아 보였지만, 훨씬 더 부드럽게 써졌다. 보로데일 흑연으로 만든 연필은 아니었지만 훨씬 저렴했고 여느 다른 대안 제품들에 비하면 미끄러지듯 잘 써졌다.

1795년, 콩테의 연필에 대한 특허가 등록되었고 그 나머지는 역사가 되었다. 가장 재미있는 부분은 다른 사람들이 거의 한 세기 동안 노력했을 때 그가 그 과정을 생각해낸 속도이다. 그는 용광로를 만드는 과정에서 흑연에 대한 경험이 있었지만, 다른 상황에서는 연필에 대한 경험이 거의 없었다는 사실을 명심해야 한다. 오랫동안 수수께끼였던 흑연(원래 "플럼바고"라고 불렸음)은 화학의 진보 덕분에 적절한 연구가 가능했던 18세기에 실제로는 탄소의 한 형태라는 것이 밝혀졌다. 최초이자 주요 과학자였던 콩테 같은 사람에게는 어디서부터 시작해야 할지 아는 데 이 사실이 엄청난 도움이 되었을 것이다. 헨리 페트로스키(Henry Petroski)는 그의 훌륭한 종합 저서인《연필: 디자인과 상황의 역사》에서 콩테가 편협한 시각을 갖고 있지 않았던 것이 그의 발견으로 이어졌을지도 모른다는 견해를 제시했다. 그전에 시도하고 실패했던 사람은 모두 연필에 너무나 친숙했던 목수와 가구 제작자였기 때문에 이것은 사실일 수도 있다. 콩테가 어떻게 했건, 그의 방법이 심오한 영향을 준 사실은 명백하다. 아마도 그는 천재였거나, 혹은 시대를 약간 앞서 간 사람이었을 수도 있다. 어느 쪽이든, 우리가 오늘날 사용하는 연필들은 그의 덕분이다.

18세기에 다른 나라들에서 새로운 과학적 발견이 이루어지는 소식은 그리 빨리 전달되지 않았지만, 프랑스 밖으로 이 소식이 알려지자 연필 제조 방식이 전 세계적으로 크게 바뀌었다. 사실, 소식의 전달이 너무 느려서 오스트리아의 건축가에서 연필 제조자가 된 요제프 하르트무트(Josef Hardtmuth)는 그가 콩테보다 3년 앞서 같은 방식을 생각해냈다고 주장했다. 이에 대한 정확한 기록이 없기 때문에, 역사는 콩테에게 기울지언정 둘 중 누가 먼저 생각해냈는지는 아무도 모른다. 달리 고려해야 할 것은 콩테가 자신의 비밀스러운 방법을 빨리 포기하지 않았다는 것이다. 사람들이 그가 옳은 일을 했는지 알아내는 데는 시간이 좀 걸렸지만, 결국 독일의 연필 제작자들은 자신들의 관행을 개선하기 위해 콩테의 방식을 사용했다. 또한 그의 방식은 미국의 새로운 연필 산업에도 적용되었는데, 그 시기에 연필 회사 사장의 아들이었던 헨리 데이비드 소로(Henry David Thoreau)는 그의 아버지 회사에서 만들던 끈적거리고 기름진 연필을 개선하기 위해, 유럽인들의 과학적 방법을 배우기 위한 책들을 섭렵하고 있었다. 심지어 오늘날에도 연필의 흑연 심은 기본적으로 같은 방식으로 만들어진다. 또한 색연필을 만들 때에도 색소를 연필심에 첨가하기 위해 진흙과 열을 사용한다. 콩테는 나중에 연필심을 둥글게 만드는 기계를 발명했는데, 이는 연필 제조 방식을 바꾼 또 다른 발견이었다. 19세기 중반까지 연필을 만드는 다른 방식은 없었다. 그의 업적은 작지만 영향력 있는 발명과 발견으로 가득하다. 하지만 연필 제조에서 그가 이룬 업적이야말로 실제로 가장 큰 영향력이 있었다.

하르트무트는 연필 등급 척도와 최초의 노란 연필을 포함하여 업계에서 다른 많은 것들을 발명했다고 한다. 슬픈 사실은 이 모든 이야기에는 많은 버전이 있으며, 하르트무트는 그가 얻을 만한 명성을 결코 얻지 못했다는 것이다.

전쟁이 필요를 자극하지 않았다면 연필은 어떻게 되었을까? 콩테는 대신 무엇을 발견했을까? 만약 나에게 묻는다면, 콩테가 오늘날 이 시대에 준 것보다 우리가 콩테에게 더 많은 것을 빚지고 있다고 대답하겠다. 그는 기능적인 연필심을 만드는 방법을 알아냈을 뿐만 아니라, 과학적으로 거의 알려지지 않은 것을 이용하여 필요한 모든 분야에 적용한 혁신자였다. 심지어 나폴레옹도 그를 "만능인"이라며 인정했고, 나폴레옹이 확실히 옳았다. 몇 세기 후, 프랑스의 한 연필 회사는 그의 이름으로 회사를 설립했다. 콩테 아 파리(Conté à Paris) 사는 아직도 프랑스에서 연필을 제조하고 있으며, 물론 콩테의 방식을 사용하여 연필을 만든다. 흑연 연필보다는 색연필과 콩테 크레용을 전문적으로 생산하고 있다.

콩테는 그가 발명한 새로운 기술로 흑연이나 색소를 왁스나 점토와 섞어 만든 두툼한 막대인 콩테 크레용을 만들 수 있었다.

이 역사를 잊지 말자. 이 책에서 언급된 이야기에 필수적이기 때문일 뿐만 아니라, 바이올린을 만들 줄 아는 농부의 아들이 아니었다면 완전히 다른 역사가 쓰였을 것이기 때문이다.

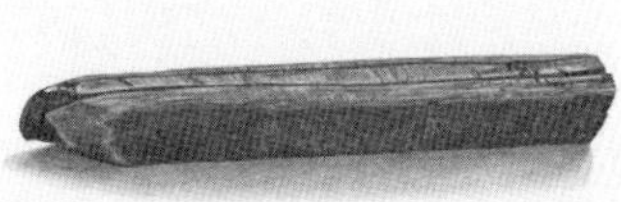

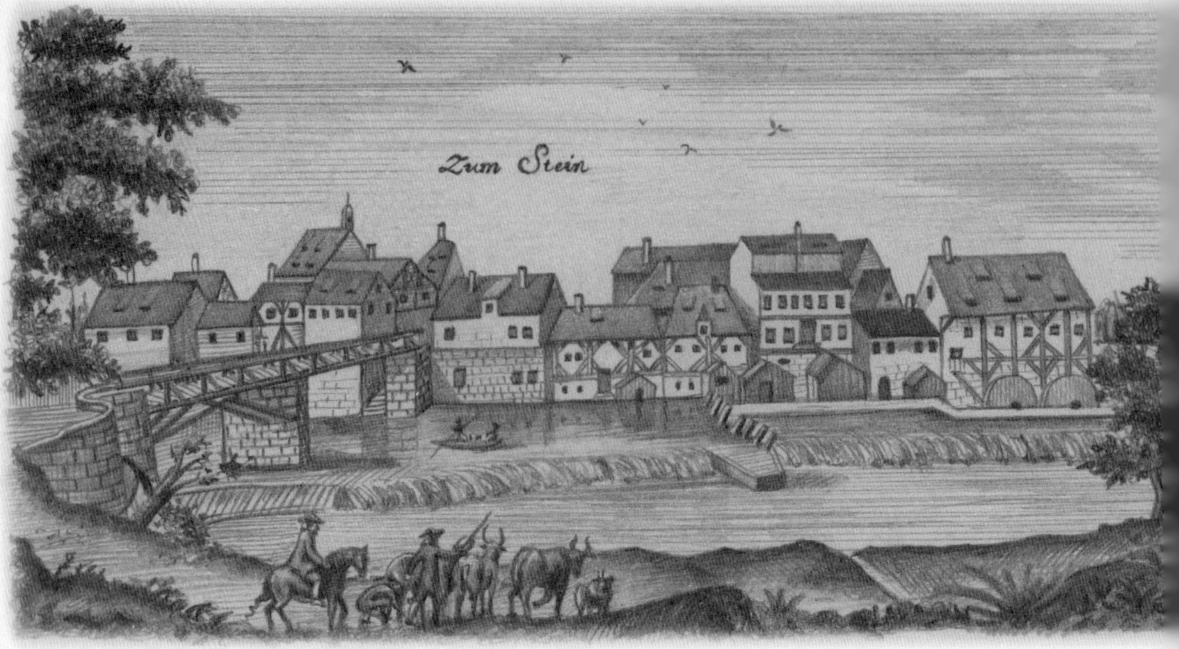

파버-카스텔의 설립

이 가족 기업과 유명한 이름에 대한 이야기는 1761년 뉘른베르크 부근에서 시작되었고, 배신, 세대 간 분쟁, 음모, 그리고 최초의 왁스 심 연필에 관한 이야기이다.

연필 역사상 가장 유명한 이름들 중 하나는 파버(Faber)이다. 연필 분야에서 여전히 지배적인 위치를 차지하고 있는 파버-카스텔(Faber-Castell)이란 회사의 이름 중 파버, 또는 카스텔만 알고 있을 수도 있다. 파버-카스텔은 전통과 업적뿐만 아니라 갈등으로도 유명한 가족이며, 대부분의 가족 간 불화처럼 탐욕과 경쟁에 뿌리를 두고 있었다.

모든 이야기는 가구 제작자였던 카스파르 파버(Kaspar Faber)가 1761년 독일의 슈타인에 가게를 열면서 시작된다. 인근의 뉘른베르크는 당시에 이미 약 100년 동안 수많은 연필 제작자들의 본거지였다. 카스파르는 다른 대부분의 연필 제작자들처럼 연필 제작을 하고 있었는데, 콩테의 방식을 차용한 방법을 사용했고 수작업으로 연필심을 넣어 연필을 제작했다. 카스파르는 1784년에 사업을 물려받은 그의 아들 안톤 빌헬름 파버(Anton Wilhelm Faber)와 마찬가지로 이 방법을 발전시키는 데 거의 관심이 없는 것처럼 보였다. 안톤은 공식적으로 회사를 A.W.파버라 명명하고 성공적인 경영으로 회사를 유지시켰다. 그 다음에는 안톤의 유일한 아들인 게오르그 레온하르트(Georg Leonhard)가 1810년에 기업을 물려받았다. 경쟁이 치열해졌고 연필 생산 능력은 수요를 앞섰다. 프랑스와 영국의 월등한 방식들과 경쟁하기 위해서는 분명 변화가 필요했다.

1839년 게오르그가 세상을 떠나고, 그의 아들인 로타(Lothar)가 회사를 물려받자 상황이 변하기 시작했다. 로타는 독일 밖의 시장을 찾는 데 관심을 가졌으며 상품을 팔 곳들을 찾아 여행을 떠났다. 슈타인에 있던 공장은 프랑스의 우수한 연필 제조 방법을 완전히 받아들였고 점토와 흑연 비율을 실험하여 다양한 연필을 만들었다. 한편 로타의 형제인 에버하르트(Eberhard)는 가업을 새로이 시작할 기회를 찾아 미국으로 이주했다. 미국의 연필 산업은 이제 막 시작되었고, 에버하르트는 경쟁력 있는 A.W.파버의 연필을 팔 희망을 품고 뉴욕에 가게를 차렸다. 그는 미국에 삼나무가 풍부하다는 사실을 발견하고, 플로리다 만에서 조금 떨어진 시더 키(Cedar Key)에 땅을 구입하여 삼나무 슬랫(slats)을 독일에 수출하기 시작했다.

다시 유럽으로 돌아오면, 19세기 중반에 파버 연필은 사람들에게 인정받고 있었다. 특히 1851년 런던에서 열린 최초의 세계박람회인 만국 산업제품 대박람회에서 신제품을 선보인 후 더욱 명성을 얻게 되었다. 그 후 얼마 지나지 않아, 파버 가족이 진정한 세계적인 경쟁자가 되기 위해 필요한 우위를 확보할 수 있는 중요한 일이 생겼다. 당시 가장 좋은 흑연은 여전히 영국의 보로데일 광산에서 생산되고 있었다. 다른 모든 지역의 연필 산업에서 가장 큰 단점은 접근 가능한 흑연이 영국의 흑연만큼 풍부하지 않고 순도도 높지 않다는 사실에서 비롯되었다. 바로 이때가 장 피에르 알리베르(Jean Pierre Alibert)라는 남자가 등장한 시점이다. 알리베르는 시베리아의 중국 국경 근처에서 금을 찾는 동안, 이전에 발견되지 않았던 흑연 매장지를 발견했다. 그는 그곳의 흑연이 보로데일 흑연만큼 품질이 좋거나 심지어 더 낫다는 것을 깨닫고, 그가 당시 유럽 최고의 연필 제작자로 여긴 A.W.파버에 흑연 매입에 대한 독점권을 부여하기로 결정했다. 합의에 도달하는 데는 수년이 걸렸지만, 파버 사는 거의 완벽한 흑연에 접근할 수 있었고 공식적으로 가장 유명한 연필 회사로 세계 무대에 오르게 되었다.

에버하르트는 여전히 뉴욕에서 독일산 연필을 밀고 있었다. 이 무렵 남북 전쟁이 발발했고 슈타인에서 연필을 수입하기엔 점점 너무 많은 비용이 들게 되었다. 이제 에버하르트는 유일하게 합리적인 일을 했다. 자신만의 공장을 열어 미국에서 A.W.파버 연필을 만들기 시작했고, 슈타인에서는 귀중한 시베리아 흑연만 수입한 것이다. 규모가 컸던 그의 공장은 독일의 파버 진영보다 틀림없이 훨씬 더 발전된 설비를 갖고 있었을 것이다. 전쟁 중에 특별히 수요가 높았지만, 남부 동맹(Confederate state)이었던 플로리다

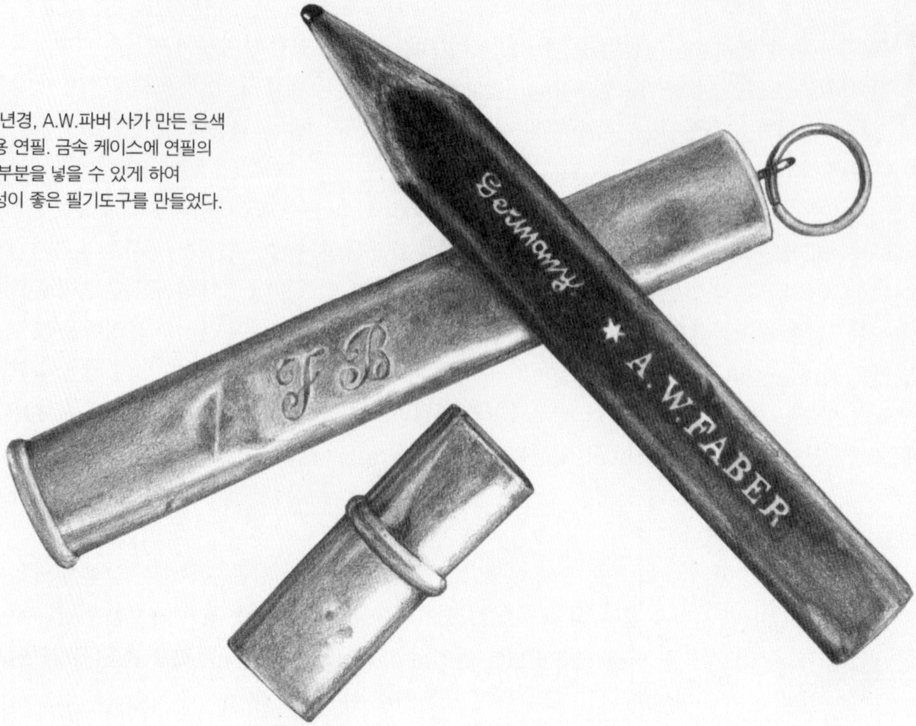

1900년경, A.W.파버 사가 만든 은색 휴대용 연필. 금속 케이스에 연필의 나무 부분을 넣을 수 있게 하여 휴대성이 좋은 필기도구를 만들었다.

에서 연필 생산에 필요한 삼나무를 벌채하고 운송하기는 어려웠다.

그 당시에 뉘른베르크와 슈타인 지역 인구의 대부분은 연필 산업에 종사하고 있었고, 직원 유지는 로타에게 중요한 문제였다. 슈타인의 산업이 호황을 누리고 있었기 때문에 로타는 공장을 확장하고, 다른 현장 시설들 사이에 주택, 학교, 교회와 도서관을 지었다. 로타의 성공과 관대함으로 인해 그는 유명 인사가 되었고 독일 정부는 그에게 남작 칭호를 부여했다. 진짜 드라마는 1876년에 시작되었다. 이전에 공장의 기술과 생산 관리자였던 로타의 동생인 요한(Johann)이 더 새롭고 효율적인 장비를 가진 공장을 열기로 결정한 것이다. 로타는 분노하여, A.W.파버라는 이름이 아닌 파버 연필은 "가짜 모조품"이라 공표하기에 이르렀다. 법정 공방 끝에 법원은 요한의 손을 들어주었다. 요한은 자체적 명성을 쌓으려 오랫동안 회사를 운영했지만, 진정한 경쟁자가 될 수 있는 추진력을 얻지 못했고, 요한과 로타의 관계는 결코 예전 같지 않았다.

파버 사는 산업계의 거물이 되었고 독일 왕실은 로타의 사업 감각과 연필에 대한 헌신에 감사를 표했다. 그는 가업을 사촌인 베르타와 결혼한 아들 빌헬름(Wilhelm)에게 물려주었다. 빌헬름은 가족의 유산을 쌓아가고자 했으나, 1893년 갑자기 사망했다. 삼촌인 에버하르트가 죽은 뒤 4년 후이며 아버지가 세상을 떠나기 3년 전이었다.

에버하르트의 최초의 공장은 맨해튼 42번가에 있었는데, 오늘날 국제연합(UN: United Nations)의 땅이 있는 곳이다.

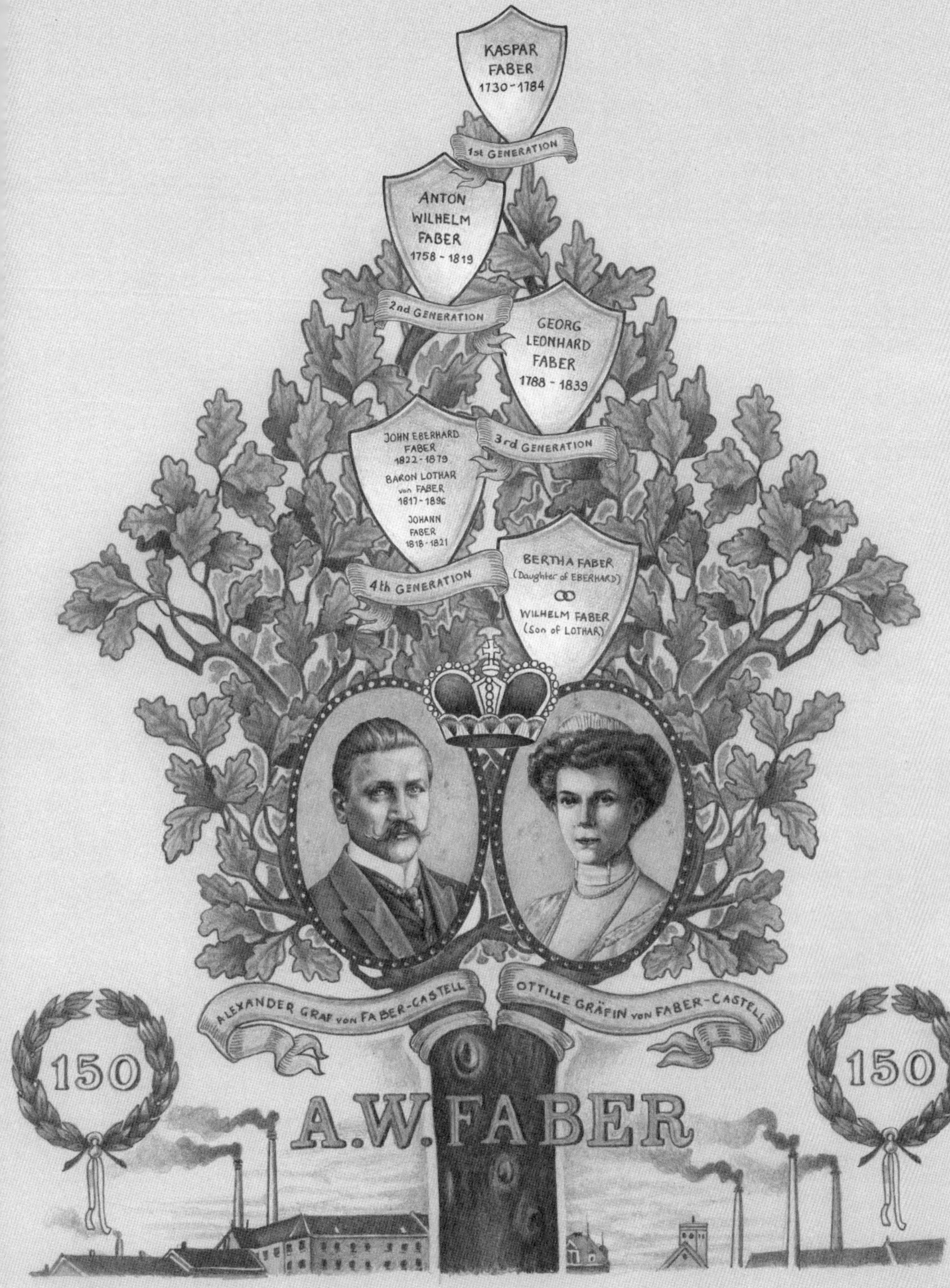
KASPAR FABER 1730 - 1784
1st GENERATION
ANTON WILHELM FABER 1758 - 1819
2nd GENERATION
GEORG LEONHARD FABER 1788 - 1839
JOHN EBERHARD FABER 1822 - 1879
BARON LOTHAR von FABER 1817 - 1896
JOHANN FABER 1818 - 1821
3rd GENERATION
4th GENERATION
BERTHA FABER (Daughter of EBERHARD)
WILHELM FABER (Son of LOTHAR)
ALEXANDER GRAF von FABER-CASTELL
OTTILIE GRÄFIN von FABER-CASTELL
150
150
A.W. FABER

요한 파버는 원통형 놋쇠 배럴 안에 심을 넣은 최초의 제도용 심 홀더에 대해 특허를 등록했다. 이 제품은 처음에는 인기를 얻지 못했지만, 미래의 더 나은 디자인을 가진 버전을 위한 길을 닦았다.

이후 독일에서, 로타의 손녀인 오틸리에 폰 파버(Ottilie von Faber) 남작 부인과 남편 알렉산다르 추 카스텔-뤼덴하우젠(Alexandar zu Castell-Rüdenhausen) 백작은 어머니가 사망한 후 회사를 물려받았고, 회사의 이름을 지금의 이름으로 알려진 파버-카스텔(Faber-Castell)로 변경했다. 같은 시기 뉴욕에서는, 에버하르트의 아들들인 에버하르트 파버 2세와 로타 W.가 독일 측 회사와는 별개인 E. Faber 연필 회사에 편입되었다.

이제 19세기는 거의 끝나가고 있었고, 두 대륙의 가족들은 서로 떨어져 있었다. 독일 파버 가족이 그들의 업적, 제품군과 성(城)을 계속 만들어나가는 동안, 미국의 파버 가족은 완전히 독립하여 친척들에게 큰 실망을 안겨주었다. 요한과 그의 자회사는 자체 제품을 계속 생산했고, 21세기 초에 에버하르트(모두 세 가지가 있음) 가족은 혁신적인 제품을 계속 출시하여 가족 간 경쟁에 불을 붙였다. 에버하르트는 현저하게 매끄러운 심을 넣은 첫 필기용 연필인, 악명 높은 블랙윙 602(자세한 이야기는 나중에 계속)와 그 밖의 다양한 미국 연필의 아이콘들을 만든 업적으로 인정받고 있다.

이 모든 것은 1988년 에버하르트 4세가 에버하르트 파버 연필 회사를 A.W.파버-카스텔에 되팔면서 끝났고, 미국에서의 모든 생산은 중단되었다. 요한의 사업도 같은 수순을 밟아, 수십 년 전에 인수되었다. 2010년에 파버-카스텔 사와 그 이웃이자 경쟁사인 슈테들러 사가 누가 더 오래된 회사인지에 대해 법정 공방을 벌인 일을 제외하고는(결과는 파버의 승리), 그 이후 엄청난 드라마는 더 이상 없었다.

“새로운 성채”는 1903년에 알렉산더와 오틸리에 본 파버-카스텔 부부에게 위임되어 지어졌다. 건물의 인테리어는 아르누보 스타일이었고, 카스텔이라는 이름에 어울리는 외관을 가졌다.

어떤 면에서는 파버 사의 명확한 입장, 때로는 중상모략까지 서슴지 않는 모험적 사업이 연필 생산의 발전과 창의성을 위한 길을 닦았다고 볼 수 있다. 그들은 세 가지 다른 파버 브랜드를 통해 연필 수집가들을 위한 시장을 더욱 흥미롭게 만들었다. 슈타인에 가면 세계에서 가장 큰 연필 관광지가 된 파버-카스텔 성, 공장, 박물관을 방문할 수 있다. 그곳은 연필업계에서 가장 유명한 가족의 헌신에 대한 증거이다. 요즘 파버-카스텔은 연필 이상의 제품들을 만드는 것으로 유명하다. 근사한 고급 필기도구 라인을 추가하여 경쟁의 수준을 한 단계 끌어올렸고, 여전히 게임을 진행 중이며 항상 그럴 것임을 계속 증명해보이고 있다.

1800년대 말과 1900년대 초에, 은색 휴대용 연필은 사람들이 코트 주머니에 넣고 다니거나 심지어 목걸이 또는 시곗줄에 달고 다닐 만큼 유행하는 액세서리가 되었다. 요한 파버, 에버하르트 파버, 그리고 A.W.파버는 각자만의 버전을 만들었다. 대부분 은색이었고 캡 속 딱 맞는 납작하고 가는 연필이 들어 있었다. 끝부분은 종종 예쁜 돌이나 고리로 세부 장식되어 있었다.

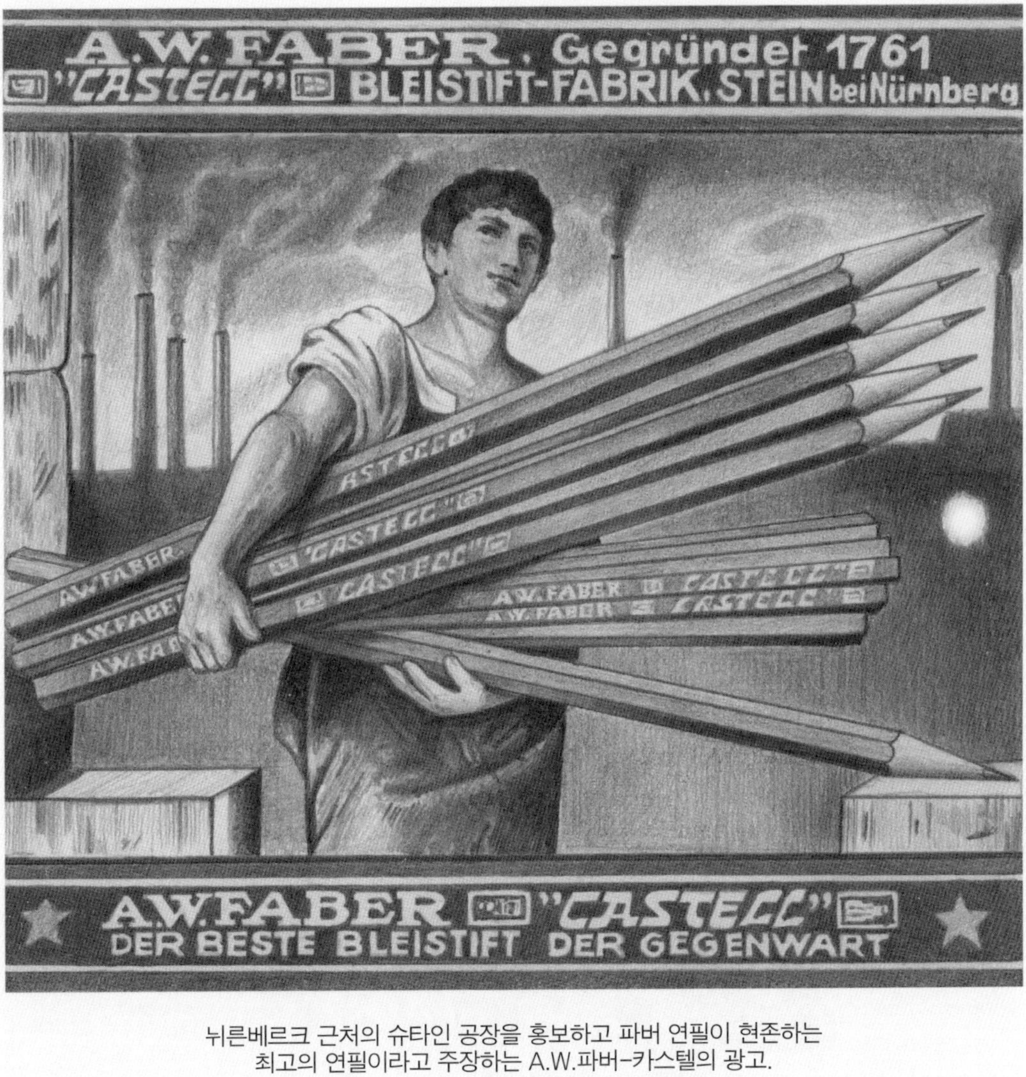

뉘른베르크 근처의 슈타인 공장을 홍보하고 파버 연필이 현존하는
최고의 연필이라고 주장하는 A.W.파버-카스텔의 광고.

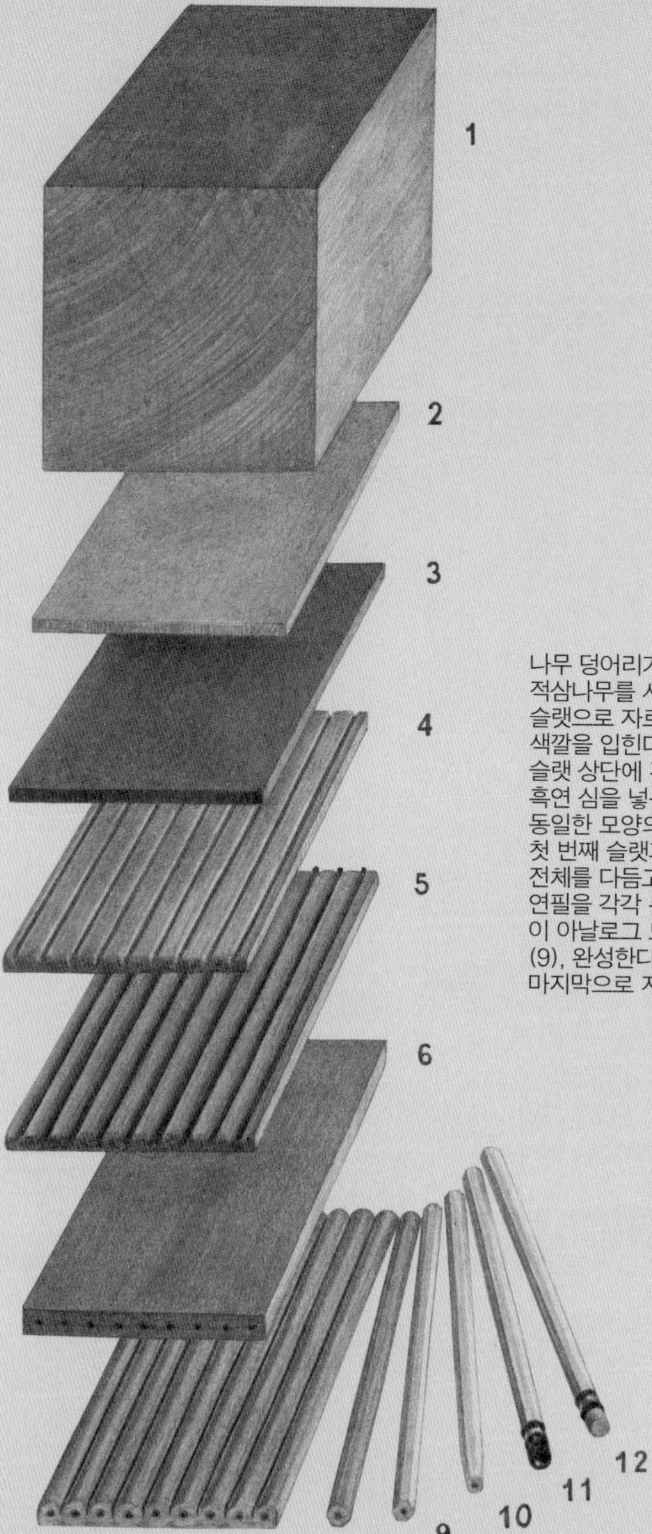

나무 덩어리가 이 과정의 시작이다. 보통 적삼나무를 사용한다(1).
슬랫으로 자르고(2)
색깔을 입힌다(3).
슬랫 상단에 긴 홈을 파고(4),
흑연 심을 넣는다(5).
동일한 모양의 슬랫을 위에 덮고(6)
첫 번째 슬랫과 붙인다.
전체를 다듬고(7)
연필을 각각 분리한다(8).
이 아날로그 도구들을 페인트칠하여 (9), 완성한다(10). 페룰을 붙이고(11), 마지막으로 지우개를 넣는다(12).

연필은 어떻게 만들어지는가

연필의 재료는 나무, 흑연, 점토와 물과 같이 간단하지만, 제조 과정은 복잡하다. 그 과정을 알아내는 데 수 세기가 걸렸고, 수많은 사람들이 필요했다.

우리가 아는 연필은 보기엔 간단한 물건이다. 페인트 코팅과 지우개를 제외하고는 다른 재료가 없는, 가운데에 흑연이 있는 나무 막대처럼 보인다. 대부분의 어린 시절, 나는 나무를 드릴로 뚫어 구멍을 내고 그 구멍에 흑연을 채운다고 믿었다. 그렇게 생각했던 것도 당연하다. 젤리 도넛처럼 연필 속을 채워 넣을 수 있다면 왜 굳이 다른 방법으로 조각을 붙이겠는가? 수천 개의 세워진 연필에 작은 주사기에 채운 흑연을 조심스럽게 밀어 넣는 작업을 하는 공장을 상상해 보라.

또 다른 무지한 이론은 나무를 자르고, 중간에 구멍을 내어 단단하게 굳힌 흑연 막대를 그 안쪽으로 미끄러져 내려가게 한다는 것이다. 이 특별한 이론은 가장 일반적인 것처럼 보이는데, 나는 자연사 박물관 선물가게에서 종종 파는, 막대 심으로 만든 연필들 탓으로 돌린다. 그 연필은 전통적인 연필과는 달리, 나무에서 나뭇가지를 잘라내고 구멍을 뚫어 미리 만들어진 일반적인 연필심을 삽입하는 정확한 방식으로 만들어진다. 물론 이것들은 유용한 물건이라기보다는 "노벨티(novelty)"를 의미하는데, 이 책에서 나중에 이야기할 노벨티 연필과는 다르다.

연필 제조 과정은 사실은 꽤 복잡하다. 여기에는 필요하지 않을 것이라 생각할 수도 있을 몇 가지 매우 독특한 기계들도 포함되어 있다. 1958년 경제학자 레너드 E. 리드가 쓴《나는 연필입니다(I, Pencil)》라는 유명한 에세이가 있다. 이 책은 연필의 관점에서 연필이 만들어지는 과정을 이야기하며, 특히 에버하르트 파버의 인기 있는 연필인 몽골 482에 대해 다루고 있다. 에세이의 시작 부분에서는, 몽골 482는 미스터리이며 이 연필의 사용자들도 그렇게 느껴지는 것을 당연하게 여긴다고 말한다. 심지어 "이 세상의 어떤 사람도 나를 어떻게 만드는지 알지 못해."라고까지 이야기한다. 에세이는 나무 벌채에서부터 래커를 만드는 데 필요한 피마자기름을 추출하는 피마자 재배인들에 이르기까지, 과정의 모든 부분을 설명한다. 연필을 처음부터 끝까지 만들 수 있는 사람이 단 한 명도 없다는 것은 사실일지도 모른다(다른 목적으로 사용되는 그런 연필들은 제외하고). 적어도《나는 연필입니다》는 확실히 독자들이 그렇다고 믿게 만든다. 내가 연필을 만들어야 한다면, 나만의 연필을 만드는 것이 내 인생의 사명이라면, 나는 할 수 있다고 생각하고 싶다. 어쨌든 나무를 심어서 베어낼 때까지는 수십 년이 걸릴 테니, 내가 만들 연필에 대해 생각할 시간은 충분할 것이다.

연필의 가장 중요한 부분은 안료, 목탄 또는 흑연의 혼합물이든 내부에 있는 심이다. 심이 없는 연필은 없다. 포르투갈의 유명한 연필 회사인 비아르쿠(Viarco)가 만든 더미 펜슬(Dummy Pencil)을 제외하고는 말이다. 안에는 흑연이 없고, 끝부분만 흑연에 살짝 담가서 연필심처럼 보이도록 만든 연필이다. 하지만 정말로 재미있는 장난감이다. 연필 끝을 종이 위에 그으면 희미한 회색 자국만 남는다. 초등학교 시절 누군가 내 연필을 빌려달라고 부탁했을 때 이 연필을 건넸으면 재밌었을 것이다. 가짜 연필 이야기는 그만하고, 흑연 심을 만드는 효과적인 방법을 찾는 데는 수 세기가 걸렸다는 사실로 돌아가보자. 그럴 만한 이유가 있다. 흑연 말고는 연필심을 만드는 데 들어가는 다른 재료들과 세심한 과정이 엄청나게 많다. 연필심이 계속 부러지는 경우는, 아마도 심의 품질이 낮거나 심이 산산조각 났기 때문일 것이다. 나무 부분을 연필심에 두른 완충제라고 생각해 보라. 나무 부분은 생각보다 연약하니 조심히 다루어야 한다.

연필심을 만드는 과정의 맨 처음은 가장 당연한 재료인 자연 흑연으로 시작한다. 흑연은 어느 광산에서 생산되었는지에 따라 다양한 특성을 가졌고, 거의 모든 대륙의 여러 나라에서 찾을 수 있다. 대부분의 연필 제작자는 이상적인 질감을 만들기 위해 세계 각지의 흑연을 혼합하여 사용한다. 천연 흑연 덩어리를 본 적이 있다면, 사람들이 왜 납으로 착각했는지 이해할 것이다. 어두운 색깔에 약간 가볍고, 특히 광택을 내면 믿을 수 없을 정도로 반짝인다. 대부분의 흑연 자체는 흔적을 남기는 데 사용하기엔 잘 부스러지고 때론 너무 껄끄러운 경향이 있다.

흑연 심에서 두 번째로 중요한 재료는 점토인데, 점토는 흑연의 강도를 높이고 연필의 질감에 특색을 더한다. 가장 흔한 것은 고령토(kaolin)로, 색연필심을 만들 때 쓰이는 순도 높은 흰색 점토이다. 솔직히 말해서, 최근까지도 연필에 어떤 점토가 들어 있는지는 별로 생각해본 적이 없었다. 화학 성분에 대해 연구하고 공부한 후에, 쇼핑 웹사이트에서 소비자가 쓴 리뷰를 보고 고령토와 그 사용에 대해 더 많이 알게 되었다. 고령토는 해충 방제, 수제 치약 제조, 얼굴 마스크 팩, 빠른 혈액 응고를 위해 사용하는 붕대 등 다른 일반적인 용도로도 사용되고 있다. 매우 부드럽고 흡수력이 월등히 좋을 뿐만 아니라 매우 다재다능한 가정용품이기도 하다.

흑연을 갈아 고운 가루로 만들고 분말 고령토를 조금 첨가하면, 연필 만들기의 절반쯤 온 셈이다. 맞다, 그렇게 간단하지 않을지도 모른다. 연필의 경도는 점토와 흑연의 비율에 따라 결정된다. 흑연이 많을수록 더 부드러운 연필이 되는데, 즉 더 매끄럽고 진하며 더 잘 번지거나 때론 더 반들거리는 연필이 된다. 점토가 많을수록 더 단단하고 견고하고 가벼우며, 더 가는 연필이 된다. 하지만 이 두 재료는 그 자체로 서로 결합될 수는 없다. 바로 물과 왁스가 그 접합제 역할을 한다. 왁스는 종종 연필을 더 부드럽게 쓸 수 있게 하는 접합제로 사용되는데, 건조한 광물과는 달리 매끄러운 성질을 갖고 있기 때문이다. 더 다양한 첨단 기술에 대해 얘기하자면, 일본의 연필 회사가 연필 제조에 사용하는 폴리머(polymer)를 예로 들 수 있겠다. 폴리머는 연필심이 깨지는 것을 방지하며, 더 부드럽고 덜 지저분하게 쓸 수 있도록 한다. 더 전통적인 연필은 매끄러운 접합제를 사용하는 연필과 비교해보면 확연히 다르게 느껴진다. 비교적 더 사각거리고 조금 더 단단하다.

내가 종종 사람들에게 설명하는 것이 있는데, 연필 등급의 척도는 보편적이지 않다는 것이다. 독일의 HB는 일본의 HB보다 더 단단하게 느껴질 수 있다. 스위스의 HB는 미국의 HB보다 포인트 리텐션이 더 좋을 수 있다. 인도의 HB는 포르투갈의 HB보다 더 가벼울 수 있다. 어디에서 생산되었는지, 누가 만들었는지, 어떤 기준에 따랐는지에 따라 다르다. 연필을 결정하는 특성이 각각 다르며, 각각의 연필도 그 기원에 대해 서로 다른 이야기를 갖고 있다는 점이 내가 연필을 사랑하는 또 다른 이유이기도 하다.

연필 공장에서 연필심을 만드는 성분은 공장마다 약간씩 다른 공정을 통해 모두 완전히 잘 배합된다. 두꺼운 반죽이 다 만들어지면, 젖은 국수가락처럼 보이는 이어지는 가닥을 뽑아내는 기계에 재빨리 붓는다. 이 과정에서 연필심을 가열하면 일시적으로 가단성(可鍛性)을 갖게 되어 자르는 기계에 넣고 정확한 길이로 자를 수 있다. 그리고 작은 흑연 막대가 완전히 식기 전에 용광로에 넣어 섭씨 980도(화씨 1,800도) 정도에서 굽는다. 가마에 도자기를 굽는 것과 비슷한 과정이다. 요점은 혼합물을 가열하고 경화시키는 과정이 혼합물을 더 단단하고 강하게 한다는 사실이다. "콩테 씨, 이 모든 과정을 알아낸 당신의 천재성에 감사드립니다."

연필심의 기초 재료는 흑연뿐만이 아니다. 안료도 색연필의 핵심 성분이며, 다소 비슷한 과정을 거친다. 안료는 색조에 따라 물리적 일관성이 크게 다를 수 있다. 색연필은 내광성(빛에 바래지 않고 잘 견디는 성질)을 가져야 하기에, 정말 좋은 색연필을 만들기가 어렵다. 색에 관계없이 다른 색의 범위와 일치하는 느낌을 주어야 하며, 가능한 한 선명해야 한다. 색연필 심은 전통적으로는 왁스나 오일로 만들지만, 아라비아고무를 사용하여 수용성으로 만들 수도 있다. 이를 통해 연필을 수채화 물감처럼 사용할 수 있다. 색연필 심은 흑연 연필과 거의 동일한 과정을 견뎌내지만, 훨씬 더 부러지기 쉽기 때문에 더 오랜 과정을 거쳐야 하는 경우가 많다.

내가 매일같이 직면하는 연필의 가장 큰 수수께끼는 흑연 심의 파손이다. 연필이 정말 약하다면, 단 한 번의 떨어뜨림만으로도 전체 연필심을 산산조각 낼 수도 있다. 특히 색연필, 목탄, 더 부드러운 흑연 심의 경우에 그러하다. 불행하게도 깨진 연필심을 다시 고칠 수 있는 공식적인 방법은 없다. 누군가 내게 전자레인지에 부러진 색연필을 넣고 돌리면 다시 심이 붙는다고 말해준 적이 있긴 하다. 끈끈한 색의 웅덩이가 될 정도로 녹지는 않겠지만, 전자레인지의 열기가 연필의 조심스럽게 만들어진 공식을 바꿀 수는 있을 것이다. 나는 전자레인지를 갖고 있지 않기 때문에 이 방법을 시도해보지는 않겠지만, 불경스러워 보이기 때문에라도 해보지 않을 것이다. 그 대신, 쓸모없는 연필로 할 수 있는 일은 얼마든지 많다. 커피를 젓거나, 카세트테이프를 되감거나, 머리카락을 올리거나, 인터넷 라우터를 재설정하는 등, 가능성은 무한하다.

포인트 리텐션(point retention)은 연필 전문 용어이다. 연필을 다시 깎아야 하기 전까지 연필심의 뾰쪽한 끝을 얼마나 잘 유지하는지를 나타낸다. 물론 이것은 사용하는 연필에 따라, 종이에 따라, 그리고 사용자의 손힘에 따라 다르다.

내광성(light fastness)이란 색바램을 견디는 성질을 말한다. 이것을 대부분의 연필에 별로 표시하는데, 내광성이 가장 좋은 것을 별 다섯 개로, 가장 나쁜 것을 별 한 개로 표시한다.

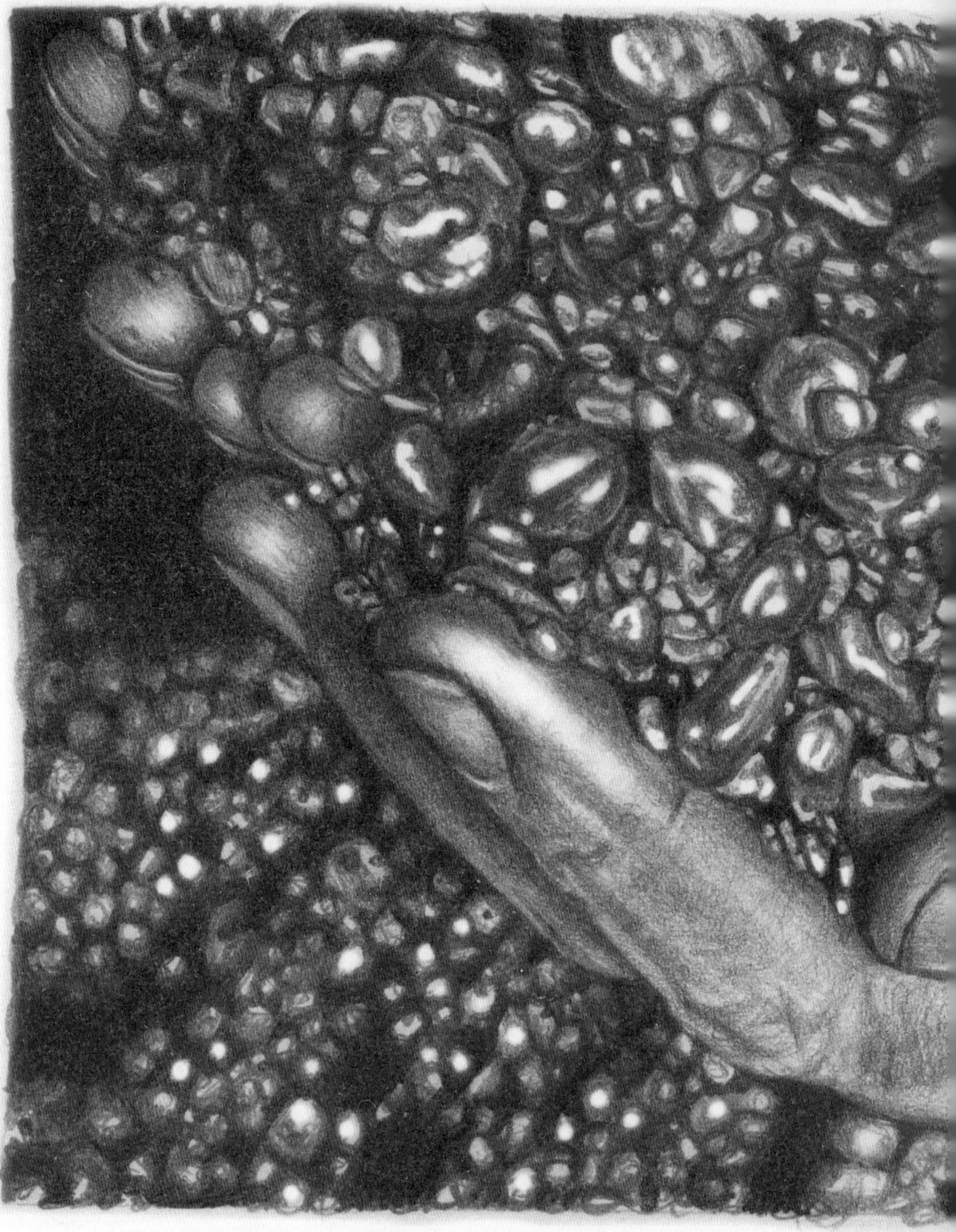

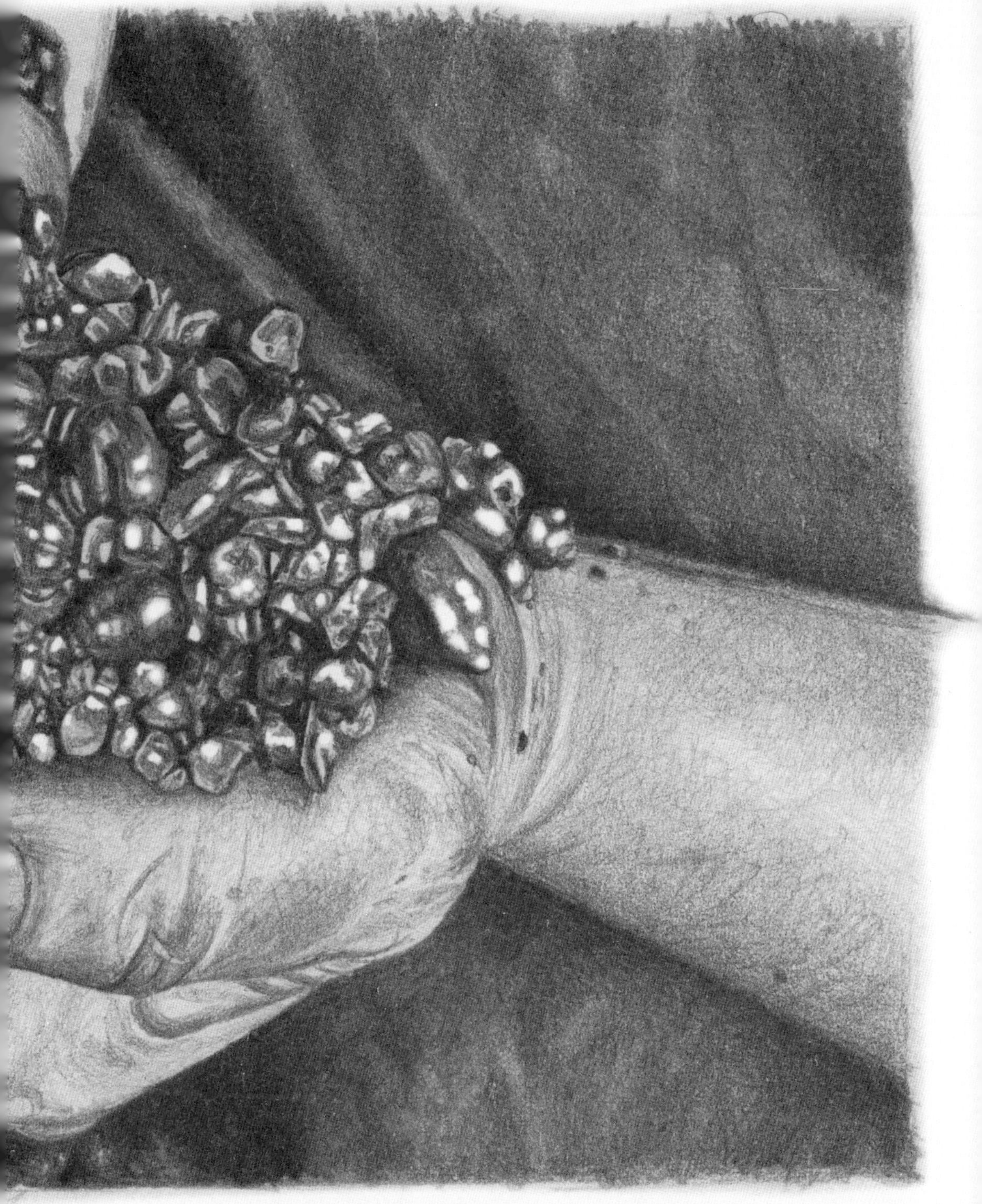

가공하지 않은 흑연은 반짝이고 가벼우며 잘 쪼개진다. 단단하고
거친 질감의 연필심을 만들려면 흑연을 점토와 섞어야 한다.

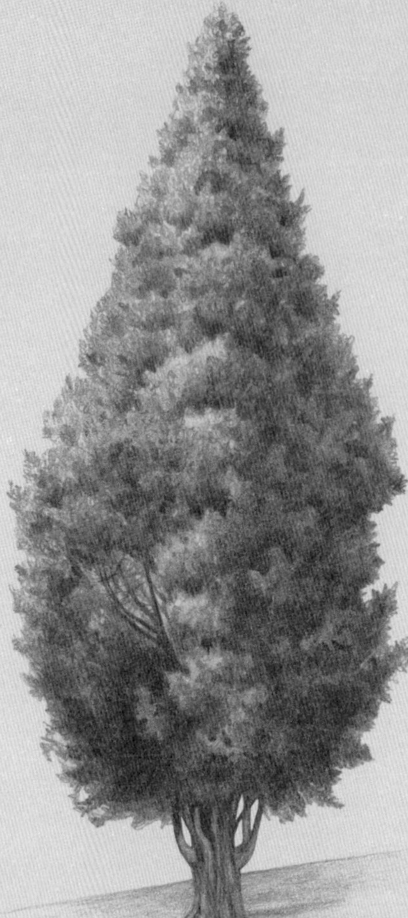

적삼나무(학명: Juniperus Virginiana)
는 가볍고 깎기 쉽기 때문에 연필
제조에 적합하다.

한번 만들어지고 경화된 흑연 심은 어딘가에 들어가야 한다. 잘 알다시피 대부분은 나무로 들어갈 것이다. 내가 어렸을 때 갖고 있던 모든 이론에도 불구하고, 날카롭게 깎은 연필을 자세히 살펴보면 두 조각의 나무로 만들어졌음을 분명히 알 수 있다. 차 밑에 깔리거나 차가 밟고 지나간 연필을 본 적이 있는가? 두 조각으로 나뉜 것을 볼 수 있다. 흑연 샌드위치를 생각해 보자. 가장 초기의 연필은 이런 식으로 만들어졌지만, 기본적으로 흑연 막대 각 면에 나무를 덧대어 보다 원시적인 방식으로 제작되었다. 산업혁명은 우리가 지금 알고 있는 과정을 간소화하고 완성해 주었다. 나무를 잘라내는 과정은 생략한 채 바로 공장으로 가면 공장에 도착한 나무가 어떻게 생겼는지 볼 수 있다. 만약 연필 공장을 운영한다면, 연필에 필요한 특정 슬랫을 미리 잘라두는 공급 업체에 정확한 사이즈의 슬랫을 주문할 수 있다. 슬랫은 대체로 표준화되어 있다. 연필 제조 초기에는 동부 지역의 적삼나무가 표준이었지만, 요즘은 주로 캘리포니아나 오리건에서 공급되는 연필향나무를 사용한다. 삼나무는 가벼워서 깎기 쉬우며, 너무 조밀하거나 쪼개지지 않는 단단한 나뭇결을 갖고 있어서 연필 제조에 선택된다. 삼나무의 자연적인 향기는 따뜻하고, 흙 내음이 나며 약간 그윽하기까지 하다. 품질 좋은 대부분의 연필은 향삼나무(insence cedar)로 만들어지지만, 몇 가지 대안도 있다. 보리수, 백양목, 바타(vatta)도 일반적으로 쓰이지만 삼나무와는 상당히 다른데, 약간 가볍고 부서지기 쉽다. 대부분의 경우 연필은 비용을 줄이기 위해 삼나무가 아닌 목재로 만들어지거나, 인도의 경우처럼 단순히 대체 목재가 연필의 생산지에 있기 때문에 사용하기도 한다. 때로는 쥐라(Jura) 숲의 너도밤나무로 만들어진 까렌다쉬(Caran d'Ache) 스위스 우드 연필과 같이 더 이국적인 나무로 연필을 만들기도 한다. 이 연필은 삼나무로 만든 연필보다 눈에 띄게 무겁고, 더 어두운 색이며 황설탕처럼 아주 강한 냄새가 난다. 과거에는 다른 희귀한 목재들도 사용되었는데, 일반적인 연필에 항상 사용되지는 않았지만 종종 수집가들을 위한 아름다운 연필을 만드는 데 사용되었다. 나무의 종류에 관계없이 그 과정은 항상 슬랫으로 시작된다.

슬랫은 나뭇결을 따라 18센티미터 길이로 잘라지는데, 만들어지는 연필의 종류에 따라 넓이가 달라진다. 연필은 표준 직경, 미니 점보, 점보와 같이 몇 가지 크기로 나뉜다. 미니 점보는 논리적으로 표준과 점보 사이의 크기이고 아마도 가장 일반적이지 않은 크기일 것이다. 보통 점보 연필은 작은 손으로 더 쉽게 잡을 수 있도록 만들어졌기 때문에 어린이 시장을 겨냥하고 있지만, 솔직히 말하면 누구에게나, 특히 오랜 시간 동안 쥐고 있기에 더 편하다.

잘린 슬랫은 판의 길이에 따라 홈을 파는 기계로 들어간다. 여기서부터 조금 까다로워지기 시작한다. 연필 안에 들어가는 것이 흑연 막대이든 다른 무엇이든 완벽하게 홈에 맞아야 한다. 그래서 고품질 연필에 대한 오차 한계는 대략 0.01밀리미터이다. 연필을 깎았는데 연필심 한쪽 면을 따라붙어있는 나무 조각 때문에 성가셨던 적이 있는가? 그런 현상(편심)은 홈이 정확하게 파이지 않았고, 연필의 중심이 잘 맞지 않기 때문이다. 일단 홈이 파이면, 시각적으로 가장 만족스러운 과정이 시작된다. 슬랫은 막 파인 홈에 아주 적은 양의 접착제를 쏘는 기계 안으로 밀려들어간다. 심을 제자리에 고정시키기에는 충분하지만 연필의 물리적 완전성을 손상시키지는 않을 정도의 양이다. 제자리에 조심스럽게 붙여진 연필심 위로, 동일한 홈이 파인 또 다른 동일한 슬랫을 덮고 함께 누른다.

작업이 완료되고 연필심이 나무 안에 안락하게 자리 잡으면, 슬랫은 미래의 어떤 사용량에도 견딜 수 있도록 압축 기계 속에서 몇 시간 동안 머무르게 된다. 거기에서 슬랫들은 또 다른 기계로 들어가 한 번에 한 면씩 잘려서 보통 육각형, 원형, 삼각형 모양으로 거듭나게 된다. 바로 당신의 손안에 있는 연필의

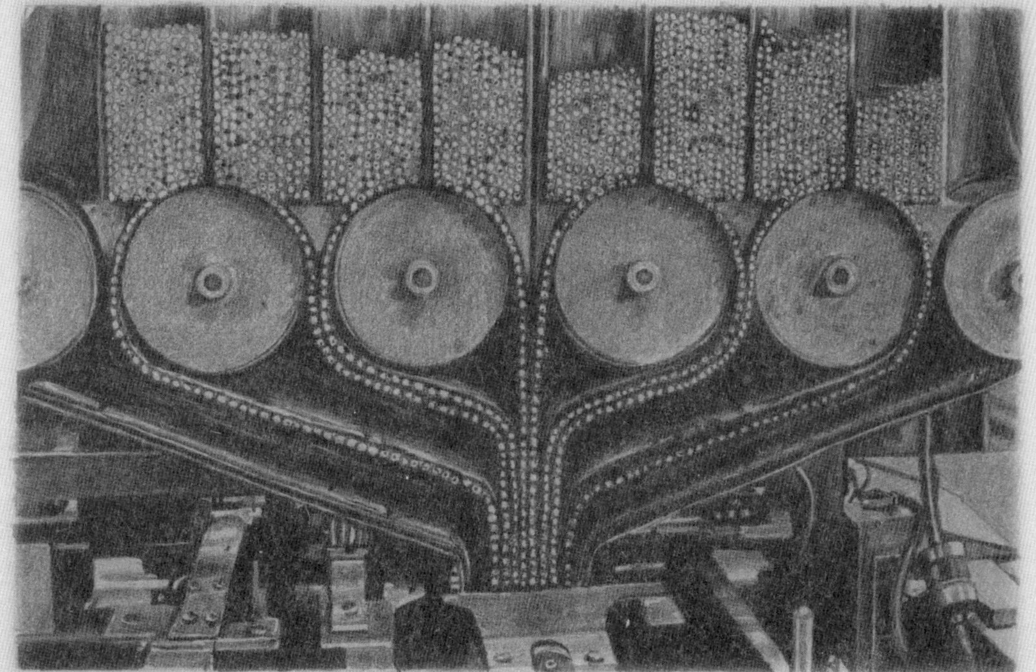

1950년대 파버 공장의 색연필
포장 기계

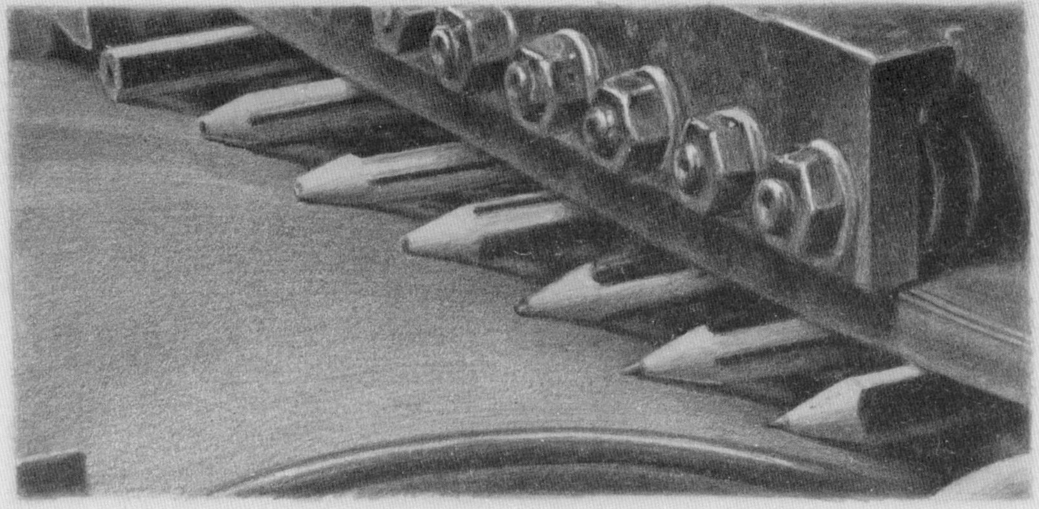

연필 공장에서는 거친 표면에 연필심 부분을
굴려서 끝을 날카롭게 갈아낸다.

모양이 되는 것이다! 페인트로 칠하거나 코팅하기 전, 페인트칠하지 않은 연필을 만들기 위해서는 연마 작업을 하여 매끄럽게 만든다.

연필 공장을 방문했을 때 가장 매혹적이었던 것은 페인트칠 과정이었다. 이것은 나무 연필을 다채로운 페인트 층에 겹겹이 담그는 반복적인 움직임이 나의 가벼운 강박증을 심히 만족시켜주었기 때문일 수도 있고, 특히 페인트 냄새에 취해 있었기 때문일 수도 있다. 모든 연필에 페인트를 칠하는 것은 아니다. 어떤 연필들은 내가 붙인 이름대로 "알몸"으로 남겨져서 쪼개지지 않도록 일종의 투명 코팅을 입게 된다. 그러나 페인트칠되는 연필들은 동일한 페인트 기계를 관통하는 긴 과정을 적어도 네 번에서 많게는 열네 번까지 견뎌야 한다. 그렇다, 연필에는 페인트칠을 아주 많이 한다.

일본 연필들이 보통 다른 연필들보다 아주 윤이 많이 나고 살짝 더 크다는 것을 알아차린 적이 있는가? 그것은 바로 페인트 때문이다. 페인트는 연필을 장식해줄 뿐만 아니라, 연필 샌드위치 전체를 꽉 잡아주는 예비 밀봉제 역할을 한다. 페인트 대신, 포르투갈의 비아르쿠(Viarco) 사에서 만든 향기 나는 연필처럼 다른 창의적인 대체 재료들도 있다. 이 단순하고 둥근 원통형 삼나무 연필은 향료에 담가져서 포르투갈의 뒤뜰이나 정원에서 흔히 볼 수 있는 식물의 냄새가 난다(무화과, 작약, 오렌지꽃, 은방울꽃, 재스민 향이 있다). 이 연필들은 놀랍도록 향기롭고, 연필꽂이의 다양한 보통 연필들과도 잘 어우러진다. 아주 흥미로운 페인트 작업의 예를 든다면 인도의 힌두스탄(Hindustan Pencils) 사에서 만든 연필을 들 수 있다. 내가 좋아하는 모델은 손으로 마블링하여 무늬를 입힌 제품이어서 연필마다 색깔과 무늬가 다르다. 특히 그 회사가 하루에 만들어내는 연필은 900만 자루인데, 대리석 무늬 종이 만들기가 취미인 나는 이 작업이 어떻게 가능한지 알아내려고 노력해 보았지만, 그 비밀을

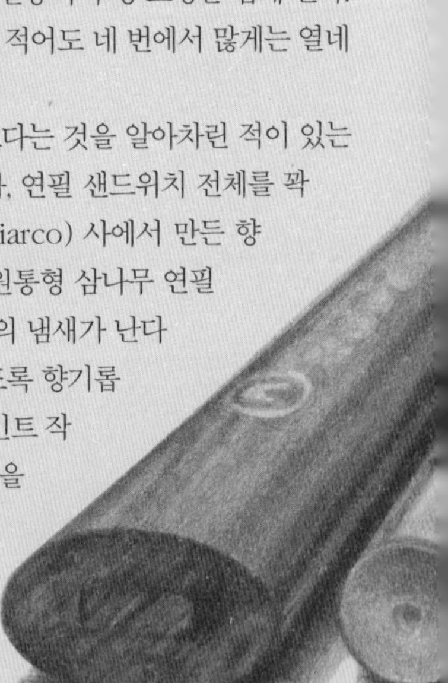

알아내는 데 실패했다.

다음은 연필의 끝부분에 무엇이 오느냐는 질문이 이어진다. 어떤 연필들은 대담하게도 내부를 노출시킨 채 마감된다. 다른 연필들은 많은 과정들 중 하나를 더 거친다. 특히 유럽과 아시아에서는 연필 끝을 "살짝 건드리는(tip)" 것이 일반적인 관행이다. 연필 끝을 페인트 표면에 가볍게 닿을 정도로만 조심스럽게(매우 조심스럽게) 담근다는 말이다. 심지어 어떤 연필에는 끝에 아주 작은 모양들도 그려져 있다. 일반적으로 연필의 캡 부분이 장식적일수록, 연필의 품질이 아마 더 높을 것이다. 더 흔한 관행은 끝에 페룰와 지우개를 같이 붙이는 것이다. 페룰은 지우개를 부착하기 위해 연필 끝에 끼우는 금속 조각이다. 페룰 없이 지우개를 성공적으로 붙인 연필이 하나 있기는 하다. 일본의 에이치 가토(Eiichi Kato) 사에서 디자인한 연필인데, 아주 단순한 고무지우개가 연필 캡처럼 보인다. 이 예외적인 연필 말고는, 지우개 달린 연필을 만들려면 항상 페룰이 필요하다. 일부 페룰은 다른 페룰보다 더 예쁘고 어떤 페룰은 특정 유형의 연필을 대표하지만, 일반적으로, 특히 21세기의 페룰은 모두 매우 비슷해 보인다. 페룰과 지우개가 붙여지는 부분은 내게 항상 미스터리였다. 페룰을 먼저 부착하는지, 지우개를 붙인 페룰을 부착하는지, 또는 둘을 한꺼번에 조립하는지 궁금했다. 현실에서는 이 특별한 과정을 본 적이 없어서 확신할 수 없었다. 어릴 적 학교에서 연필 끝 페룰을 씹다가 페룰이 쏙 빠져버린 기억이 있는데, 그 이후로 지우개를 먼저 끼운다고 여겼던 것 같다. 왜냐하면 페룰은 연필 위에서 압착되면서 붙여지는데, 그렇다면 연필 위로 페룰을 끼울 때 실수할 수도 있기 때문이다. 나는 이것이 불필요한 정보라 생각해서 더 자세히 조사해볼 생각조차 하지 않았다. 연필을 팔기 시작하고 나서야 비로소 페룰 끝에 얇은 지우개막이 달린 부분에서 가끔 잘못된 예를 알아차리기 시작했다. 가장 용두사미 같은 방식으로 나의 의문이 풀렸다. 페룰이 먼저 부착되고 그다음이 지우개이다.

페인트와 연필 끝에 관한 이 모든 복잡하고 세밀한 과정 후에도, 연필이 공장을 떠날 준비를 하기 전에 선택적으로 거쳐야 할 몇 가지 과정이

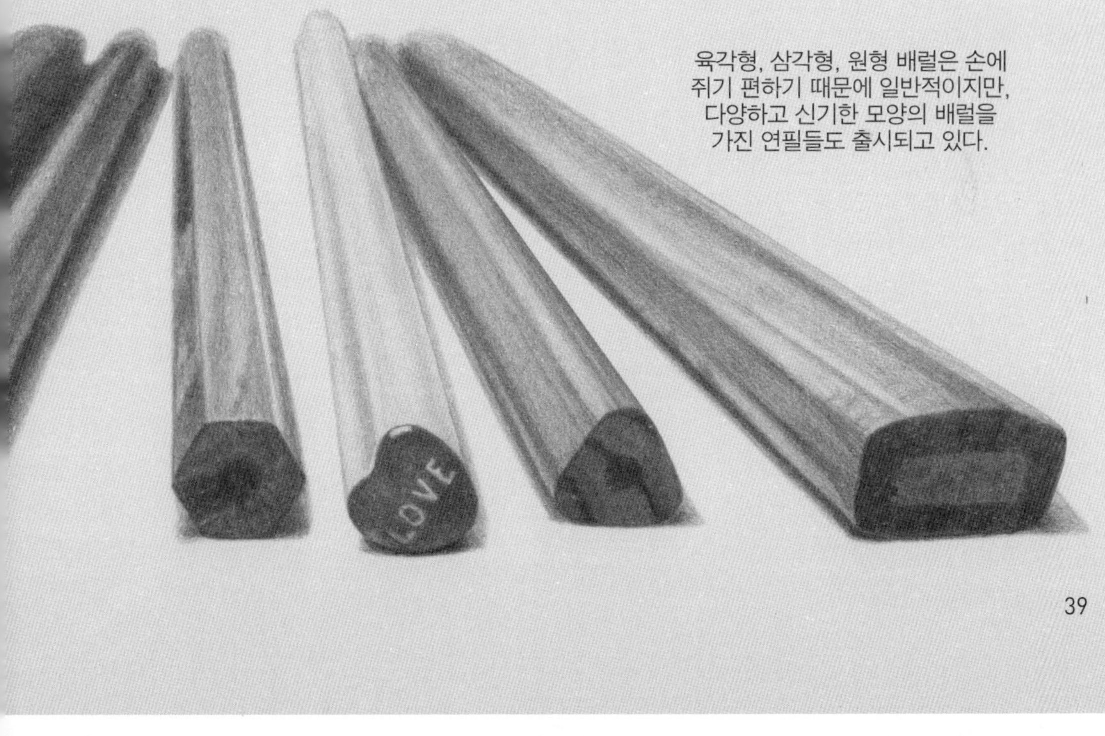

육각형, 삼각형, 원형 배럴은 손에 쥐기 편하기 때문에 일반적이지만, 다양하고 신기한 모양의 배럴을 가진 연필들도 출시되고 있다.

여전히 남아 있다. 첫 번째는 브랜딩이다. 당신이 마주치는 거의 모든 연필에는 브랜드 이름이건 광고 문구건, 글자들이 찍혀 있을 것이다. 연필에 글자를 새기는 방법에는 몇 가지가 있는데, 대부분의 경우 뜨거운 포일(foil)을 사용한다. 연필 표면에 얇은 포일지를 대고 뜨겁게 가열한 글자 주조 판을 누르는 간단한 스탬핑 기법이다. 글자가 포일지에 옮겨져 연필에 찍히면 브랜드 연필이 된다. 어떤 연필에는 한쪽 면에만 글자가 있는 반면, 어떤 연필에는 바코드와 많은 글자들이 찍혀 있다. 일본 연필들은 정교하기로 유명한데, 독특한 특징 중 하나는 브랜드 이름이 새겨져 있는 반대쪽에 영어로 연필의 용도를 표시한다는 것이다. 예를 들면, "전문 작가용", "학술적 글쓰기용", "특수 도면 및 수정용" 또는 "초정밀 제도용" 같은 내용이다. 지정된 용도는 거의 항상 필요 이상으로 자세하지만, 그 과도함이 바로 일본 필기도구만의 매력이다.

포기 각서: 나는 소비재의 가시적인 상표를 좋아하지 않는다. 모노그램(두 개 이상의 문자를 합쳐 하나의 글자처럼 만든 문양이나 표지: 역주)으로 뒤덮인 핸드백은 절대 사지 않고, 브랜드 이름이 크게 찍힌 티셔츠도 입지 않을 것이다. 대부분 내가 유독 싫어하는 것들이긴 하지만, 내가 입는 옷, 소유하는 물건, 사용하는 물품들이 나를 대변해서는 안 된다고 생각한다. 연필은 조금 다르다. 아마추어의 안목을 가진 사람들이 종종 어떤 연필을 다른 연필들과 확실히 구분할 수 있는 유일한 지표는 브랜드이다. 연필의 표면적이 매우 작기 때문에 브랜드는 디자인에 중요한 요소가 될 수 있다.

이제 연필은 세상으로 나갈 준비가 다 되었다. 때로는 새 연필을 바로 사용할 수 있도록 연필심을 약간 무딘 정도로 연마 기계에서 미리 깎는다. 어떤 경우엔 디자인에 몇 가지 마무리 작업이 필요하다. 꼭 거쳐야 할 한 가지는 두말할 필요 없이 품질 관리이다. 페인트칠이 고르게 되었는가? 글자가 정확하게 찍혔는가? 연필심이 나무 배럴 정중앙에 있는가? 외관상 눈에 띄는 흠이 있는가? 이 모든 질문을 다 통과하면, 연필은 앞으로 살게 될 포장 상자에 조심스럽게 넣어지고 상점으로 실려나가 구매자의 혹독한 사용을 거치게 된다.

연필에 집착하는 나도, 실제로 공장에 들어서기 전까지는 연필이 어떻게 만들어지는지 자세히 생각해본 적이 없었다. 물론 각 관련 요소들에 대한 광범위한 정보는 알고 있었지만, 전체적인 물리적 조립 과정을 보는 것은 완전히 다른 경험이었다. 기계들이 빈틈없이 움직이고 모든 과정이 아주 자연스럽게 보이기에, 연필이 다른 방식으로 만들어진다고 상상하기가 어려웠다. 최초의 연필들을 가구 제작자가 만들었다는 사실에도 일리가 있다. 현대의 기계에서도 연필 하나를 만들기 위해서는 엄청난 양의 기술이 필요하다. 연필의 매력 중 하나는 무한한 창의력을 발휘할 수 있는 작고 말끔한 물건이라는 것이다. 연필 공장 자체도 마찬가지다. 원료는 유기물 덩어리와 단순한 나무 슬랫 더미로 시작된다. 바닥은 얇지만 미끄러운 흑연가루 층으로 뒤덮여 있고, 결함 있는 흑연 막대들이 우습도록 무질서한 바닥의 불량품들 속으로 던져질 때, 기계들은 빙빙 돌고 있다. 마치 모든 것이 촉각적이고 감각에 관여하는 윌리 웡카의 초콜릿 공장(로알드 달의 유명한 소설인《찰리와 초콜릿 공장》에 나오는 초콜릿 공장의 이름: 역주) 같다. 그런 매끈한 물건이 그토록 지저분하고 유기적인 과정을 거친다는 사실은 믿기 힘들다. 결국 더 이상 바닥에 남겨진 흑연은 없고, 흠잡을 데 없이 만들어진 연필은 세상에서 가장 중요한 물건처럼 완성된다. 손을 뻗어 모든 것을 만지지 않는 것은 어렵다. 그래도 괜찮다. 왜냐하면 컨베이어 벨트 끝의 실제 연필이 여전히 가장 좋은 부분이니까.

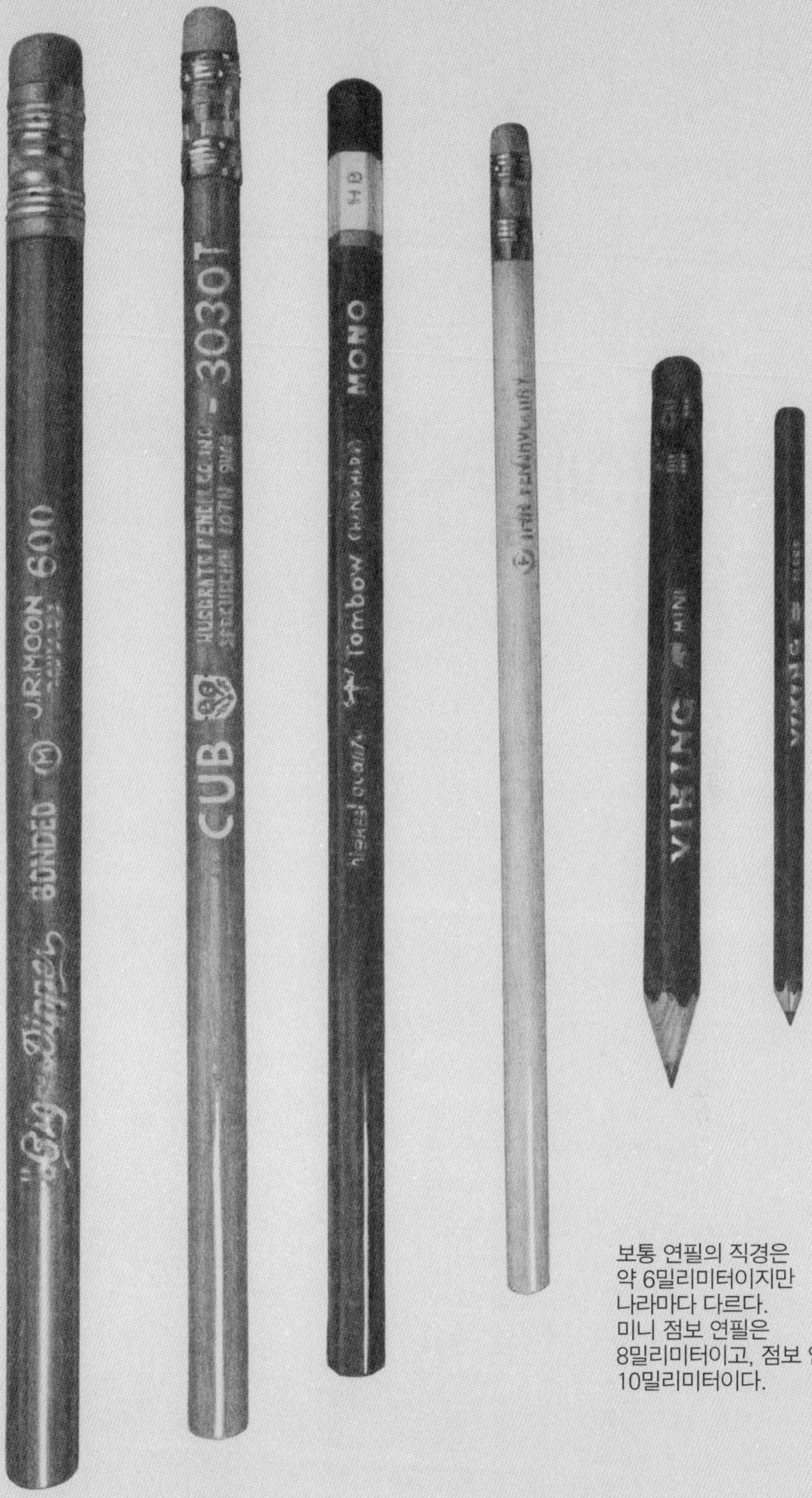

보통 연필의 직경은
약 6밀리미터이지만
나라마다 다르다.
미니 점보 연필은
8밀리미터이고, 점보 연필은
10밀리미터이다.

지우개를 사용하기 이전에, 사람들은 잘못 표기한 것을 지우는 데 생각지도 못할 도구를 사용했다. 바로 빵가루이다. 다행스럽게도 1770년에 빵가루보다는 더 나은 도구인 "탄성 고무"가 발견되었다.

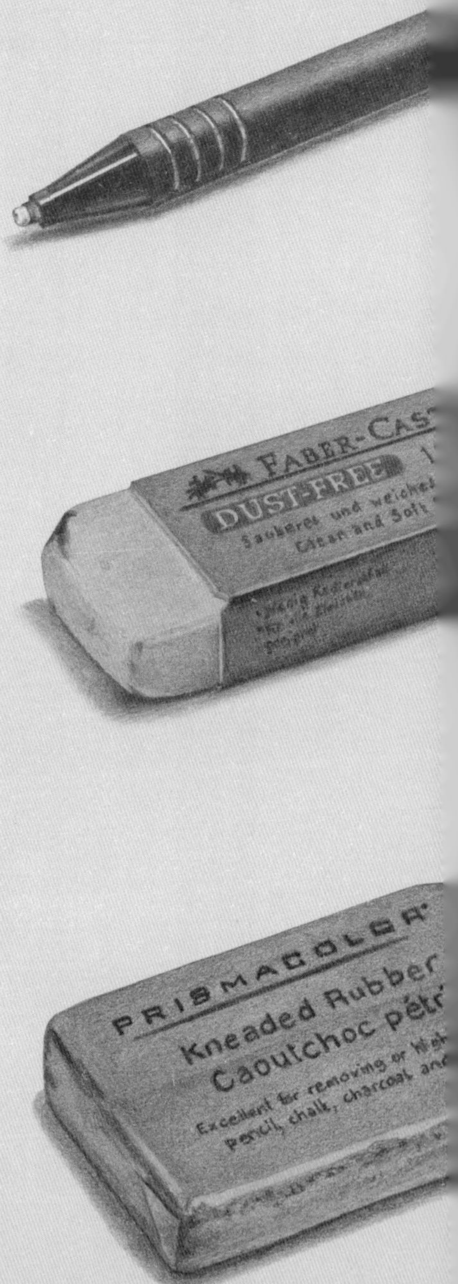

지우개 펜: 가는 선이나 글자를 섬세하게 지울 때 가장 적합하다.

지우개에 대하여

연필의 가장 아름답고 독특한 점들 중 하나는 지울 수 있다는 것이다. 하지만 알다시피, 연필은 지우개가 나오기 전부터 꽤 오랫동안 존재했다. 연필의 초기 시대에, 빵가루는 마모되면서 흑연 자국을 부드럽게 긁어낼 수 있었기 때문에 번지는 효과를 내기 위해 사용되었다. 1770년에 조지프 프리스틀리(Joseph Priestley)가 "탄성 고무"라 불리는 새로운 대체물이 연필 자국을 지워내는 데 효과적이라는 것을 발견했다. 그래서 "고무"라는 이름은 아직도 영국, 오스트레일리아, 뉴질랜드, 남아프리카에서 "지우개" 대신 사용되고 있다. 프리스틀리의 발견 전에는, 고무는 아직 실질적으로 사용되지 않은 꽤 새로운 발견이었다. 고무는 고무나무의 껍질을 자를 때 자연스럽게 발견된다. 껍질을 자르면, 나무에서 우유 같은 액체가 흘러나오고 우리가 흔히 알고 있는 고체 형태로 굳어진다.

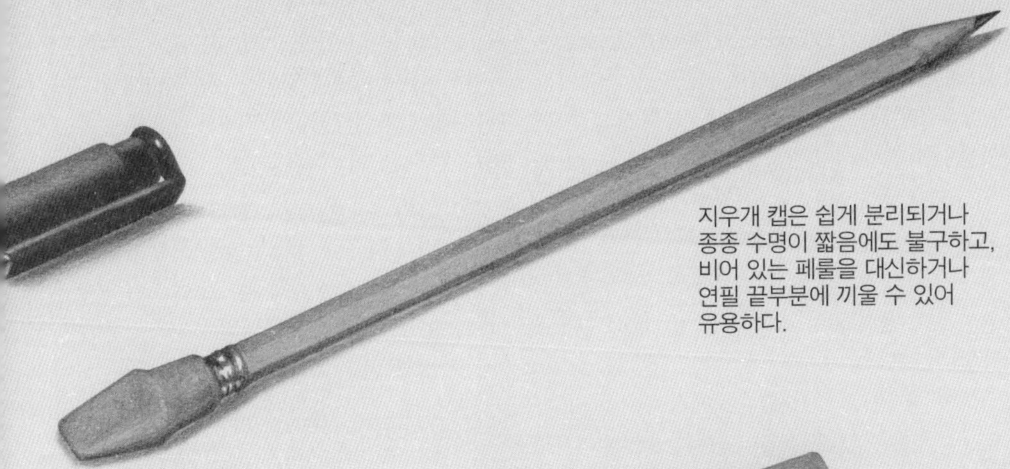

지우개 캡은 쉽게 분리되거나 종종 수명이 짧음에도 불구하고, 비어 있는 페룰을 대신하거나 연필 끝부분에 끼울 수 있어 유용하다.

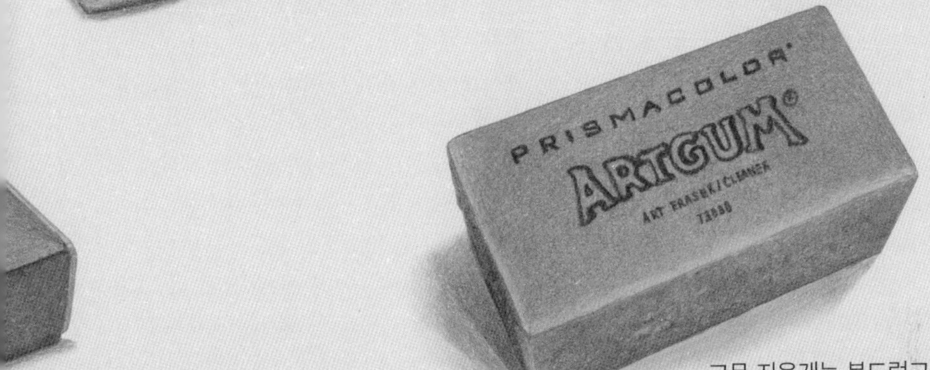

고무 지우개는 부드럽고 물러서 지울 때 종이가 쉽게 찢어지지 않는다. 보통 갈색이고 반투명하며 고무로 만들어졌다.

플라스틱 또는 비닐 지우개는 흑연부터 잉크까지 모든 자국을 지운다. 먼지 없는 잔여물을 함께 문지르면 가루들이 뭉쳐서 덜 지저분해진다.

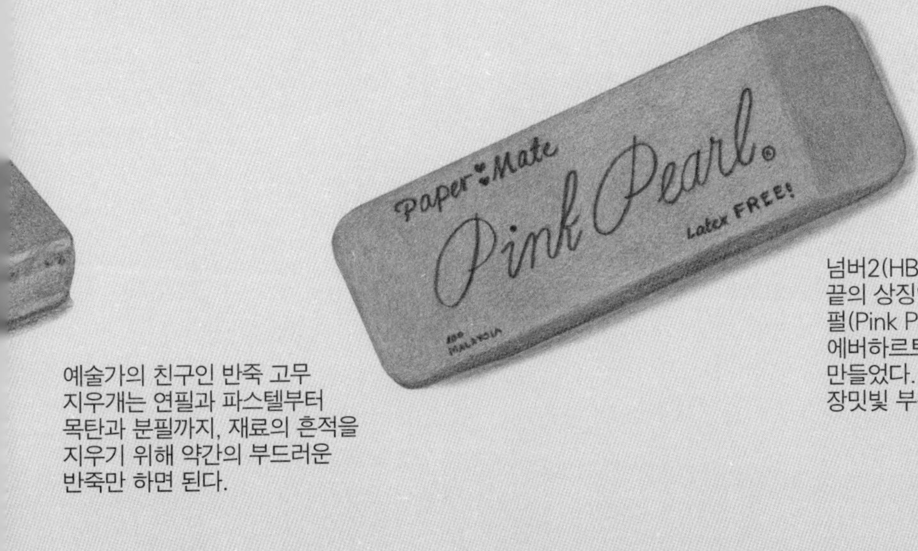

넘버2(HB를 말함) 연필 끝의 상징인 독특한 핑크 펄(Pink Pearl) 지우개는 에버하르트 파버가 처음 만들었다. 그 독특한 색깔은 장밋빛 부석에서 유래한다.

예술가의 친구인 반죽 고무 지우개는 연필과 파스텔부터 목탄과 분필까지, 재료의 흔적을 지우기 위해 약간의 부드러운 반죽만 하면 된다.

영국의 기술자 에드워드 네언(Edward Nairne)은 연필 자국만을 지우기 위한 최초의 고무 조각을 만든 사람으로 인정받았으며, 런던에 있는 그의 가게에서 고무지우개를 판매했다. 상업용 지우개가 출시되자 대부분의 제조업체들은 고무를 이탈리아의 부석과 혼합하기 시작했고, 현대적인 지우개가 탄생했다. 부석이 살짝 마모되면서 생기는 마찰열은 지우개를 약간 끈적거리게 만들어서 흑연 입자를 집어 올릴 수 있게 한다. 약 100년 동안 지우개는 순전히 연필의 부속품에 불과했다. 미국의 문구상인 하이멘 립맨(Hymen Lipman)이 지우개가 달린 연필로 특허를 얻자, 1858년에 전체 연필 시장의 판도가 바뀌었다. 사실상 특허가 발급된 날인 3월 30일은 여전히 미국에서 "연필의 날"로 여겨진다. 우리에게 익숙한 것처럼 지우개가 페룰의 끝에 붙어 있지 않고, 흑연 심 반대쪽의 연필 부분에 박아서 나무를 잘라내면 드러나는 지우개를 사용할 수 있었다. 4년 후, 기업가인 조지프 레켄도르퍼(Joseph Reckendorfer)가 특허를 10만 달러에 구입하여 디자인을 개선했다. 20세기 중반이 되어서야 연필 끝에 지우개를 달 생각을 하게 되었다. 그때까지는, 지우개가 달린 연필이 달리지 않은 연필보다 생산 비용이 훨씬 많이 들었기 때문에 사치품으로 간주되었다. 전 세계적으로 볼 때, 연필 끝에 달릴 수 있는 지우개의 양이 지우개 사용량이 많은 사람들에게는 충분하지 않기 때문에, 사람들은 항상 별도의 지우개를 선호해 왔다. 이러한 사실에도 불구하고, 연필에 부착된 지우개의 출현은 19세기에 연필의 필수적인 장신구로써 지우개의 인기몰이에 결정적이었다.

그 이후로 지우개들은 다른 많은 역할을 해왔다. 가장 상징적인 것 중 하나는 타자기 지우개이다. 20세기 중반에 가장 흔히 쓰였던 타자기 지우개는 타자기 잉크를 제거하기 위해 단단하게, 특히 거칠게 만들어졌다. 이 지우개에는 두 가지 형태가 있었는데, 하나는 나일론 솔이 달린 납작하고 둥근 디스크 모양이었고, 다른 하나는 흑연 심 대신 지우개 심이 있는 연필 모양으로 끝에 지우개 대신 나일론 솔이 달려 있었다. 솔은 지우개 가루와 종이의 먼지가 타자기에 끼지 않도록 털어내야 했기 때문에 중요한 역할을 했다. 비록 이런 종류의 지우개가 지금은 완전히 사라졌지만, 워싱턴 D.C.의 국립 미술관에는 현대 미술가 클래스 올덴버그(Claes Oldenburg)와 쿠세반 브루겐(Coosje van Bruggen)이 만든 꽤 유명한 조각의 형태로 큰 규모의 타자기 지우개가 영구 전시되어 있다. 타자기 지우개 이후로, 이 도구는 연필 끝에 끼울 수 있는 캡 모양, 홀더 안으로 넣었다 꺼냈다 할 수 있는 막대 모양, 점토처럼 반죽할 수 있는 덩어리 모양 등 다양한 형태로 존재해 왔다. 내가 가장 좋아하는 지우개에 대한 기억은 어릴 적에 우리 집 주방의 제도용 책상 위에 어머니가 올려두었던 전동 지우개이다. 물론 나는 그 기계를 도구보다는 장난감으로 사용하곤 했지만, 그 기계는 효율적이고 쉽게, 그리고 종이에 흠을 거의 내지 않고 지우는 성능을 보여주었다. 벽 플러그에 꽂는 전기 지우개가 더 이상 존재한다고 생각하지는 않지만, 배터리로 구동되는 지우개는 정밀하게 지우는 작업에 여전히 인기가 있다.

현시대의 사무실과 미술용품점에서 볼 수 있는 지우개는 대개 플라스틱 지우개이며, 심지어 고무보다 훨씬 효과적이고 덜 지저분하다. 체코의 코히누어(Koh-i-Noor) 사는 여전히 다양한 형태의 지우개를 만들고 있지만, 실제 고무 지우개는 거의 없고 극히 드물다. 그 대신, 핑크 펄(Pink Pearl)과 같은 고전적인 지우개는 대부분의 학교 지우개처럼 합성 고무로 만들어진다. 1770년부터 먼 길을 걸어온 지우개는 아직까지도 중요한 역할을 하고 있으며 사용하면서 자유를 얻는다는 의미가 있다. 결국 가장 중요한 것은 모두 지울 수 있다는 것이다.

핑크색은 지우개와 동의어이다. 지우개를 만들 때 화산암에서 나오는 부석을 사용하는데, 그 부석이 핑크색을 띠기 때문이다. 에버하르트 파버는 그 자연의 색을 따서 파버 사의 상징적인 지우개를 핑크 펄이라 이름 붙였다.

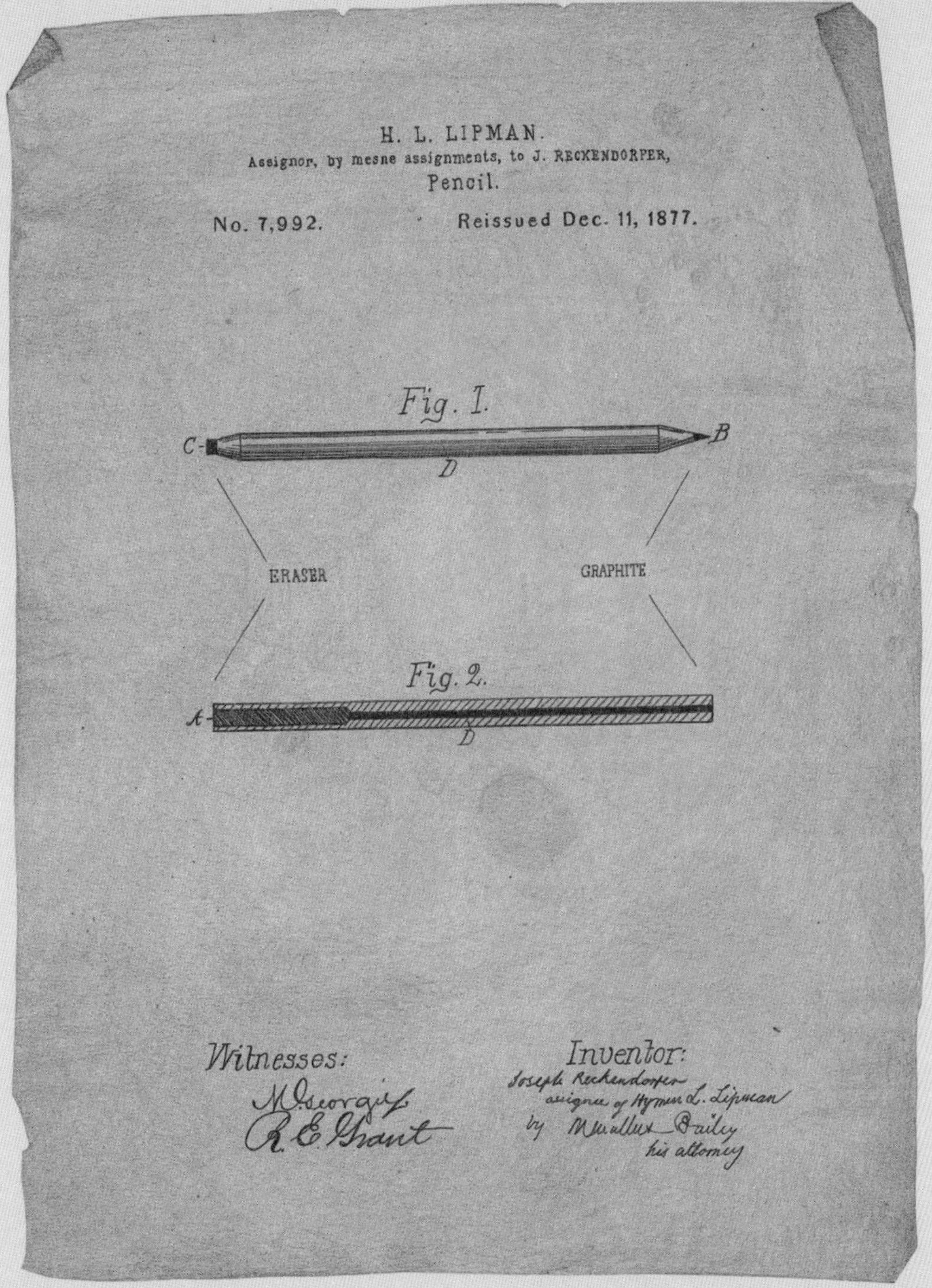

1877년, 연필 끝에 지우개를 고정시키는 하이멘 립맨(Hymen Lipman)의 특허가 재발행되었다. 이 아이디어는 특히 미국 연필 시장에 큰 영향을 미쳤다.

CHAPTER 3

19세기 연필

19세기에 이르기까지, 유럽은 연필 산업을 주도하고 있었다. 미국 동부에서 흑연이, 남부에서 연필 제조에 가장 좋은 목재인 적삼나무가 발견되기 전까지는 말이다. 미국 연필 산업의 개척자들 중에서, 존 소로와 그의 아들 헨리 데이비드 소로는 최초의 미국 연필을 만들었다고 인정받고 있다. 그 후에 기업가이자 발명가인 조셉 딕슨과 카스파르 파버의 증손자인 에버하르트 파버가 합류하였고, 미국 연필 산업은 곧 무시할 수 없는 세력으로 발전하였다.

특히 연필의 경도를 바꿀 수 있는 새로운 기술로 연필은 점점 더 매력적인 상품이 되었다. 오늘날에도 H와 B로 표시하는 연필 등급 척도는 "드로잉 펜슬(제도용 연필)"을 위한 새로운 시장을 열었다. 1889년 파리 세계박람회와 1893년 시카고 세계박람회에서 코이누어(Koh-i-Noor) 1500을 소개한 프란츠 하르트무트(Franz Hardtmuth)보다 더 훌륭한 드로잉 펜슬을 만드는 사람은 없었다.

강렬한 노란색 외관과 믿을 수 없을 정도의 단단함은 이 연필을 "연필계의 보석"으로 만들었다. 특히 미국 산업이 이 연필을 마음에 들어 하게 되면서, 노란 페인트 색을 우수한 품질의 대명사로 받아들이게 되었다. 이것이 미국 연필을 유명하게 만든 유일한 특징은 아니었다. 미국 연필 제조에 사용되는 기계는 산업혁명의 산물로서 어디에도 비할 바 없이 훌륭했고, 새롭게 발명된 부착 가능한 지우개가 연필의 표준으로 여겨졌다. 상징적인 넘버2(HB) 노란색 연필이 탄생했고, 나머지 세계 사람들은 이를 따라잡으려 노력했다.

미국에서 흑연이 탄생하다

명민했던 한 여학생이 통찰력을 발휘한 결과인지 여부에 상관없이, 미국에서 흑연의 채굴과 사용이 널리 보급되어 산업이 빠르게 번성할 수 있었다.

영국에서 흑연이 발견된 지 두 세기 후, 연필의 이야기는 미국으로 건너간다. 미국에서는 흑연이라는 물질이 아직 잘 알려지지 않았고, 연필도 확실히 존재하지 않았던 때였다. 매사추세츠 보스턴의 이웃 마을에서, 한 여학생이 귀중한 보로데일 흑연의 작은 조각들을 얻게 되었다. 그녀는 그 조각들을 가루로 만들어서 일종의 고무와 섞어 딱총나무 나뭇가지의 빈 공간 안에 채워 넣었다. 이것은 분명히 미국에서 만들어진 최초의 연필이었다. 비록 이 일이 몇 세기 동안 전해 내려왔고 여전히 유명하며 널리 사랑받는 우화이지만, 이런 일이 일어났다는 확실한 증거는 없다. 이 이야기는 1880년 연필 제작자였던 호레이스 호머(Horace Hosmer)가 쓴 기사에서 유래되었다. 심지어 그 여학생의 이름이나 같은 이야기의 다양한 다른 버전들이 있었던 매사추세츠의 정확한 지역도 모른다. 하지만 수수께끼 같은 그 소녀의 창의성을 부인할 수는 없다.

19세기 초, 유명한 흑연 광산은 매사추세츠의 스터브리지에만 있었다. 15세기 이후로, 미국 원주민 니프묵(Nipmuc) 부족이 탄티스크(Tantiuesques) 광산을 사용하였는데, 그들은 그곳의 흑연으로 부족의 의식에 사용되는 페인트를 만들었다. 1633년에 존 윈스롭 주니어(John Winthrop Jr.)가 납과 철을 발견할 희망을 품고 이 광산을 매입했다. 광산은 17세기와 18세기에 걸쳐 주인이 계속 바뀌었는데, 흑연 이외에 다른 것들이 발견되지 않아 여러 소유주들에게 실망을 안겨주었다. 이러한 상황이 미국 연필 산업의 초창기였다. 흑연의 공급원도 적었을 뿐만 아니라 미국 내 연필 현황에 대한 지식도 별로 없었다. 당시 일반 대중이 얼마나 많이 알고 있었는지는 아무도 모르지만, 영국, 독일, 프랑스에서 연필이 만들어진다는 소문이 있었을 가능성이 크다.

미국에서 연필을 만들고 판매했다고 알려진 최초의 인물은 매사추세츠 주 콩코드의 데이비드 허바드(David Hubbard)라는 사람이었는데, 매우 품질이 나쁜 연필을 몇 개 만들고 연필 제작을 그만두었다고 한다. 미국 최초의 연필은 결코 질이 좋지 않았지만, 19세기 초반에는 유럽 연필을 수입하지 않았기 때문에 사람들은 그 정도 연필에 만족해야 했다. 저질의 연필은 보통 매사추세츠에서 만들어졌는데, 여기서 어떤 패턴을 발견하기 시작할 것이다. 초기의 연필 제작자는 현지에서 만든 연필에만 접근할 수 있었기 때문에, 자연스럽게 서로를 모방했다. 바로 이때 윌리엄 먼로(William Munroe)가 등장한다. 먼로의 이름은 오랫동안 미국의 연필 제작과 동의어였는데, 그가 위대한 사람이었기 때문이 아니라, 그가 처음으로 연필 제작을 평생의 업으로 삼은 사람이라고 여겨졌기 때문이라고 보아야 할 것이다. 또 다른 패턴은 많은 초기 미국 연필 제조업체들, 심지어 더 좋은 회사들은 수요가 없었기 때문이 아니라 당시 경제적, 정치적 풍토가 그런 사업에 그다지 적합하지 않았기 때문에 사업을 오래 하지 않았다는 것이다. 수익성 있는 사업을 운영하기 위해서는 매우 빈틈없고 혁신적인 연필 제조업자가 필요했다.

먼로의 첫 번째 직업은 매사추세츠의 작은 마을에 있는 그의 할아버지 소유의 농장에서 일하던 일꾼이었다. 그는 농사일을 좋아했지만 더 능숙해지길 원했다고 한다. 젊은 먼로는 가구 제작자의 수습생으로 자리 잡고 기술을 빨리 습득했다. 그는 좋은 학생이었고 가구 상점에서 최고의 실력을 가진 기술자였지만, 빈곤에서 벗어나 자신만의 사업을 할 야망을 가지고 있었다. 견습 생활을 마친 후, 결혼식 직전에 사망한 부유한 선장의 딸인 패티 스톤과 결혼했다. 두 사람은 콩코드에 있는 패티의 가족이 소유한 집에 정착했다. 먼로는 가구, 시계 케이스, 가구 제조용 직각자를 포함하여 자신이 만들 수 있는 모든 것을 만들기 시작했다. 하지만 그것만으로 만족할 수 없었던 먼로는 분명 자신에게 이렇게 말했을 것이다. "연필을 만들 수만 있다면, 경쟁에 대한 두려움을 떨쳐버리고 뭔가를 성취할 수 있을 거야." 미국에 연필이 부족하다는 말을 듣고 나서, 그만의 연필을 만들기 위해 전력을 다했다.

연필에 대해 많이 알지 못했던 그는, 약간의 흑연을 망치로 부순 다음 불순물을 거르기 위해 물속에 담가두었다. 결과는 만족스럽지 않았다. 처음엔 용기를 잃었지만, 직각자 만들기를 계속하면서 여가 시간에는 연필 만드는 연습을 했다. 프랑스에는 콩테의 방법이 있었고 유럽 전역에서 유사한 방법이 사용되고 있었지만, 먼로는 성공적으로 연필을 만드는 방법을 찾는 데 도움이 되는 정보가 없었기 때문에, 몇 달 동안 스스로 비밀을 밝혀내려 애썼다. 그러면서 더 나은 재료가 필요하다는 것을 깨닫고, 더 질 좋은 흑연과 연필에 쓸 삼나무를 찾으려 했다.

1812년 7월 2일, 먼로는 그가 가구 제조용 직각자를 팔아왔던 보스턴의 철물점에 그의 첫 연필 30자루를 가져갔다. 가게 주인이었던 벤자민 앤드루스(Benjamin Andrews)는 그 연필에 감명받았고 먼로를 대신해 연필을 팔기로 했다. 이 연필이 미국에서 상업적으로 구입할 수 있는 최초의 연필이었는지도 모른다. 앤드루스는 먼로에게 연필을 계속 만들도록 격려했고, 먼로는 12일 후 연필 432자루를 갖고 다시 나타났다. 앤드루스는 먼로의 업적에 경탄했고, 먼로와 계약을 맺어 그의 연필을 계속 주문했다.

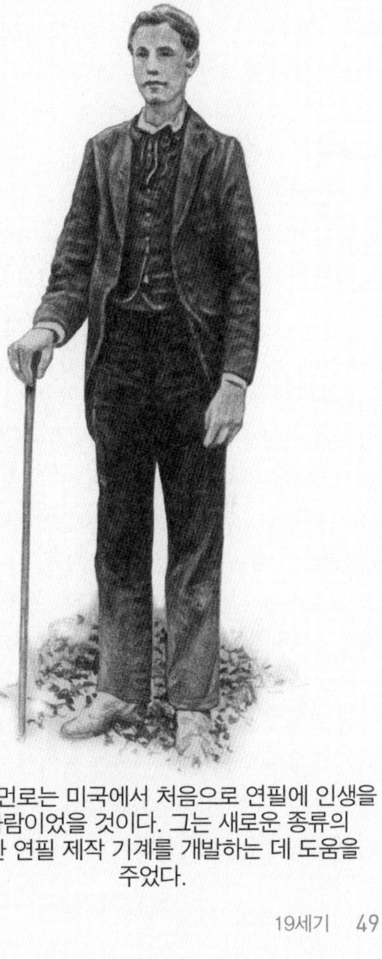

윌리엄 먼로는 미국에서 처음으로 연필에 인생을 건 사람이었을 것이다. 그는 새로운 종류의 정교한 연필 제작 기계를 개발하는 데 도움을 주었다.

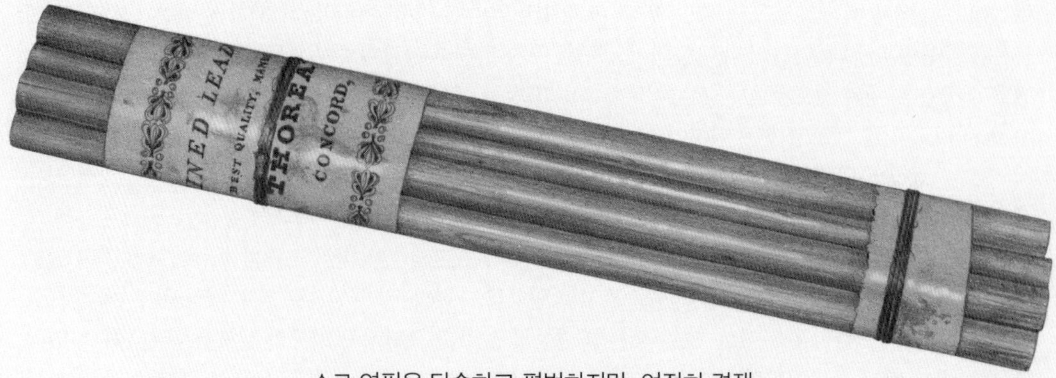

소로 연필은 단순하고 평범하지만, 여전히 경쟁 제품보다 한 다스당 25센트 더 저렴한, 1840년대 미국에서는 최고의 연필이었다.

먼로는 연필을 더 만들면서 더 정교한 과정을 개발했고, 유럽의 작업과 비슷한 방식으로 만들기 시작했다. 분말 흑연을 일종의 풀과 섞어서 홈이 파인 슬랫에 채웠다. 흑연이 건조되면 슬랫에서 떼어내고 깎아서, 흑연 심을 8개에서 10개까지 넣을 수 있는 삼나무 베니어판에 부착했다. 이러한 방법은 아주 효율적이지는 않았지만, 연필을 하나씩 만드는 것과는 달리 미국에서 슬랫으로 연필을 만든 최초의 사례였다. 먼로는 꽤 비밀스럽게 작업했고, 흑연 혼합과 마무리의 전 과정을 혼자 했다. 그리고 그 사이의 모든 일에 대해서는 믿을 만한 조수 몇 명으로부터 도움을 받았다.

첫 연필 판매 후 18개월 만에 흑연을 얻기 어려웠던 먼로는 가게를 닫아야 했다. 1812년의 전쟁으로 유럽과 미국 간 무역은 현저하게 줄어서, 외국 흑연과 유럽 연필도 수입할 수 없었다. 미국 연필업계에는 절박한 시기였고, 연필 제작자들은 이미 그들이 갖고 있던 것으로 일해야만 했다. 먼로는 보스턴에서 연필을 성공적으로 판매했기에 상당한 양의 자본을 갖고 있었다. 그는 가구 제작자로서의 업무를 재개하고 칫솔과 손목시계 솔을 만드는 데 시간을 할애하기로 결정했다.

1815년 전쟁이 끝나고 미국과 유럽 간 무역 라인이 다시 열렸을 때, 뛰어난 유럽 연필이 미국으로 들어오기 시작하면서 새로운 문제가 생겼다. 먼로는 쉬는 동안 그의 제품을 개선하기 위해 더 많은 방법들을 연구했지만, 그의 제품은 여전히 더 노련한 유럽 연필 산업과는 비교할 수 없었다. 그는 더 좋은 재료를 계속 찾았고, 매년 그의 제품을 향상했으며, 독일산과 비슷한 품질의 연필을 만들기에 이르렀다. 1819년, 먼로는 새롭게 개선한 방법으로 연필을 만들기 위해 동료 장인인 에베네저 우드(Ebenezer Wood)를 고용하여 2인용 톱을 사용했다. 먼로의 지도 아래, 우드는 연필 제작을 위한 최초의 기계를 설계했다. 육체 노동량을 상당히 줄여준 이 기계들은 혁명적이었다.

이 기계들 중에는 갓 접착된 슬랫을 건조할 때 누르도록 설계된 쐐기 접착식 프레스가 있었다. 그는 연필 깎는 기계도 설계했는데, 그중에서도 특히 업계 최초로 설계한 원형 톱은 슬랫에 홈을 파는 데 사용되었다. 이로부터 그는 연필을 육각형이나 팔각형 모양으로 자르기 위해 둥근 날을 사용하는 다른 기계를 고안해낼 수 있었다. 1800년대 초 대부분의 연필은 둥글었지만, 일단 슬랫을 사용하는 시스템이 대중화되자, 먼로는 둥근 연필이 자르기 더 어려울 뿐만 아니라 나무를 더 많이 낭비한다는 것을 깨달았다. 연필을 육각형이나 팔각형으로 자르는 것이 여러 가지 면에서 경제적이었다.

우드의 발명품들 덕분에 먼로의 사업은 크게 변하여 유럽과 경쟁하기에 훨씬 더 좋아졌지만, 그는 한 가지 중요한 실수를 했다. 그가 발명한 기계에 대해 단 한 번도 특허를 내지 않았던 것이다. 일단 소문이 나자, 그의 기계들은 복제되어 다른 신예 연필 제조업자들이 사업을 시작하는 데 사용되었다.

먼로가 1810년대의 연필 산업을 주름잡고 있을 때, 매사추세츠 콩코드의 존 소로도 젊은 기업가 조셉 딕슨으로부터 연필 만드는 기술을 배우고 있었다. 당시 존 소로에게는 헨리 데이비드 소로를 포함하여 네 명의 아이들이 있었다. 소로의 가족은 식료품점을 열기 위해 마을을 떠났지만, 사업이 실패하자 다시 보스턴으로 돌아와서 가르치는 일을 했다. 그의 처남인 찰스 던바(Charles Dunbar)가 뉴 햄프셔의 브리스톨에서 미개척 흑연 매장지를 발견한 1821년까지는 상업용 연필 제조를 제대로 시작하지 못했다. 던바는 광물에 대한 권리를 포함한 복잡한 법적 상황 때문에 광산의 7년 임대 계약만 얻어낼 수 있었고, 연필 제조를 시작한 콩코드 출신의 파트너와 합류했다. 소로는 이미 연필에 대해 비길 데 없이 풍부한 지식을 섭렵했었고, 던바는 자연스럽게 소로의 도움을 받았다. 던바의 파트너가 회사 설립 직후 사업에서 떠나자, 회사의 이름은 "존 소로 앤드 컴퍼니(John Thoreau & Company)"로 적절하게 바뀌었다.

이제 매사추세츠는 미국에서 연필 제조업체들이 가장 선호하는 곳이 되었다. 1830년대에 먼로가 밀어준 전문 기계 기술자는 자신의 흑연 공장을 열었고, 주로 연필 거래를 위한 흑연 가공업을 시작했다. 그의 가장 큰 두 고객은 소로와 먼로였다. 우드와 함께했던 역사가 있던 먼로는, 자신의 연필보다 더 품질 좋고 인기 있게 된 소로의 연필 때문에 그의 사업이 위기에 처하자, 우드에게 소로와 더 이상 일하지 말아 달라고 부탁했다고 한다. 놀랍게도, 우드는 더 많은 돈을 벌게 해주는 먼로를 버리고 전적으로 소로를 지지했다.

한편, 던바의 브리스톨 광산에서 흑연 공급은 고갈되기 시작했고 임대 계약도 끝났다. 그들은 매사추세츠의 스터브리지에서 흑연을 찾았는데, 비록 브리스톨의 흑연만큼 품질이 좋지 않았지만 계속 생산했다. 스터브리지 외에도, 미국 동부에서 운영되고 있는 광산이 몇 개 있었다. 유일하게 알려진 것은 뉴욕의 조지 호수 근처에서 최근에 발견된 광산이었다. 소로의 사업뿐만 아니라 그의 가족들에게도 많은 변화가 일어났다. 소로의 셋째 아이였던 헨리 데이비드 소로는 명문 하버드 대학에 입학했지만, 등록금 때문에 돈이 필요했다. 소로의 가족은 비교적 미개발된 시장인 뉴욕시로 가서 소로 연필을 팔 수 있었다. 그리고 당시 수입되고 있던 독일산 연필 한 뭉치도 발견하게 되었다.

그의 아들과 수석 조수가 학교에 없는 동안, 소로는 더 좋은 연필을 만들기 시작했다. 비록 19세기 초의 제조업에서는 엄청난 발전이 있었지만, 대부분은 우드, 먼로, 딕슨과 소로의 좋은 연필에 비견할 만한 연필을 만들 수 있을 때까지 갈 길이 멀었다. 소로는 흑연을 약간의 접착제, 월계수 열매 왁스, 그리고 때로는 경랍(향유고래, 망치고래의 두부에서 얻은 기름을 냉각, 압착해서 얻은 고체 왁스)과 섞기 시작했다. 그는 그 혼합물을 조심스럽게 붓으로 바르고, 다른 나무 조각으로 덮었다. 그의 연필은 만들기엔 더 어려웠지만, 결과적으로 미국에서 만들어진 그 어떤 다른 연필들보다 훨씬 더 나은 심이 만들어졌다. 콩테의 방식으로 만들지 않은 연필의 접합제로 선택한 아라비아고무의 부족으로 인해, 경쟁자들의 연필보다 덜 매끄러운 연필이 만들어졌다. 1837년, 헨리 데이비드 소로는 아버지의 발자취를 따를 계획 없이 하버드를 졸업했다. 그는 아이들을 가르치는 직업을 선택했지만, 행정상의 문제로 2주 만에 그만두었다. 실직한 그는 콩코드로 이주하여 아버지와 함께 연필 작업장에서 일했다.

소로는 대학 졸업 후 자신을 토목 기사로 여겼다. 공학이 하나의 학문으로 여겨지기 전이었다. 당신이라면 그런 것을 공부하기 위해 대학에 갈 수는 없었을 것이다. 그리고 공학과 관련한 직업에는 여러 가지 변수가 있었다. 대부분의 "공학자"는 수학과 과학을 이해하는 학자였다. 많은 공학자들이 문제에 대한 실용적인 해결책을 찾을 때 틀에서 벗어나 더 쉽게 생각할 수 있는 창조적인 유형의 사람들이었다. 헨리 데이비드는 연필을 이전의 똑같은 방식으로 만드는 것에 만족하지 않았다. 그는 새로이 고등 교육을 받은 자신의 상황을 활용해 무언가를 이루어볼 욕심이 있었다.

19세기에는 많은 백과사전이 있었지만 대부분은 서로의 기록을 그대로 베낀 것이었다.

그는 처음에 현존하는 연필의 문제점이 충전재(filler)라는 것을 깨달았다. 증거는 없지만, 그는 파버가 만든 것으로 추정되는 독일 연필들을 시험해보라는 제안을 받았고, 중요한 차이를 발견했다. 그 연필들은 쉽게 부서지거나 껄끄럽지 않았고 미국 연필들처럼 녹지도 않았다. 헨리 데이비드는 그 연필들을 모방할 방법을 찾는 임무를 수행 중이었다. 전설에 따르면 그는 대안적 방법을 연구하기 위해 하버드 도서관에 갔다고 한다. 그리고 스코틀랜드 백과사전(브리태니커 백과사전이라고 추정됨)에서 독일 연필에 점토와 혼합된 흑연이 들어가 있다는 기록을 발견했다. 콩테의 방법처럼 말이다.

헨리 페트로스키는 그의 저서 《연필: 디자인과 상황의 역사》에서, 당시 백과사전 작가들이 이 사실을 알 수 없었기 때문에 이 주장의 타당성에 심각한 의문을 제기했다. 그 대신 소로가 발견한 백과사전이 페르텐시스(Perthensis) 백과사전이었을 것이라 말한다. 그 백과사전의 흑연에 대한 기록에는 흑연이 다른 거래를 위해 점토를 포함한 다른 재료들과 함께 사용되었다는 언급이 있지만, 연필에 관련된 것은 아니었다.

헨리 데이비드는 그의 자세한 연구 내용에 관계없이, 점토를 얻어 아버지의 도움 없이 실험을 시작했다. 그는 새로운 연필 제조법을 만들었고, 그 제조법은 모든 기계적 세부 사항을 완벽히 해결했다. 소로 부자는 새로운 방법을 극비로 하고, 특허를 내고 싶지 않았기 때문에 거의 아무도 작업장에 들어오지 못하게 했다. 1840년대까지 존 소로와 그의 아들 헨리 데이비드 소로는 미국 최고의 연필을 만들고 있었다.

소로 부자는 그들의 새로운 흑연 심이 완벽해지자 점토와 흑연을 다른 비율로 실험하기 시작했다. 이로 인해 그들은 연필의 경도와 진하기가 달라질 수 있다는 것을 알게 되었다. 소로 부자가 이 사실이 유럽에서는 이미 알려져 있다는 것을 알았는지는 모르지만, 아마도 몰랐을 것이라 생각해도 무방하다. 그들은 연필의 등급을 1부터 4까지 숫자로 붙였는데, 1은 가장 부드럽고 흑연을 가장 많이 함유한다는 것을, 4는 가장 단단하고 점토를 가장 많이 함유한다는 것을 의미한다. 어떤 기록에는 소로 부자가 단단함(Hard)을 뜻하는 H와 부드러움(Soft)을 뜻하는 S를 사용하여 S, SS, H, HH로 연필의 경도를 표시했다고도 한다. 소로 부자는 이 새로운 연필들을 제도용 연필로 여기고, 그들의 필기도구에 약간의 특수성이 필요하다고 생각하는 모든 거래에 제품을 팔았다. 새로움 그 자체였던 소로의 이 연필에는 문제점이 딱 하나 있었는데, 가격이 비싸다는 것이었다. 그 당시 대부분의 품질 좋은 연필들은 한 다스당 약 50센트에 팔렸고, 소로 연필의 가격은 한 다스당 75센트 이상이었다. 제품의 우수한 품질을 홍보하기 위해, 소로 부자는 지역 사회에서 유명하며 사용 만족도가 높은 고객들로부터 많은 후기를 받아 추천장을 발행했다. 소로 연필은 단순하게 만들어졌고 외관이 다소 평범한 것으로 유명했다. 배럴은 둥글고, 브랜드 이름과 심 경도가 옅게 각인되어 있으며, 그 외에는 아무것도 없었다. 오리지널 소로 연필은 극히 드물고 소장 가치가 높은데, 부분적으로는 연필의 역사에서 오래되고 중요하기 때문이기도 하지만, 대부분 헨리 데이비드 소로와의 연관성 때문이다. 소로 연필 한 자루는 경매에서 거의 1,000달러에 팔리는 것으로 알려져 있다.

이 척도는 오늘날 미국의 넘버2(HB) 연필 등급을 표시하는 데 여전히 사용되고 있다.

1845년 그의 형이 죽은 후, 헨리 데이비드는 집을 떠나 월든 호수에 오두막을 지었다. 그는 집을 떠난 2년 동안의 생활을 기록했는데, 그것은 나중에 그를 유명하게 한 동명의 문학 작품인《월든》으로 출판되었다. 그는 다시 콩코드로 돌아와서 그의 첫 작품을 출판하기 위한 기금을 마련하기 위해 연필을 판매하려고 뉴욕으로 갔다. 매우 실망스럽게도, 독일산 연필이 시장을 점령했고, 그는 사람들이 그의 연필에 별로 흥미가 없다는 것을 알게 되었다. 하버드 등록금을 마련하기 위해 아버지와 도시로 가서 성공했던 10년 전과는 크게 달랐다.

이제 윌리엄 먼로의 사업은 통제 불능이 되었다. 보스턴에는 위조 연필이 등장하기 시작했고, 뉴욕의 한 상인이 독일에서 수입한 연필에 "W. 먼로"라고 인쇄하여 판매했다는 사실이 알려졌다. 1848년, 먼로는 은퇴하고 사업을 잘 인수할 만한 아들에게 넘겨주었다. 1854년에 재고를 모두 소진할 때까지 그는 연필을 점점 더 적은 양만 생산했다.

소로 부자는 이런 상황이 사업의 끝을 알리는 것이라 여겼다. 소로 부자가 절망하기 시작했을 때, 인쇄 회사인 스미스 앤 맥두걸(Smith & McDougal)이 흑연 가루만 대량으로 주문하기 시작했다. 그들은 흑연 가루가 어디에 필요한지 알리길 거부했다. 소로 부자는 새로운 경쟁자가 등장할 것을 우려했지만, 사실 그들은 많은 양의 흑연 가루가 필요한 전주법(electrotyping)을 위해 아직 특허가 없는 과정을 개발하고 있었다. 연필은 수익성이 훨씬 더 많은 분말 흑연 사업을 위한 겉치레에 불과하게 되었다. 결국, 1853년 헨리 데이비드 소로는 연필 제조를 중단하기로 결정했다. 소로는 "나는 내가 한때 했던 일을 다시는 하지 않을 것이다."라고 말했다고 한다. 6년 후 아버지가 세상을 떠나자, 헨리 데이비드는 잠시 동안 사업을 운영했지만 주로 출판, 강연, 글쓰기에 주력했다. 비록 헨리 데이비드 소로는 초월주의 문학과 미국 문학의 고전이 된 많은 소설들로 가장 잘 알려져 있지만, 진정한 최초의 연필 혁신가, 또는 내가 좋아하는 명칭인 "펜슬 히어로"이다. 그는 종종 사업과 가족에 대한 의무에 분개했던 것처럼 보이지만, 첫 사업을 했던 20년은 그가 확실한 비전의 소유자였음을 보여주는 증거이다. 헌신적이고, 철저하며, 끝내주게 똑똑한 헨리 데이비드 소로는 더 나은 연필을 만들든, 직접 오두막을 짓든, 전국을 들썩이게 할 책을 쓰든, 평생 동안 그가 한 모든 일에 완전히 몰두하고 전념했다.

19세기 말까지, 흑연은 앨라배마, 뉴욕, 펜실베니아, 노스캐롤라이나, 로드아일랜드를 포함한 미국 전역에서 생산되어서, 연필 제작자들은 쉽게 가게를 차릴 수 있었다. 에베네저 우드, 윌리엄 먼로, 헨리 데이비드 소로가 특허를 내지 않은 기술 덕분에, 연필 제조 과정이 간소화되기 시작했다. 1867년 파리 박람회에서 미국의 기계는 세계에서 가장 발전되었다는 명성을 얻게 되었다. 특히 재봉틀, 단추 구멍을 만드는 기계, 한 번의 작업으로 연필 여섯 자루를 만들 수 있는 기계, 이 세 가지가 인정을 받았다. 소로와 먼로의 두 회사 모두 궁극적으로 실패했지만, 미국의 연필 산업은 전 세계적으로 탄탄대로를 달리고 있었다.

미국에서 최초로 연필을 대량 생산했고, 유명한 딕슨 타이콘데로가(Dixon Ticonderoga) 연필의 창시자이자 왕성한 발명가였음에도 불구하고, 조셉 딕슨은 여전히 다소 신비로운 인물로 남아 있다.

미스터 딕슨

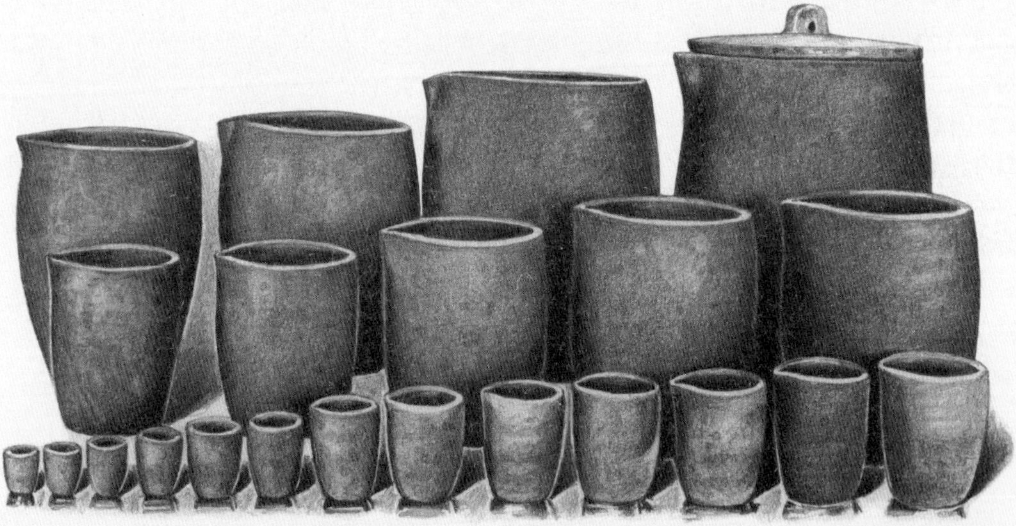

연필 개척자인 조셉 딕슨(반대편 쪽의 인물)은 높은 온도에 견딜 수 있고 흑연에 사용하는 용기인 도가니의 사용을 개선했다.

미국 연필 산업의 역사에서 가장 유명한 이름은 조셉 딕슨이다. 딕슨은 연필 제조를 기계화하고 미국에서 가장 유명한 연필인 딕슨 타이콘데로가로 유명한 연필의 혁신자였다.

딕슨은 아마도 "펜슬 히어로"들 중에서 가장 신비한 인물일 것이고, 그에 대해 알려진 개인 정보는 거의 없다. 온라인이나 다른 어느 곳에서도 사망 기사를 찾을 수 없기 때문에 사망 사인조차도 수수께끼이다. 우리가 아는 모든 것은 딕슨이 1869년 6월 17일 뉴욕시의 광활하고 아름답고 유명한 그린우드 묘지에 그와 동시대의 모든 거물, 유명 인사, 혁신자들과 함께 묻혔다는 것이다. 그는 훌륭한 유산을 남겼다. 그가 죽은 후 연필 제조에 대해서는 거의 변한 것이 없다. 다양한 장소에서 다양한 사람들이 훨씬 더 오랫동안 연필을 만들어왔지만, 현대의 연필에 대해 우리가 알고 있는 많은 것들은 그의 업적 덕분이다.

대부분의 전임자들과는 달리, 조셉 딕슨을 연필로 이끌어낸 것은 가구이나 목제품 제조가 아니라 흑연의 실용적 사용법을 조사하기 위한 탐구심이었다. 딕슨이 공식적으로 사업에 뛰어들었을 때, 존 소로, 윌리엄 먼로, 그리고 몇몇 다른 사람들은 이미 연필을 만들어 팔고 있었다. 경쟁은 더 치열해졌고 결국 그의 초기 경쟁자들은 파산했다. 하지만 딕슨은 단순히 숙련된 장인이 되는 것보다 더 많은 일을 할 수 있었음을 증명했다.

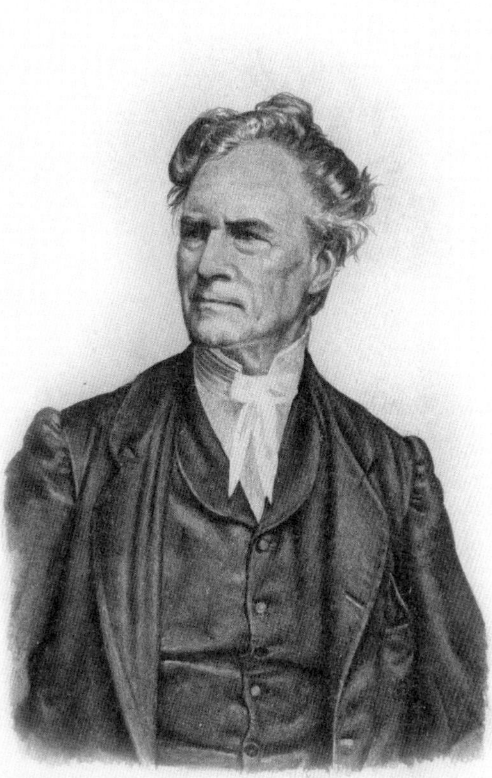

조셉 딕슨은 1799년 뉴잉글랜드의 그림 같은 해안 마을인 매사추세츠의 마블헤드에서 태어났다. 그의 아버지는 선주였는데, 선박들이 동양의 실론(지금의 스리랑카)이라는 곳을 오가는 물품을 운반했다. 그 당시 실론에는 흑연이 풍부했고, 아버지의 배가 미국에 돌아왔을 때 큰 흑연 덩어리를 밸러스트(ballast: 배나 열기구에 무게를 주고 중심을 잡기 위해 바닥에 놓는 무거운 물건)로 사용했다. 일단 배가 정박하면 필요 없게 된 흑연 덩어리는 주변의 바다에 그냥 버려졌다.

딕슨은 정규 교육을 거의 받지 못했지만 호기심이 많은 젊은이였다. 전설에 따르면 그는 어렸을 때 파일 절단기를 만들었다고 한다. 인쇄기를 만드는 일에도 도전했지만 금속활자를 만들 돈이 없어서 나무로 직접 만들었다고 한다. 어른이 되어서 아버지의 사업에서 버려지는 흑연의 어마어마한 양에 충격을 받았고, 그것을 활용할 방법을 찾았다.

그는 먼저 연필에 도전했다. 우리가 아는 바로는 그가 연필을 직접 본 적도, 연필을 만든 적도 없었지만, 화학자 친구인 프랜시스 피바디(Francis Peabody)가 연필을 어떻게 만드는지, 특히 연필심에 점토를 넣는 방법에 대한 기본 정보를 알려준 것으로 연필에 대해 배웠다. 그 당시 미국 연필이 얼마나 형편없었는지를 고려해 보면, 결과적으로 그가 만든 연필의 품질은 그리 나쁘지 않았다. 그러나 시장에는 그의 연필이 설 자리가 없었다. 이것은 1820년대의 일이었고, 미국은 유럽인들처럼 연필에 대한 취향을 확

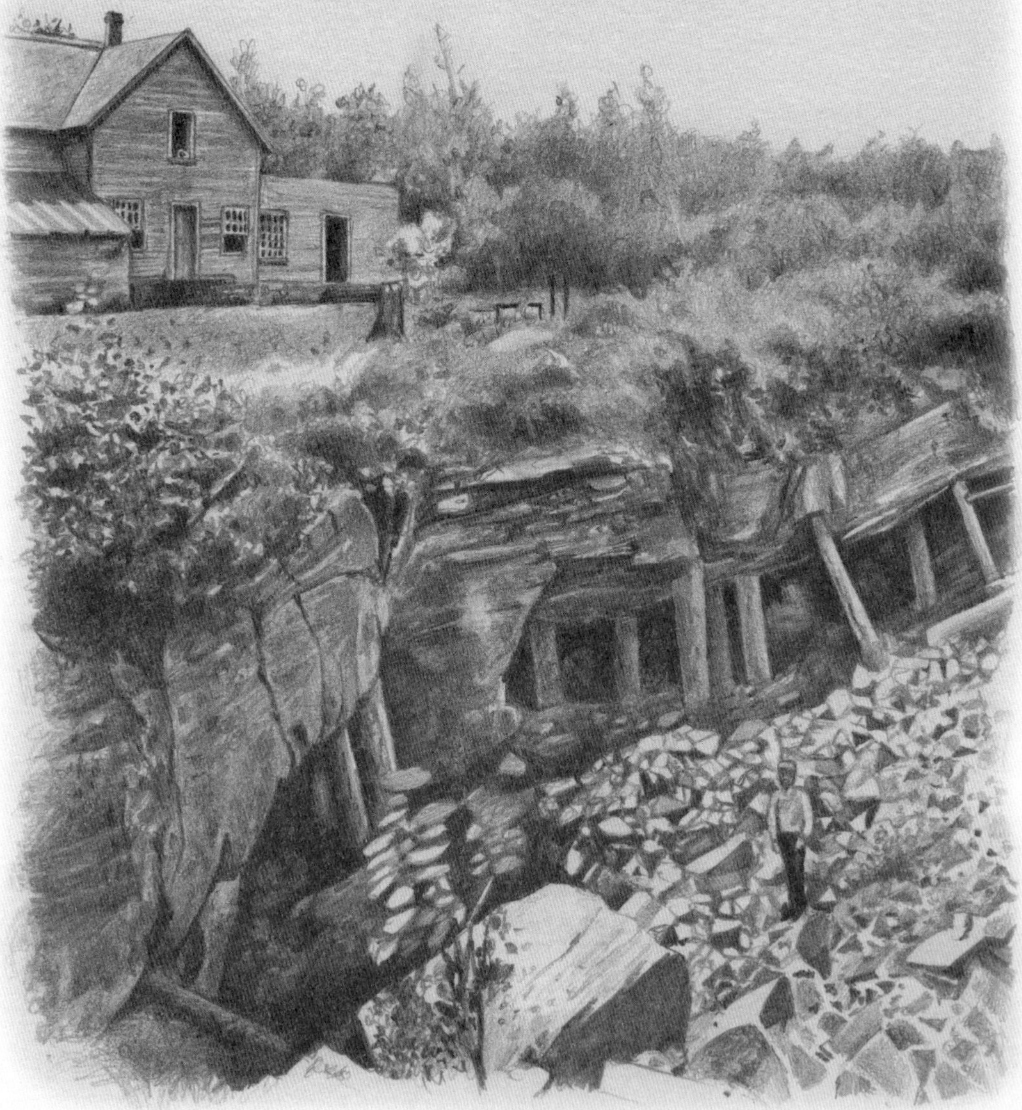

1890년 당시 타이콘데로가 광산의 모습. 유명한
타이콘데로가 연필은 흑연이 채굴되던 뉴욕의 마을 이름을
따왔다.

실히 개발하지 못했다. 딕슨은 연필을 계속 만드는 대신, 돈을 벌기 위해 가마에서 일하는 직업을 선택했고 도자기 굽는 기술을 더 많이 배워 연필심 제조 방법을 개선할 수 있었다.

1822년, 조셉 딕슨은 가구 제작자 에베네저 우드(윌리엄 먼로와 함께 일했고 초기 연필 제작 기계 설계의 대가였던 바로 그 인물)의 딸인 한나 마틴과 결혼했다. 딕슨은 연필을 만드는 데 열정을 쏟았지만, 이익을 내기 전에 더 나은 방법을 찾아야 한다는 것을 깨달았다. 그동안 그는 금속을 녹이는 데 쓰는 틀인 도가니같이 다른 제품들을 만드는 데 엄청난 흑연 자원을 이용했다. 그는 매사추세츠 세일럼 근처에 가게를 열고 그곳에서 일했다. 도가니 시장도 제한적이었기 때문에, 추가 소득을 위해 흑연을 사용하여 스토브 광택제를 만들었다.

그는 아내와 함께 살았던 시골집에서 연필 제작 기술을 매우 끈질기게 숙달했다. 거기서 그는 삼나무에 홈을 파는 데 사용되는, 손으로 돌려 작동시키는 기계를 만들었다. 하지만 가장 큰 문제는 그가 흑연을 충분히 잘 정제하지 않았다는 사실이었다. 연필심에 점토를 사용하는 작업에 꽤 효율적으로 숙련되었음에도 불구하고, 연필은 껄끄러웠고 잘 다듬어지지 않았다. 연필 사업의 경쟁이 너무 치열했기 때문에, 소비자의 합리적인 선택을 위해서 연필에 누가 그것을 만들었고 어디에서 생산했는지 표시하는 것이 중요했다. 조셉에게는 인쇄 기술이 있었기 때문에 혼자서 글자를 새겼지만, 들리는 바에 의하면 세일럼(Salem)에 있는 "a"를 빠뜨리는 실수를 저질렀다고 한다. 이때가 1828년경이었는데, 비록 연필의 상업적 생산과는 거리가 멀지만, 딕슨의 타이콘데로가 설립으로 여전히 인정받고 있는 시기였다.

그럼에도 딕슨은 아버지의 부두에서 무제한으로 공급되는 흑연으로 도가니를 계속 만들었다. 비록 많은 돈을 벌지는 않았지만, 버려지던 흑연 덩어리를 부두 위로 옮기는 노동력의 대가만 주로 지불했기 때문에 원자재는 비싸지 않았다. 흑연은 여전히 도가니에 가장 적합한 재료이다. 용해된 금속은 도가니에 융합될 수 없어서, 흑연은 19세기에 점토로 만들어진 도가니의 대안으로 유리했다. 흑연으로 도가니를 만드는 것은 미국에서는 새로운 아이디어가 아니었다. 단지 지역에서 채굴되는 흑연이 엄청난 양의 도가니를 만들어낼 만큼 충분하지 않았기 때문에 인기가 없었을 뿐이다. 이러한 이유로 대부분의 주조 공장은 익숙한 점토 도가니를 선호했다.

금속을 녹이는 데 사용되는 도가니의 윗부분에는 십자가 모양이 있었는데, 호된 시련(crucible)을 뜻하는 십자가에서 유래한 이름이 바로 도가니(crucible)이다.

1800년대 딕슨의 도가니는 다른 어떤 도가니들보다 더 훌륭했다. 약 80번의 점화에도 끄떡없었고 자주 교체할 필요도 없었기 때문에 너무나 완벽했다. 스토브 광택제가 생산된 시점이 바로 이때였다. 스토브 광택제는 생산이 쉬웠고, 경쟁사들보다 비용을 적게 들일 수 있었다. 다른 사람들은 심지어 그의 제품을 위조하려고 시도했지만 거의 성공하지 못했다.

딕슨은 잠깐 동안 연필에 대한 거의 모든 것을 보류하고, 대신에 경제적 전망이 좋은 프로젝트를 개발하는 데 집중하였다. 딕슨이 위대한 사람이었다는 것은, 그가 기록된 역사상 가장 위대한 발명가로 알려져 있다는 사실에서 알 수 있다. 그는 동료 발명가인 아이작 배빗(Isaac Babbitt)의 도움으로 극도의 마찰열에서도 분해되지 않는, 기계 베어링에 사용되는 감마합금을 개발했다. 이른바 배빗 합금은 오늘날에도 자동차 엔진에 사용된다.

흑연 스토브 광택제는 여전히 널리 사용되는 제품이다. 왁스를 기반으로 만들어지며 흑연의 광택을 이용한 광택제이다.

인쇄술에도 관심 있던 그는 당시 새로운 기술이었던 카메라에도 관심을 갖게 되었다. 이로 인해 그는 카메라 조작자가 거꾸로 찍힌 이미지 대신 올바른 방향으로 찍힌 이미지를 볼 수 있는 거울을 고안해내게 되었다.

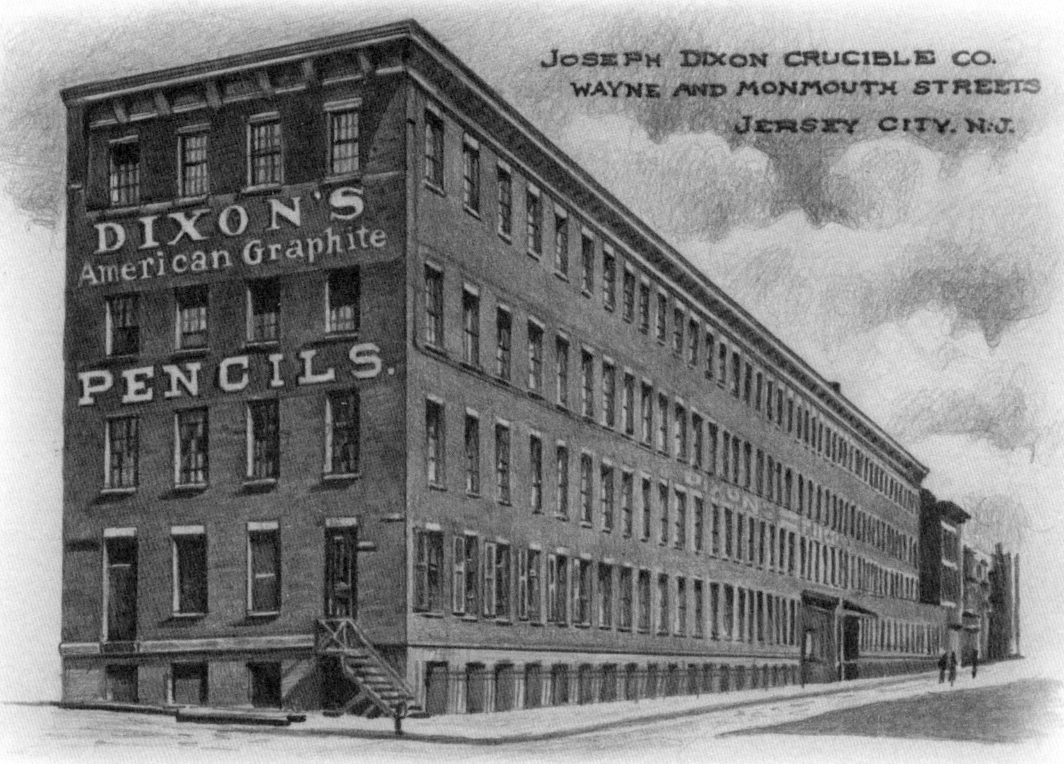

1900년대 초, 딕슨의 공장.

아마도 가장 흥미로운 점은 딕슨이 사진술의 초기 개척자로 인정받고 있다는 사실일 것이다. 1896년 사진 저널 20호에 따르면 그는 "고무와 중크롬산칼륨을 섞고, 그 혼합물을 석판석 위에 퍼뜨려놓은 다음, 지폐를 통해 빛을 노출시켰다. 그리고 노출된 돌에 잉크를 칠하고 평소 하던 방식으로 지폐를 인쇄했다." 다시 말해서, 그는 미국 재무부가 위조하기 쉽지 않은 지폐를 인쇄할 수 있는 인쇄 공정을 발명했다. 그가 미국의 통화에 관여한 것은 이뿐만이 아니었다. 화폐 주조소가 동전을 만들기 위해 금과 은을 녹일 수 있는 도가니도 만들었다.

1846년, 딕슨의 사업은 급격히 변했다. 멕시코와 미국 간 전쟁이 시작되면서 무기를 제조하기 위한 도가니의 수요가 늘어나자 딕슨은 이에 재빨리 대응했다. 그는 가족들을 맨해튼 건너편 허드슨 강에 있는 저지시티로 이주시켰고, 그곳에서 조셉 딕슨 크루서블 회사(Joseph Dixon Crucible Company)라는 새로운 공장을 세웠다. 현금의 흐름이 꾸준해지고 시설이 갖추어지자, 그는 천천히 연필을 다시 만들기 시작했다. 그는 전쟁 중에 두 가지 다른 수요를 충족시키고 있었다. 바로 도가니와 연필이었는데, 그의 공장은 양쪽 모두를 위해 세워졌다.

적절한 공장을 설립하면서, 딕슨은 공식적으로 그의 공장이 뉴욕 메트로 지역 최초의 연필 공장이라 주장할 수 있었다. 저지시티에서 첫 해를 보냈던 이 회사는 도가니로 6만 달러의 이익을 얻었으며 연필로

5,000달러를 잃었다. 연필 사업은 돈을 벌고자 하는 일이 아니었고 딕슨도 이것을 잘 알고 있었다.

1840년대에 점점 더 많은 독일 연필이 미국 땅으로 수입되면서 미국 연필 산업은 힘든 시기를 보내게 되었다. 딕슨은 여전히 연필을 대량 판매 시장에 내놓고 있지는 않았지만, 분명 그렇게 하려는 야망을 품고 있었다. 완벽주의자처럼 보이는 그는 브랜드를 알리기 전에 가능한 한 가장 효율적인 방법으로 최고의 연필을 만들기 원했다. 1860년대에 남북 전쟁이 시작되면서 극단적인 무역세가 부과되었고, 외국 제조업체들이 연필을 미국에 수출하는 일이 더욱 어려워지고 비용이 많이 들게 되었다. 주요 경쟁 업체인 미국 내 독일 브랜드들은 최고급 연필만 계속 수입했고, 이것은 미국 시장에 좀 더 저렴한 제품이 설 자리를 만들어 주었다. 하지만 갈수록 개선되는 딕슨의 연필이 주목받을 기회가 있었기에 그는 안도할 수 있었다. 수십 년간 그가 연구하고 있던 기계들 덕분에, 특히 휴대용 필기도구가 가장 많이 필요했던 시절에, 딕슨은 미국에서 가장 효율적으로 연필을 만들 수 있었다. 1866년, 딕슨은 1분에 연필 132자루를 처리할 수 있는 나무 대패 기계에 대한 특허를 취득했는데, 단연코 세계에서 가장 빠른 속도를 가진 기계였다.

수십 년에 걸친 시행착오, 우회, 그리고 실험 끝에 마침내 딕슨은 그가 애정을 쏟았던 연필로 돈을 벌 수 있었다. 70대를 바라보던 딕슨은 건강이 악화되기 시작하자 사위인 오레스테스 클리블랜드(Orestes Cleveland)를 사장으로 임명하고, 나중에는 주식회사로서의 사업을 조셉 딕슨 크루서블 명의로 통합하기 위해 필요한 조치들을 취했다. 1869년 그가 세상을 떠났을 때, 그의 공장은 세계의 다른 어떤 연필 회사들보다 더 많은 연필을 만들고 있었다.

조셉 딕슨이 죽었다고 이야기는 끝나지 않는다. 그의 회사가 동시대의 다른 회사들과 다른 점은 그의 회사는 여전히 존재하고, 동시대인들은 그의 일을 이어받아 잘 해냈다는 사실이다.

철강도 1870년 초에 떠오르는 산업이었고, 미국의 도가니 철강은 교량용 현수 케이블 제작에 가장 많이 사용되었으며 흑연 도가니에서만 제작될 수 있었다. 새로운 미국이 형성되면서 조셉 딕슨 크루서블 회사도 새롭게 태어났다. 설립자의 사망 후, 클리블랜드는 회사의 새로운 명성과 부를 쌓아 올렸다. 클리블랜드는 딕슨이 시작한 것을 이용하여, 새로운 기계를 제

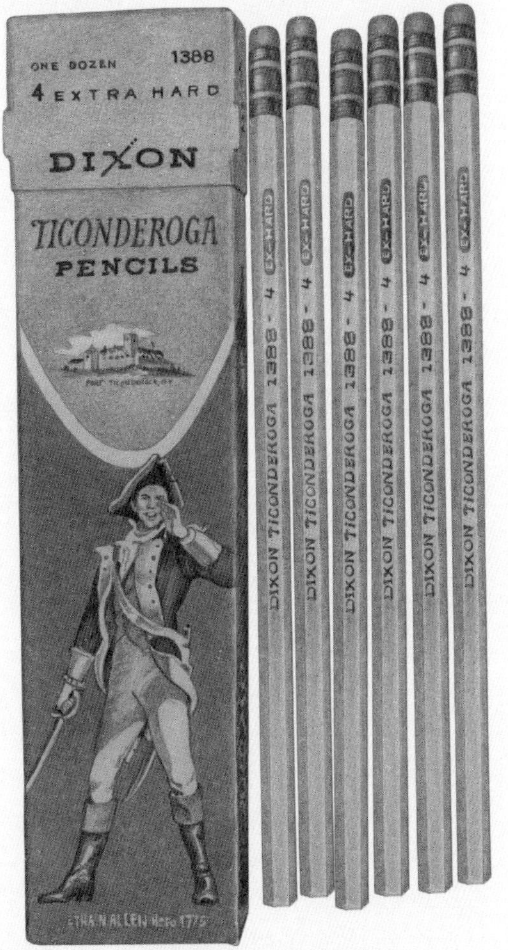

미국 독립전쟁 중의 중요한 장소였던 타이콘데로가 요새(Fort Ticonderoga)가 그려져 있는 연필 상자.

작하고 선반(나무 · 쇠붙이 절단용 기계), 기계 대패, 도장 및 마감을 위해 정리된 공간들을 만들면서 연필 사업을 시작했다. 심지어 각 기계마다 환기가 되도록 덕트(duct)도 설치하였다. 시스템으로 빨려 들어가 수집된 목재 가공 기계의 먼지와 파편들은 연료로 사용되었다. 그 결과, 딕슨 사가 산업을 정복하는 데 도움이 될 수 있는 놀랍도록 정교하고 깨끗한 공장이 탄생했다. 딕슨과 클리블랜드는 에베네저 우드, 윌리엄 먼로, 존 소로의 실수를 통해 배운 바가 있었고, 다른 사람이 눈독 들이기 전에 재빨리 모든 아이디어에 대해 특허를 취득하고 상표를 등록했다. 딕슨 공장은 흑연을 99.96퍼센트 순도까지 제분하고 있었는데, 이는 불과 50년 전 연필에 사용되었던 흑연과는 전혀 달랐다. 발전된 공장의 기술과 흑연의 원산지 때문이었다. 1873년, 조셉 딕슨 크루서블은 뉴욕의 타이콘데로가에 있는 미국 흑연 회사(American Graphite Company)를 인수했다. 타이콘데로가 광산에서 생산한 흑연은 특히 얇은 결정 층을 가졌고, 품질이 뛰어나서 "편상 흑연"으로 불렸다. 딕슨 사의 가장 유명한 연필은 독립전쟁 때 타이콘데로가 요새 주변에 지어진 마을의 이름에서 따왔다.

1870년대 후반에, 조셉 딕슨 크루서블은 수년간의 준비 끝에 전적으로 미국이 만든 "새로운" 연필을 세계에 공개했다. 클리블랜드가 회사의 뿌리를 다시 세우고 제품을 세계에 다시 소개한 것은 일종의 브랜드 쇄신이었던 것으로 보인다. 회사가 성장함에 따라 조셉 딕슨 크루서블의 브랜딩은 도가니 제조 부문이 점점 작아지고 연필 회사로 발전하면서 점점 더 복잡해졌다. 꽤 오랫동안, 작은 황금 도가니 문양이 연필마다 새겨졌다. 심지어 "미국 흑연"이라는 용어가 상표로 등록되어 마케팅에 많이 이용되었다. 이 무렵, 유럽의 연필 회사들은 미국 시장을 겨냥한 연필을 만들기 위해 미국에 자회사를 설립하기 시작했다. 딕슨의 회사는 이 회사들이 그들의 연필을 미국 연필이라고 주장하는 것에 격분했다. 그때부터 딕슨 사의 브랜딩과 마케팅은 대부분 애국적인 주제를 다루었다. 이 시기에 조셉 딕슨 크루서블은 세계에서 흑연을 가장 많이 소비했다고 한다.

조셉 딕슨 크루서블의 연필 사업은 빠르게 성장한 것 같지만, 딕슨이 세일럼에 있는 집에서 몇 년 동안 제품을 만들었던 사실을 고려해 보면 그다지 놀라운 일이 아니다. 한 세기가 끝나갈 무렵, 조셉 딕슨 크루서블은 딕슨 자신이 꿈꿔 왔듯이 오로지 연필만 생산하는 공장이 되었다. 유명한 연필 회사는 이제 딕슨뿐만이 아니었다. 제너럴 연필 회사(General Pencil Company)가 저지시티에 설립되었고, 다른 많은 회사들은 뉴욕에 뿌리를 두었다. 미국의 연필 사업은 번창하고 있었다. 1800년대 말까지, 미국인들은 1년에 약 2,000만 자루의 연필을 소비하고 있었고, 연필의 평균 가격은 약 5센트였다.

이 마을은 1958년 조셉 딕슨 기억의 숲(Joseph Dixon Memorial Forest)으로 지정되었으며, 그 이후로 녹지로 뒤덮였지만 누구나 방문할 수 있다.

20세기 내내 딕슨은 계속 연필을 생산했다. 딕슨 사가 세계에서 가장 큰 연필 회사였을지도 모르지만, 나머지 회사들과 비교했을 때 많은 위험을 감수하거나 더 이상 제품에 대한 실험을 하지는 않았다. 물론 1910년대에 타이콘데로가를 출시한 이후 딕슨 사가 그 모든 일을 해냈다는 것은 분명했지만, 특히 당시 연필 제국 내에서 벌어지고 있던 일들을 생각해보면 조금 이상하긴 하다. 어쩌면 그들이 다른 한 세기 동안 연필을 그저 내버려 두는 것이 최선이라 생각할 만큼 그들의 연필이 완벽했는지도 모른다.

내가 "입문 연필"로 생각하는 연필은 2000년대 초의 검은색 타이콘데로가였다. 어머니의 친구는 검은색이 노란색보다 낫다고 주장했지만 분명 차이는 없었다. 사용하던 연필의 품질에 대해 별로 생각해보지 않으면서 성장했지만, 이 연필은 내 마음을 완전히 사로잡았다. 남은 학생 시절 동안, 이 연필은 내가 믿고

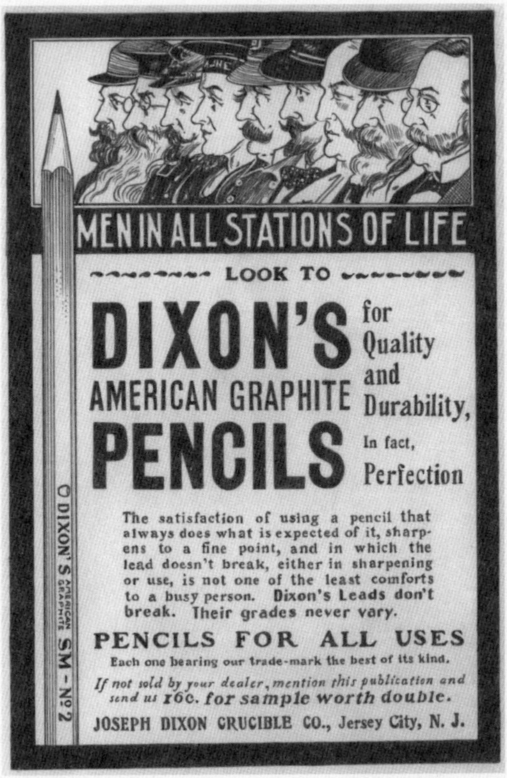

1901년 각계각층의 남자 소비자들을 겨냥하여 만든 딕슨 연필 광고.

기댈 수 있는 연필이 되었다. 특히 내가 쟁여 둔 미국산 연필들 중 마지막 연필이었다.

딕슨 사는 더 이상 미국에서 연필을 만들지도 않고, 세계화 탓인지도 모르겠지만 미국인 소유의 회사도 아니다. 그렇다 하더라도, 딕슨의 브랜딩과 포장은 1870년대처럼 여전히 애국적이다. 딕슨은 그들의 역사를 자랑스럽게 여기고, 심지어 그들의 연필이 "세계에서 가장 좋은 연필"이라고 주장하기도 한다. 타이콘데로가 광산은 오래 전에 사라졌지만, 지금까지 남아 있는 것은 연필에 쓰이는 삼나무인데, 여전히 아주 자랑스럽게 미국에서 생산되고 있다. 미국에서 딕슨 공장을 더 이상 찾아볼 수는 없게 되었지만, 아직 저지시티에 남아 있는 옛 공장에 가보면 전성기의 증거를 볼 수 있다. 건물의 벽돌에는 아직도 브랜드 이름이 칠해져 있지만, 분주한 공장 노동자들과 돌아가는 기계들 대신 아파트가 자리하고 있다.

오래된 딕슨 연필 제국의 유물은 소박한 노란색 타이콘데로가다. 타이콘데로가 연필에는 분홍색 지우개가 달려 있고, 그 위로 밝은 초록색 페룰이 붙어 있다. 또한, 연필심은 사람들이 이 연필을 넘버2(HB) 연필의 표준으로 여기도록 만들었다. 타이콘데로가는 믿을 수 있고, 기대에 부응하는 연필이며, 수명이 영원한 소박한 연필의 대명사이다. 아마도 이 연필은 조셉 딕슨이 그토록 창조하고 싶어 했던 바로 그 물건인지도 모른다. 모든 사람을 위한, 실용적인 기능과 완벽한 단순함을 갖춘 미국 연필 말이다.

독일의 유산으로 미국에서 제조하다

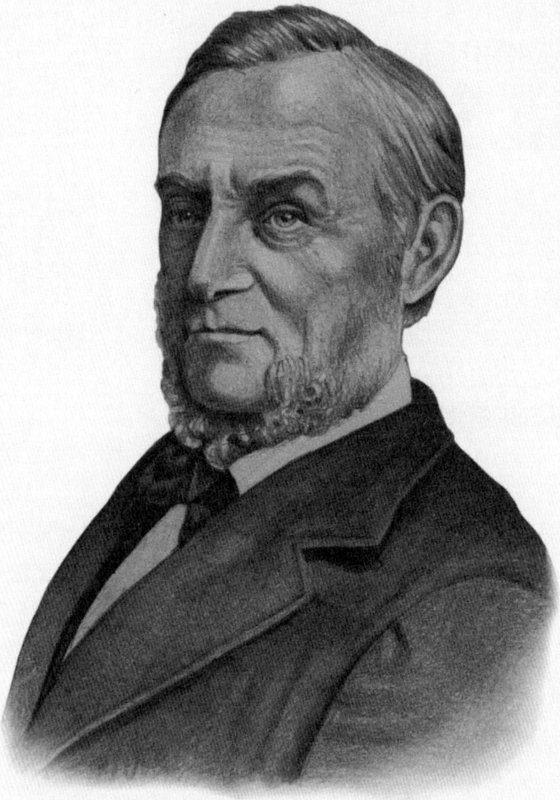

핑크 펄, 블랙윙 602, 그리고 카나리아
새처럼 노란 필기구는 미국의 혁신과
독일의 전통을 혼합한 카스파르 파버의
증손자의 다채로운 이야기에 등장한다.

유럽과 북미 모두에서 가장 초기의 연필을 다뤘고 1800년대 독일 연필의 수입이 미국에 미친 영향에 대해 언급했지만, 미국산 연필 시장을 갈망했던 미국 제작자들을 위해 독일 연필에 불리하게 이야기한 것 같아 걱정이 된다. 독일 연필 이야기(그리고 내가 가장 말하기 좋아하는 이야기 중 하나) 속의 가장 큰 인물 중 하나는 에버하르트 파버이다. 그가 미국에서 독일 연필을 수입한 최초의 인물은 아니었지만, 가족 사업을 대신해 짐을 꾸려 미국으로 이주한 것으로 큰 걸음을 내디딘 셈이다. 그는 뉴욕에 뿌리를 내리고 미국 연필 제작의 미래를 위해 그 무대를 마련할 회사를 설립하여 영구히 미국에 이름을 남겼다.

파버는 딕슨 다음으로 빠르게 20세기 미국에서 연필로 가장 인정받는 이름이 되었다. 에버하르트 파버는 A.W.파버와 그 후의 파버-카스텔로 이어진 독일 피버 가문의 후손이었다. 좀 더 구체적으로 말하면, 그는 이 회사의 창립자인 카스파르 파버의 증손자였다.

19세기 중반 미국의 연필 산업은 이제 막 태동할 시기였으나, A.W.파버 사는 이미 독일에서 잘 자리 잡고 있었고 사업을 확장할 방법을 모색하고 있었다. 에버하르트 파버는 1822년 존 에버하르트 파버라는 이름으로 태어났으며 변호사가 되려 했지만, 뉴욕으로 이주할 기회가 왔을 때 학교를 그만두고 A.W.파버를 해외로 확장할 수 있는 기회에 뛰어들었다.

27세의 에버하르트가 처음 뉴욕으로 이사했을 때, A.W.파버 사에는 이미 배급업자가 있었지만 그가 곧 독점 대리인이 되었다. 그는 맨해튼 시내에 가게를 열고 가족의 연필 외에 독일의 다른 문구류도 수입했다. 알다시피, 그 당시 미국에서 만들어진 대부분의 연필은 보스턴에서 생산되었다. 몇몇 다른 연필들 외에도 뉴욕의 딕슨 연필도 있었지만, 신뢰받을 만하고 탄탄했던 브랜드인 A.W.파버는 이국적인 외국 연필이라는 이점도 갖고 있었다. 이 모두가 브랜딩에 관한 것이었고, 이름 있는 연필을 파는 것이 제품 자체보다 더 중요했다.

그때쯤 삼나무가 연필 제작에 가장 좋은 나무라는 사실이 잘 알려져 있었고, 특히 남쪽에 풍부하다고 알려진 지 오래였다. 결국, 똑똑한 파버 사람들은 삼나무가 풍부한 플로리다의 땅을 매입했다. 이미 완성된 연필을 독일에서 수입하는 대신에, 슈타인에서 만든 흑심을 수입하여 플로리다의 삼나무로 미국에서 연필을 조립하는 것이 경제적으로 더 합리적이라고 결정했기 때문이다. 또한 독일 공장에서 사용할 삼나무를 수출할 수도 있었다. 페트로스키는 그의 저서《연필: 디자인과 상황의 역사》에서, 이것이 애초에 에버하르트를 미국으로 보내려는 파버 사람들의 의도였다고 추측한다.

파버가 소유한 미국 최초의 공장은 현재 국제연합(UN)이 서 있는 맨해튼 42번가에 1861년에 세워졌다. 이 시점부터, A.W.파버의 이름 아래 세워진 새 공장에서 생산된 연필에는 "미국산(Made in U.S.A.)"이 새겨졌다. 이는 딕슨이 매우 경멸하던 관행이었고 적극적으로 반대했다. 파버 연필이 완전한 미국 연필은 아니었을 수도 있지만, 미국에서 만들어졌고 그 지역의 다른 모든 연필들과 같은 방식과 기계를 사용했다. 오히려 미국의 기계 혁신과 독일의 연필 제조 전통을 혼합한, 더 나은 연필이었다. 아마도 딕슨이 독일과 미국 양쪽 세계의 가장 좋은 조건들을 가진 파버를 조금 질투했는지도 모른다.

남북 전쟁으로 인해 그런 사업을 시작하려고 시도하기엔 특히 까다로운 시기였다는 점 또한 명심해야 한다. 슈타인에서 연필심을 수입하는 것과 독일로 삼나무를 수출하는 것이 더 어려워졌을 뿐만 아니라, 플로리다가 남부 연합에 속해 있어서 삼나무를 북쪽으로 선적하는 데 문제가 있었기 때문이다.

전쟁이 끝났다고 해서 불행한 일도 끝난 것은 아니었다. 맨해튼의 A.W.파버 공장이 문을 연 지 10여 년 만에 화재로 무너진 것이다. 에버하르트는 가족들과 함께 살던 스태튼 아일랜드 자치구에 새 공장을 세우고 싶어 했지만, 대신 브루클린의 그린 포인트 산업지구에 건물 세 채를 매입하는 것에 그쳤다.

에버하르트 파버는 제국을 건설했고, 1879년 57세의 나이로 세상을 떠났다. 그가 사망한 이유는 알 수 없다. 묘하면서도 상세한 〈뉴욕 타임즈〉의 부고에 따르면, 그는 독일로 여행을 갔다가 수많은 의사들의 도움을 구하러 다시 미국에 돌아왔다고 한다. "그는 지병을 갖고 있었고, 의사들은 완전히 당혹스러워했던 것 같다"라는 상세한 내용도 있다. 그는 브루클린의 그린우드 공동묘지에, 10년 전 먼저 세상을 떠난 경쟁자인 조셉 딕슨으로부터 멀지 않은 곳에 묻혔다. 묘지의 기록 보관소에는 그가 살아생전 자식들을 위해 자신의 무덤을 개방해달라고 쓴 편지가 있다. 물론 연필로 쓰고 서명한 편지이다. 그가 자신의 이름이 결국 어떻게 될지 알았더라면 좋았을 텐데 말이다.

우리는 에버하르트 파버라는 인물에 대해 거의 알지 못하지만, 그의 이름과 가족의 이야기는 사실상 그의 자식들에게서부터 시작된다. 그는 유명한 바이에른 가정 출신인 아내 제니, 그리고 세 딸과 두 아들을 남겼다. 사업을 인수하는 임무를 맡은 아들 존 에버하르트 2세(John Eberhard Ⅱ)와 로타르 W.(Lothar W.)는 자신들만의 계획을 갖고 있었다. 파버 가족의 역사에서 언급했듯이, A.W.파버와는 독립적으로 사업을 자신들의 소유로 통합하기로 결정한 사람은 이 두 형제였다. 파버 가문은 아무도 무슨 일이 일어났는지 모르는 이 가족 간의 불화를 무덤으로 가져간 것 같다. 우호적인 분할이든 아니든, 1898년 에버하르트 2세와 로타르 W.는 공식적으로 가족 사업과 결별하고 이름을 "E. 파버 연필 회사"로 바꾸었다. 그들은 여전히 같은 그린 포인트 지역에서 사업을 운영하면서 새로운 이름으로 연필을 만들기 시작했다. 비슷한 시기에, 그들은 또한 뉴저지 주의 뉴워크에 에버하르트 파버 고무 회사를 설립하여, 고무지우개와 고무 밴드를 주로 생산했다.

미국 파버 가족 사람들의 대부분은 웅장한 집을 지었고 스태튼 섬에 살았다. 대부분의 건물들은 그 후 철거되었지만, 파버 공원과 수영장은 여전히 그들의 옛 동네에 가족의 공공기념물로 남아 있다.

이 파란만장한 이야기의 가장 흥미로운 부분은 20세기 초, 파버 형제가 그들만의 이름을 만들면서 시작되었다. 1892년 카탈로그의 소개 부분에서, 에버하르트 2세는 "오직 완벽한 제품만을 제조할 것"을 대담하게 약속했다. 새로운 에버하르트 파버 연필 회사를 설립했어도 A.W.파버를 완전히 무시할 수는 없었다. 아직도 독일산 제품을 미국으로 수입하는 중개상들이 있었기 때문이다. 20세기 초반까지, 미국 연필 산업은 "빅4" 회사들, 즉, 에버하르트 파버, 딕슨, 아메리칸, 이글이 통제하고 있었는데, 모두 뉴욕 시내나 근처에 상점을 열었다. 거의 완벽한 연필을 만들기 위한 기술을 찾는 것은 더 이상 문제가 아니었지만, 정작 눈에 띄기 위한 경쟁이 연필 제조업자들에게 더 큰 위협이 되었다. 성공적인 연필은 품질도 훌륭해야 할 뿐만 아니라 어느 정도 특별함도 있어야 했다.

대부분의 초기 에버하르트 파버 연필은 품질이 좋았고 로고가 단순했다. 20세기에 접어든 지 10년 정도 되었을 때, 연필은 브랜드 이름과 모델 번호를 벗어난 이름을 갖게 되었다. 보통은 연필 제작자의 업적과 취향에 관련된 이름이었다. 에버하르트 파버 연필 회사는 성장하기 시작했다. 주요 공장은 그린 포인트에 남아있었지만, 독일, 아르헨티나, 캐나다로 공장을 확장했다.

원래 가족기업이었던 "빅4" 회사들 중, 아메리칸 연필 회사의 바이센본(Weissenborns) 가족과 이글 연필 회사의 베롤츠하이머(Berolzheimers) 가족만 여전히 연필을 만들고 있다.

더 창의적인 최초의 에버하르트 파버 연필 모델은 아마 아직도 가장 유명할 것이다. 에버하르트 파버 몽골(Mongol) 482는 1910년대 초반에 출시되었다. 노란 페인트칠이 되어 있으며, 어두운 회색빛 금속 페룰이 달려 있다. 몇 년 후, 페룰은 중간에 두꺼운 금색 금속 띠가 있는 검은색으로 바뀌었는데, 이 특징은 몽골 연필 겉면에 찍힌 독특한 서체만큼이나 널리 알려지게 되었다. 몽골이라는 이름에 대한 진실은 실제로 알려지지 않았다. 매우 초기의 포장 상자는 갈색 프린팅이 있는 황금빛 노란 상자였는데, 일부 글자가 다소 인종 차별적인 느낌을 주는, 붓글씨처럼 보이는 글꼴로 쓰여 있다. 또한 상자에는 중국 남자의 초상화가 그려져 있다. 몽골이란 이름은 연필의 노란색에 대한 견해와 관련이 있다. 1800년대에 가장 좋은 흑연은 중국에서 생산되었는데, 중국에서는 전통적으로 노란색이 왕족의 색이었다. 노란 연필의 기원에 관한 이 주장에 반하는 많은 논쟁들뿐만 아니라, 파버의 후손이 낳은 몽골 연필에 대한 또 다른 해석도 있다. 블랙윙 602 연필의 역사가인 션 말론(Sean Malone)은 에버하르트 파버 4세에게서 직접 들었는데, 존 에버하르트가 가장 좋아하던 스프인 퓌레 몽골(Pureé Mongole)의 이름을 따서 지어졌다고 한다.

퓌레 몽골은 1800년대와 1900년대에 유행하던 스프였다. 기본적으로 당근과 다른 뿌리채소들을 넣은 완두콩 크림수프로 카레, 바질, 정향, 울금으로 양념이 되어 있다.

우리가 몽골에 대해 확실히 알고 있는 것은 몽골이 오랫동안 가장 인정받는 "일반용" 연필 중 하나로 남아 있다는 것이다. 몽골은 딕슨 타이콘데로가와 비너스 벨벳(Venus Velvet)에 맞선 가장 상징적인 노란 연필이었고, 포장 디자인

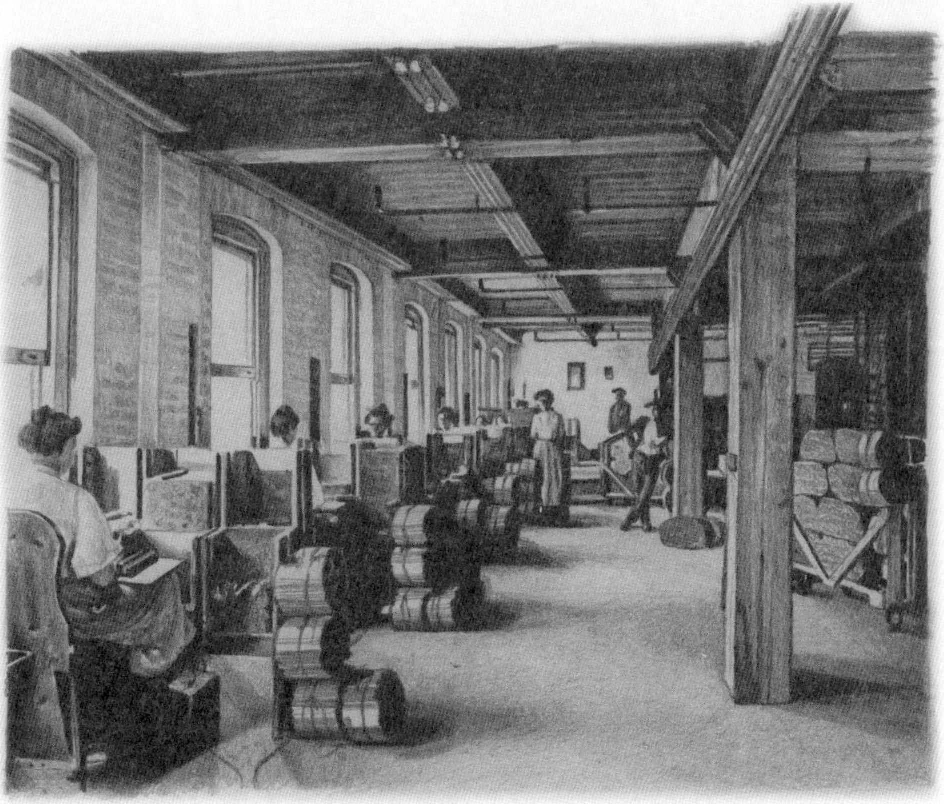

연필을 만드는 가족의 모험담이 시작되는 곳들 중
하나인 에버하르트 파버의 뉴욕 그린 포인트 공장.

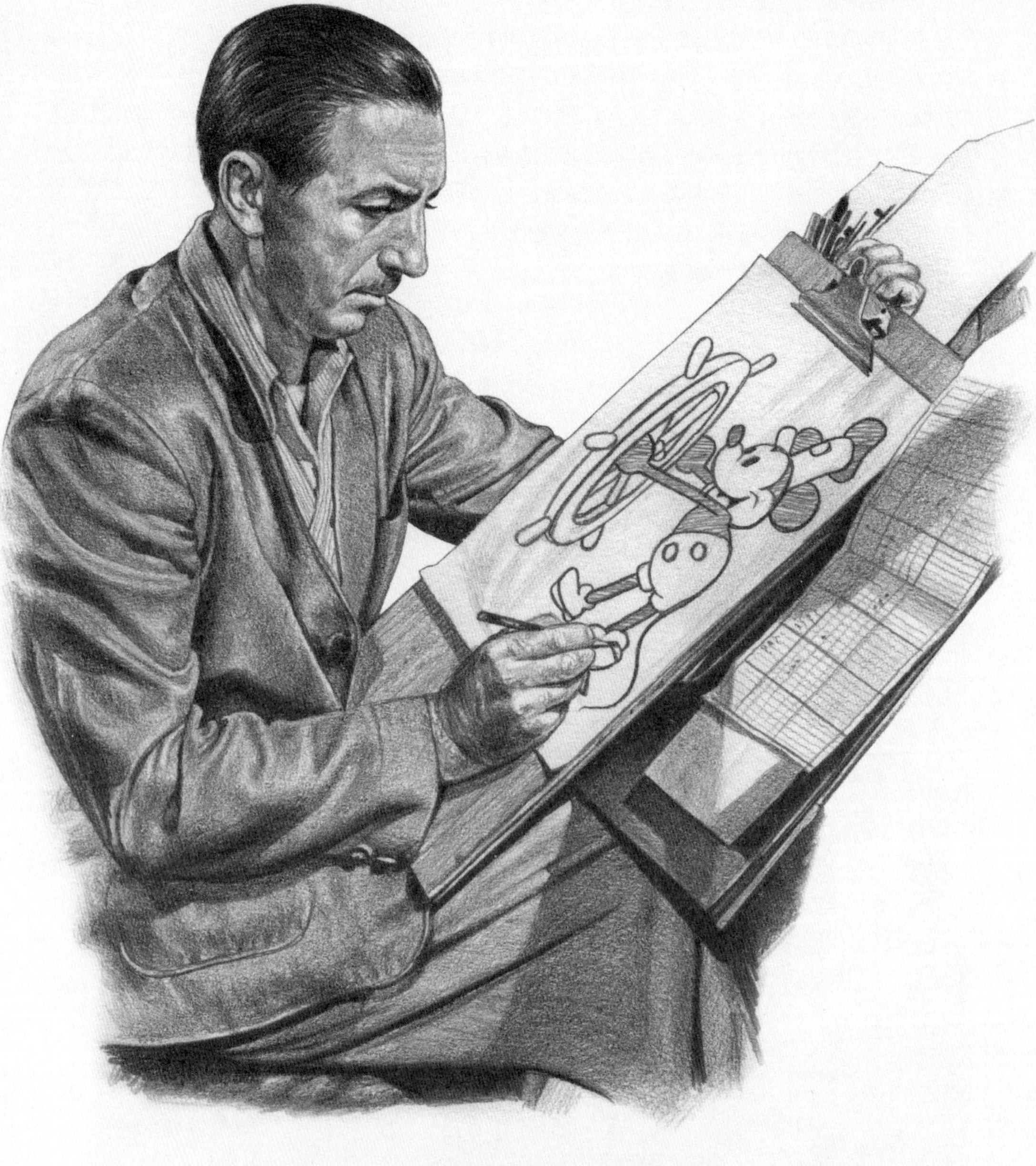

월트 디즈니를 포함한 애니메이터들이 가장 좋아하는 블랙윙 602는
21세기 중반 에버하르트 파버의 주요 제품 중 하나다.

과 기발한 광고 덕분에 크게 성공했다. 몽골 연필에는 몽골 학교용(School) 연필, 몽골 파인 라이팅(Fine Writing) 연필, 몽골 드로잉(drawing) 연필, 몽골 색연필, 몽골 속기용(Stenographic) 연필(개인적으로 가장 좋아하는 연필이다) 등 다양한 버전과 용도가 있다. 몽골 속기 연필은 직경이 더 작고, 심이 더 단단하며, 양쪽을 깎아 법원 기자, 비서, 속기사들의 효율성과 사용 편의성을 높였다.

몽골이 출시된 지 얼마 지나지 않아 반 다이크(Van Dyke)가 출시되었는데, 이 연필은 에버하르트 파버 카탈로그에서 최초의 고급 드로잉 연필로 자리매김한 것을 포함하여 여러 가지 특징으로 널리 알려졌다. 반 다이크는 다양한 심경도로 만들어졌는데, 정확히 말하면 18단계까지 있었다. 연필의 이름은 독일의 예술가 안토니 반 다이크(Anthony van Dyck)의 이름을 따서 지어졌다. 1920년대에 출시되었고, 일단 평판을 얻고 나자 두 가지 매우 독특한 특징을 갖도록 개선되었다. 첫째로, 더 작은 입자를 가진 밀도 높은 흑연을 함유한 "마이크로토믹(Microtomic) 심"을 넣어 더 부드럽고 덜 번졌다. 둘째이자 아마도 가장 주목할 만한 특징은, 더 일반적인 용도로 광고했던 후기 모델에 부착된 납작한 페룰일 것이다. 반 다이크 이전의 연필 페룰은 항상 둥근 모양이었다. 반 다이크의 페룰은 연필에 붙어 있는 부분만 둥글고, 나머지 부분은 빨간 고무지우개를 잡고 있는 작은 탈착식 죔쇠를 고정시키는 납작한 직사각형 모양이다. 페룰의 납작한 모양으로 인해 연필이 책상에서 굴러 떨어지지 않도록 할 뿐만 아니라, 지우개를 페룰에 고정시키기 않고 갈아 끼울 수 있도록 하여 사용 편의성을 높인 아이디어였다.

완전 초기의 반 다이크 광고에는 "유럽이 발명했지만, 미국이 완성했다"라는 문구가 실려 있다. 최초의 저명한 독일계 미국 연필 회사의 말, 특히 "미국에서 가장 오래된 연필 공장"이라는 주장은 대담하지만 솔직한 진술로, 연필 역사에서 특별했던 이 시대가 정당화시켜 줄 수 있다. 유럽은 여전히 뛰어난 연필을 생산하고 있었지만, 그들의 제작과정, 마케팅, 그리고 디자인은 미국과 대등하게 진화하지 않았다. 오히려 미국의 파버는 그들의 주장이 의미하는 바에 도전하는 품질 좋은 제품을 만드는 데 뛰어났을 뿐만 아니라, 그것을 다음 단계로 끌어올려서 미국 국민들에게 그들의 연필이 최고라고 설득하는 데도 능숙했다.

더 특수한 유형의 연필이 출시됨에 따라, 에버하르트 파버 2세는 판매 방식에 의문을 갖게 되었다. 파버가 다양한 용도와 가격대의 새로운 모델을 계속 대량생산했음에도 대부분의 문구점에서는 파버 카탈로그의 몇 가지 모델만 판매했다. 에버하르트 파버는 각 연필이 무엇을 위해 만들어졌는지 정확히 설명하는, 모든 관련 정보를 포함한 매우 구체적인 제품 카탈로그를 만들기 시작했다. 연필 도매업자들을 위한 일종의 교육인 셈이었다. 카탈로그에는 아름다운 샘플 키트와 각각의 모델을 보관할 수 있도록 특별한 공간을 넣은 제품 상자가 포함되어 있었다. 비록 이 새로운 판매 전략 때문에 더 많은 종류의 제품이 노출되었지만, 사람들은 여전히 이 마케팅 전략을 크게 선호했다. 1930년대까지 가장 인기 있던 연필들은 순서대로, 지우개 달린 연필, 지우개 없는 연필, 복사용 연필(지워지지 않는 자국을 만들기 위해 흑연에 수용성 염료를 넣어 만든 연필)이었다.

근사하고 새로운 파버 연필의 성공으로 인해 회사는 승승장구했다. 대공황이 닥치기 전까지는 말이다. 에버하르트 파버 연필 회사는 확실히 경제에 미치는 참혹한 영향에 면역이 되어 있지 않았다. 회사는 인력의 30%를 해고해야 했고 수요는 크게 줄었다. 마케팅을 위한 새로운 전략도 재평가되고 축소되어야 했다. 이 시기에 한 가지 특히 중요한 제품이 출시되었는데, 바로 블랙윙 602로 알려진 연필이었다. 파버에게는 과감한 움직임이었다. 1934년 당시 이 제품의 출시는 다소 논쟁거리였는데, 그 시기의 미국인들에게 고급 필기용 연필은 전혀 필요하지 않았던 물건이었기 때문이다.

이 연필을 둘러싼 전설은 엄청나게 많으며 매우 유명하다. 초기의 블랙 윙은 새롭게 개조된 반 다이크와 흡사해 보였다. 반 다이크의 유명한 납작 페룰의 거의 같은 버전이 특징이었으며, 어둡고 반짝이는 진줏빛 회색으로 칠해졌다. 이전의 페룰과 구분 짓기 위해서 페룰의 아랫부분을 금색 띠로 둘렀다. 뒤쪽에는 "힘은 반으로, 속도는 두 배로"라는 문구가 찍혀 있는데, 이것은 이 연필의 한 가지 중요한 속성, 즉 연필심에 왁스를 첨가했음을 뜻한다. 블랙 윙 602에는 왁스가 다소 많이 첨가되었고, 흑연은 더 많이, 점토는 더 적게 함유되었다. 그래서 필기할 때 4B연필처럼 쓰이지만 독특하게 미끄러진다. 똑같은 흔적을 남기기 위해 다른 연필에 비해 힘이 반만 들어가서 더 빨리 쓸 수 있기에 사용자에게 이득이 된다는 이론이었다.

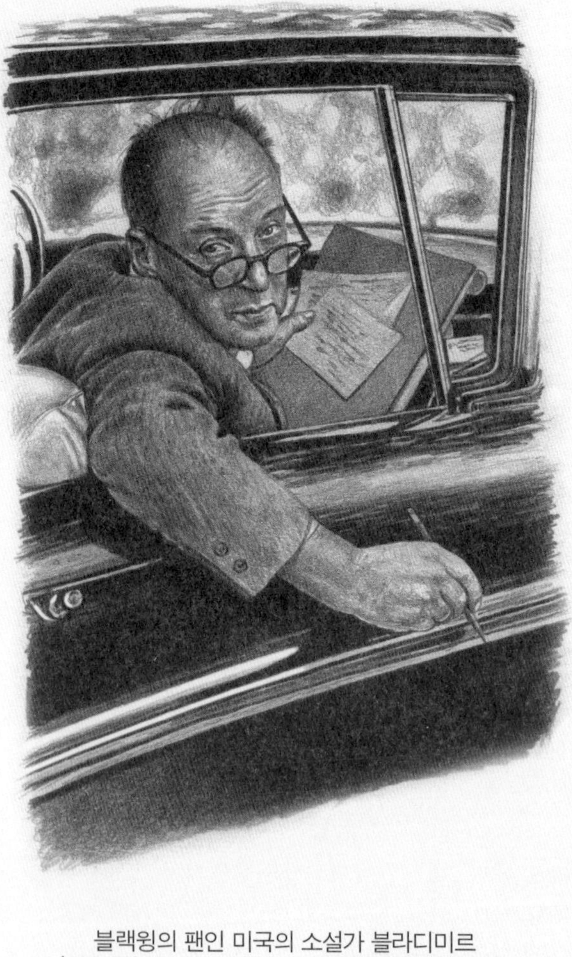

블랙윙의 팬인 미국의 소설가 블라디미르 나보코프(Vladimir Nabokov)는 색인카드에 소설의 초고를 쓰는 데 이 연필을 사용했다.

블랙 윙 602는 실로 훌륭한 연필이었고, 의심할 여지없이 가장 전설적인 연필로 남았다. 이 연필이 그토록 유명해진 데는 제품 자체뿐만 아니라 사용했던 사람들이 유명했던 이유도 있다. 월트 디즈니와 그의 애니메이터들이 블랙 윙을 사랑했고, 애니메이션을 위한 최적의 연필로 여겼다고 한다. 또한 뮤지컬 작곡가인 스티븐 손드하임이 작곡할 때 진한 흑심의 진가를 인정하고 가장 좋아했던 연필로 인정받고 있다. 퀸시 존스, 블라디미르 나보코프 등 많은 유명 인사들이 이 연필을 사용했지만, 눈에 띄는 사용자가 한 명 있다. 바로 존 스타인벡(John Steinbeck)이다. 스타인벡이 블랙 윙을 사용한 여파는 블랙 윙의 단종 이후 한참 뒤에 이 연필의 인기를 끌어올렸다. 이 연필에 대해 스타인벡이 한 유명한 말을 인용해볼까 한다. "새로운 연필을 찾았어. 이제까지 써본 것 중에 단연 최고야. 다른 연필들보다 3배는 비싸지만, 진하고 부드러운데도 부러지지 않더라고. 이제 항상 이 연필만 쓸 것 같아. 블랙 윙이라는 연필인데, 종이 위에서 정말 미끄러지듯 써진다니까." 스타인벡이 블랙 윙으로 정확히 어떤 작품을 썼는지는 알지 못하지만, 그는 연필 사용량이 많기로 소문난 사람이었고 페룰이 손에 닿을 때까지 한 연필만 사용했다고 한다. 그는 그의 연필들을 아들에게 물려주었고, 아들도 작가가 되었다.

현대의 연필 커뮤니티에서는, 연필이 이 길이가 되었을 때 "스타인벡 단계"에 있다고들 하는데, 이는 손의 크기에 따라 다르다.

블랙 윙 602의 성공이 스타인벡 덕분이든 제품 자체 덕분이든, 이 연필은 시장에서 가장 수집 가치가 있는 제품 중 하나가 되었다. 오래된 버전은 이베이(eBay)에서 한 자루에 100달러 이상의 가격으로 팔리는 것으로 알려져 있고, 다른 에버하르트 파버 모델들도 필기감이 똑같다는 주장도 있었지만, 브랜드 충성도가 높은 사람들은 여전히 아무래도 오리지널만 한 것은 없다고 생각한다. 다른 여느 연필보다 블랙 윙 602를 쓴다는 것은 연필 애호가들에게 일종의 통과의례처럼 느껴진다. 내 가게에서 블랙 윙을 팔 때, 나는 항상 고객에게 적어도 한 번은 깎아서 특별한 경우에 사용해보도록 권한다. 왜냐하면 블랙 윙을 소유하는 즐거움의 대부분은 그 역사뿐만 아니라, 종이에 쓸 때 어떤 느낌인지 아는 것에서도 비롯되기 때문이다.

20세기 중반은 에버하르트 파버의 전성기였고, 파버의 가장 큰 히트작은 블랙 윙 602였다고 말할 수 있다. 이 시기에 미국 동부에는 더 많은 연필 회사들이 생겨났다. 이들은 비록 신생 회사였지만, 업계의 경쟁을 더 치열하게 만들었고 빅4의 영향력을 약화시켰다. 에버하르트 파버는 여전히 가장 큰 회사 중 하나였으며, 우리가 여전히 핑크 펄이라고 알고 있는 지우개를 포함하여 더 전설적인 제품들을 만들었다. 결국, 반 다이크 연필은 또 다른 변신을 시도했고, "마이크로토믹(Microtomic)"으로 이름을 바꾸었다. 몽골은 학교에서 가장 좋아하는 연필로 발전했고, 블랙 윙은 필기도구 부문을 주도했다. 에버하르트 파버가 일단 주력제품들을 완성하니 그것이 전부인 것처럼 보였다. 그 후 반 다이크, 몽골, 블랙 윙만큼 주목할 만한 연필은 없었다. 1980년대에 이르러 연필 산업은 대규모 합병처럼 보이는 것을 경험하기 시작했다. 공장은 문을 닫거나 다른 회사들로 매입되기 시작했고, 1987년 에버하르트 파버도 희생되어 A.W.파버-카스텔로 매입되었다. 이는 독립 회사로 설립된 지 거의 90년 만이다. 이 아이러니한 점은 중요하지 않을 수도 있지만, 마치 미국의 파버 가족이 한 세기 동안 도망치다가 결국 집으로 돌아간 모양새와 거의 같다.

다행히 블랙 윙은 파버-카스텔이 인수했을 때 기대에 부응하고 있었다. 블랙 윙은 수십 년 동안 이미 일어나고 있었던 흑연 심의 단계적이고 경미한 변화를 제외하고는, 대체로 변하지 않았다. 파버-카스텔은 1994년 샌포드(Sanford)에 매입되었다. 그리고 거의 같은 시기에 지우개를 고정시키는 페룰 클립을 만드는 기계가 고장 났고, 다시 고쳐지지 않았다. 파버-카스텔은 1998년 페룰 클립의 재고가 동날 때까지 블랙 윙 602를 계속 생산했다. 파버-카스텔이 블랙 윙 602의 생산을 중단하기로 발표했을 때, 블랙 윙의 팬들은 마지막 한 자루까지 미친 듯이 사재기했다.

에버하르트 파버 연필 회사의 역사 중 많은 부분이 잊혔지만, 사람들은 현재의 연필 제조자들이 만든 연필에서 같은 이름과 디자인을 찾아볼 수 있다. 몽골 482는 남미에서 사람들이 여전히 많이 선택하는 연필이며, 페이퍼메이트(Papermate, 샌포드의 자회사)에서 생산하고 있다. 핑크 펄 지우개도 페이퍼메이트에서 생산하는데, 매년 새 학기 쇼핑 목록에서 여전히 주요한 품목이다. 심지어 블랙 윙 602는 캘리포니아에 본사를 둔 회사인 팔로미노(Palomino)가 부활시켜, 새로운 세대를 위해 에버하르트 파버의 이야기를 세상에 알렸다.

옛 딕슨 공장과 마찬가지로, 그린 포인트의 에버하르트 파버 단지는 이제 콘도와 스튜디오로 개조되었지만, 본관 꼭대기를 자세히 살펴보면 산업용 벽돌 건물 측면에 여전히 남아 있는 아르데코 스타일의 노란색 타일 연필을 볼 수 있다. 1940년대에서 1970년대 사이의 텔레비전 쇼나 영화를 본다면, 어느 곳에서든 에버하르트 파버 연필을 발견할 가능성이 매우 높다. 옛 에버하르트 파버 제국의 흔적들은 미국 문화 전반에 흩어져 있고, 연필업계를 주름잡았던 파버 가족과 파버 사의 명성은 언제나 연필 역사의 중요한 부분이 될 것이다. 그들의 제품은 연필에 어떤 유희성을 가져왔고, 단순한 실용품이 아니라 가끔 미화되기도 하는 특별한 물건에 생명을 불어넣었다. 연필이 매우 혁신적이라고 여겨지는 시대는 오래전에 사라졌지만, 파버 가족은 이미 알려진 것으로 혁신을 이루어냈고, 이렇게 단순해 보이는 물건에 필요하다고 미처 생각하지 못했던 것을 우리에게 줌으로써 미국에서 명성을 떨쳤다.

연필 등급 이야기

연필에 새겨진 H, B, 그리고 F가 무엇을 의미하는지 궁금해 해본 적이 있는가? 연필의 경도와 등급 척도에 대해 설명하도록 하겠다. 그 기원이 확인되지 않았음을 고려하여, 가능한 한 많이 말이다.

이미 이 주제를 조금 맛보긴 했지만, 이제 연필 끝을 장식하는 숫자와 글자의 진화에 대해 자세히 알아볼 시간이다. 나는 지금 연필의 경도를 표시하는 복잡한 체계인 연필 등급 척도를 이야기하고 있다. 연필심의 주성분이 흑연이라는 사실을 알고 있다면, 그 연필이 얼마나 많은 양의 흑연을 함유하고 있는지 어떻게 알아낼 수 있을까? 그리고 그것이 실제로 어떤 차이를 만들까?

연필의 경도는 한 가지가 결정한다. 바로 연필심에 들어 있는 점토와 흑연의 비율이다. 점토가 많고 흑연이 적으면 더 단단하다고 여겨진다. 단단한 연필의 전형적인 특징은 덜 번지고, 포인트 리텐션이 더 좋으며, 연하게 쓰인다는 점이다. 더 부드러운 연필은 흑연을 더 많이, 점토는 더 적게 함유하며, 더 진하고 부드럽고, 잘 번지며 보통 더 빨리 닳는다. 넘버2 연필 또는 HB 연필은 일반적인 연필로 가장 많이 사용하는 등급이고, 또한 전체 척도에서 제일 중간이기도 하다. HB는 대략 어떤 느낌인지 세계적으로 꽤 잘 알려져 있기 때문에 유용하다.

만약 당신이 왼손잡이라면 손 때문에 잘 번지지 않도록 단단한 연필을 선호할 수도 있다. 예술가라면 흑연 함유량이 높은 연필이 다양한 선을 그릴 수 있는 자유를 주기 때문에, 더 부드러운 연필을 선호할 것이다. 건축가라면 아마도 완벽하고 뚜렷한 선을 긋기 위해 상당히 단단한 연필을 원할 것이다. 연필의 등급은 넘버2(HB)뿐만 아니라 모든 용도에 맞게 아주 다양하다. 연필 등급 척도의 중요성은 꼭 알아야 한다. 사람들은 일반적으로 미술 연필만 다양한 등급으로 생산된다고 오해한다. 이것은 사실이 아니며, 생각해보면 미술 연필은 경도가 다양하다는 점 말고는 "보통" 연필과 정확히 같은 연필이다. 내가 보기에는 "미술 연필"이나 "필기 연필"이란 것은 없고, 오로지 "연필"만 있을 뿐이다.

가장 중요한 것을 가장 먼저 이야기하겠다. 연필 등급 척도는 보편적이지 않다. 특정 등급의 연필이 어떻게 느껴지는지에 대한 표준화된 공식도 없고, 존재한 적도 없다. 예를 들어 연필을 사용하는 사람은 인도의 HB가 일본의 HB와 같은 느낌을 줄 것이라 기대할 수 없다. 등급 척도를 표시하는 목적은 일반적인 참고를 위한 것일 뿐만 아니라, 그 연필이 속한 특정 제품군의 다른 연필들과 비교하기 위한 것이다. 역사의 어느 시점에서, 미국 국립 표준국은 이 난제를 성공적으로 해결하려 했으나 실패했다. 이 문제는 새로운 연필 애호가들에게 위협적이다. 어떤 연필을 싫어한다면, 그 연필이 그냥 싫기 때문일까, 아니면 경도를 잘못 선택했기 때문일까? 나는 부드러운 연필을 선호한다. 그렇긴 하지만, 나도 연필을 쥘 때 힘을 주기 때문에 부드러운 연필이 포인트 리텐션을 유지하는 데는 별로 도움이 되지 않는다. 이런 이유로 일종의 "유니콘" 같은 연필을 선호한다. 잘 번지지 않거나 빨리 닳지 않으면서도 부드러운 연필은 실제로 존재하지 않지만, 꽤 비슷한 제품을 몇 가지 발견했다.

우리의 원조 펜슬 히어로인 니콜라-자크 콩테가 가루 흑연과 점토를 섞은 덕분에 연필의 등급 척도를 만들 수 있었다. 아라비아고무와 경랍을 사용해 연필의 경도를 바꾸는 것을 상상할 수 있겠는가? 점토는 흑연을 강하게 하지만, 또한 가변적으로 만들기도 한다. 이 특별한 목적을 위한 점토의 대체 성분은 없다. 이 재료 이후, 등급 척도 역사의 상당 부분은 사실상 신화의 영역에 있다. 사실이라고 여길 수 있는 두 가지 주요한 이야기가 있다. 하나는 작품에 자신의 상표를 새겨 넣은 연필 제조업자의 이야기이고, 다른 하나는 덜 매혹적인, 실용적 관습에 대한 이야기이다. 어느 쪽이든, 미국에서는 등급 척도가 보통 1에서 4까지로 표시되며, 그 밖의 모든 곳에서는 숫자가 붙은 H와 B로 표시된다. 이것은 19세기 미국인들이 어떻게 자립적인 것을 시도했는지 보여주는 일례이다. 하지만 이 경우에는, 혁신적이기보다는 혼란스러운 영향을 미쳤다.

H와 B의 명칭을 설명하는 이론에 대한 의견들은 주로 두 가지로 나뉜다. 하지만 우리가 확실히 알고 있는 것은 등급 척도 자체가 고정되어 있다는 사실이다. HB는 중간 등급이며, 경도가 부드러워짐에 따라 B에서 2B, 3B, 4B, 5B 등으로 표시한다. 연필이 더 단단해지면 F에서 H를 거쳐 2H, 3H, 4H 등으로 표시한다. 임의적인 것처럼 보이는 F를 제외하면, 모든 체계는 꽤 이해하기 쉽다. 이 갑작스러운 F가 모든 것이 어디서 왔는지 알아내는 데 도움이 될 것이라 생각할 수도 있겠지만, 그 기원에 대한 어떤 이야기도 그것을 정당화할 수 있기에 그렇지 않다.

콩테가 연필심 제조 방법을 개발했을 때, 그는 1에서 4까지의 척도를 최초로 사용한 사람이었다. 얼마 지나지 않아 소로가 미국에서 똑같은 척도를 사용하기 시작했을 때, 소로는 그 사실을 몰랐을 것이라 추정할 수 있다. 하지만 소로가 연필에 숫자로 등급을 매긴 것 외에도, 부드러움(Soft)과 단단함(Hard)을 표현하기 위해 S와 H를 사용했다는 증거가 있다. 그 외에도 유럽의 연필 제작자들이 항상 사용하고 선호해온 척도인 H와 B가 있다.

첫 번째 이론은 뉘른베르크에서 유래했으며, A.W.파버는 1830년대 후반에 최초로 다양한 등급의 연필을 만들었다고 한다. 이 연필들은 HHH에서 BB(즉, 기본적으로 3H, 2H, H, HB, B, 2B)까지의 범위로 등급이 매겨졌다. 일반적으로 H는 단단함(hard)을, B는 검정색(black)이나 진하기(bold)를 나타낸다고 추정된다. 물론 이 말은 매우 타당하다. 또 다른 비슷한 이론에서는, 이것이 같은 척도를 사용했던 런던의 브룩만(Brookman) 연필 회사에서 나온 아이디어라고 한다. 하지만 이 주장은 파버가 같은 숫자로 다양한 등급의 연필을 만들기 시작한 지 수십 년이 지난 1900년대 초반과 마찬가지로, 최초라는 주장으로서는 잘 받아들여지지 않는 것 같다. F가 정확히 어디에서 나타났는지는 아무도 확실히 알지 못한다. 그러나 이 이론들에 따르면 종종 "미세한(fine)" 또는 "단단한(firm)"이라는 의미로 설명된다.

알다시피, L.&C. 하르트무트(Hardtmuth) 연필 회사의 하르트무트 가족은 19세기에 연필의 많은 혁

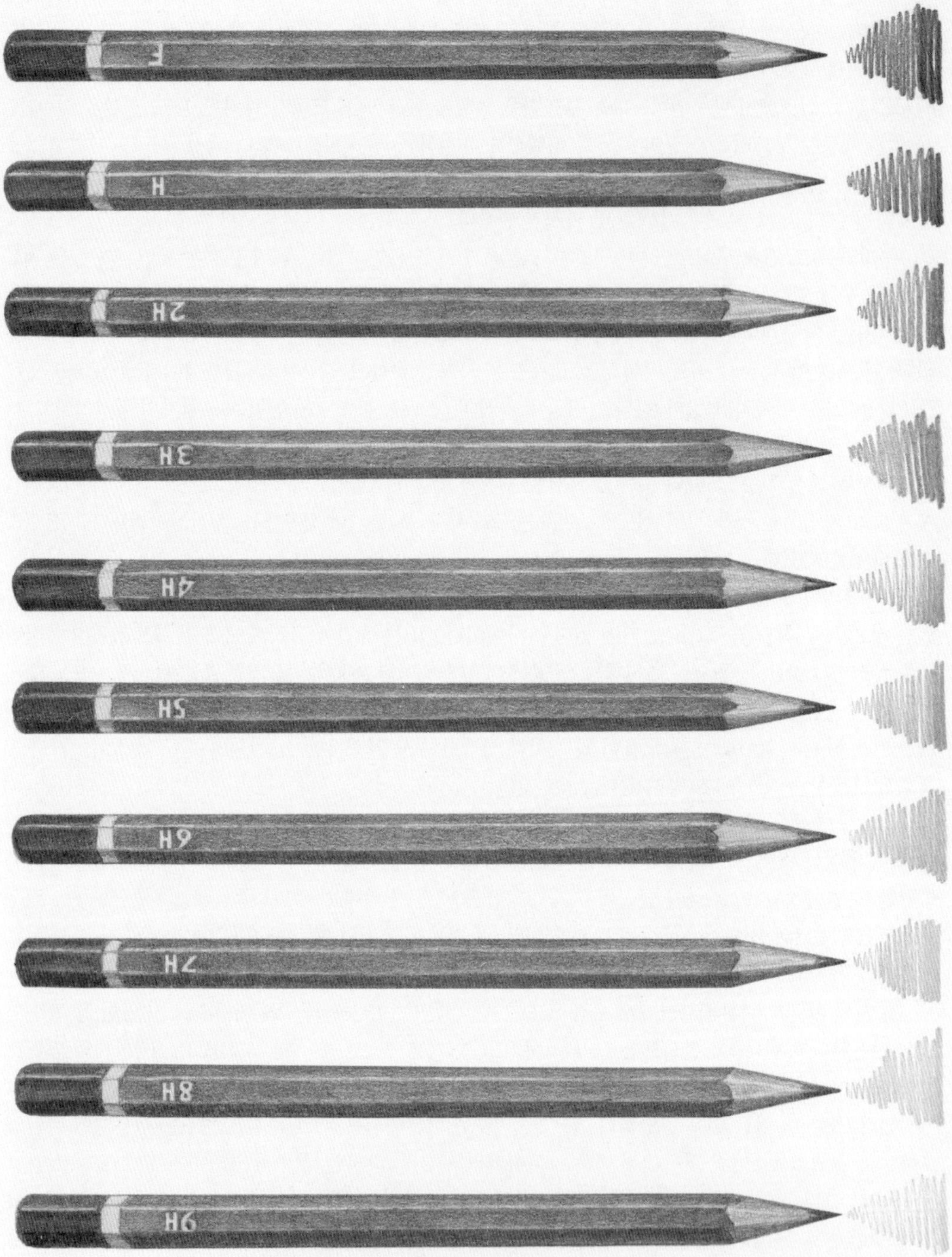

단단한 연필(F와 H)은 흑연보다 점토를 더 많이 함유하며, 더 가볍고 사각거린다. 반면 부드러운 연필(B)은 점토보다 흑연을 더 많이 함유하며, 더 진하고 더 잘 번진다.

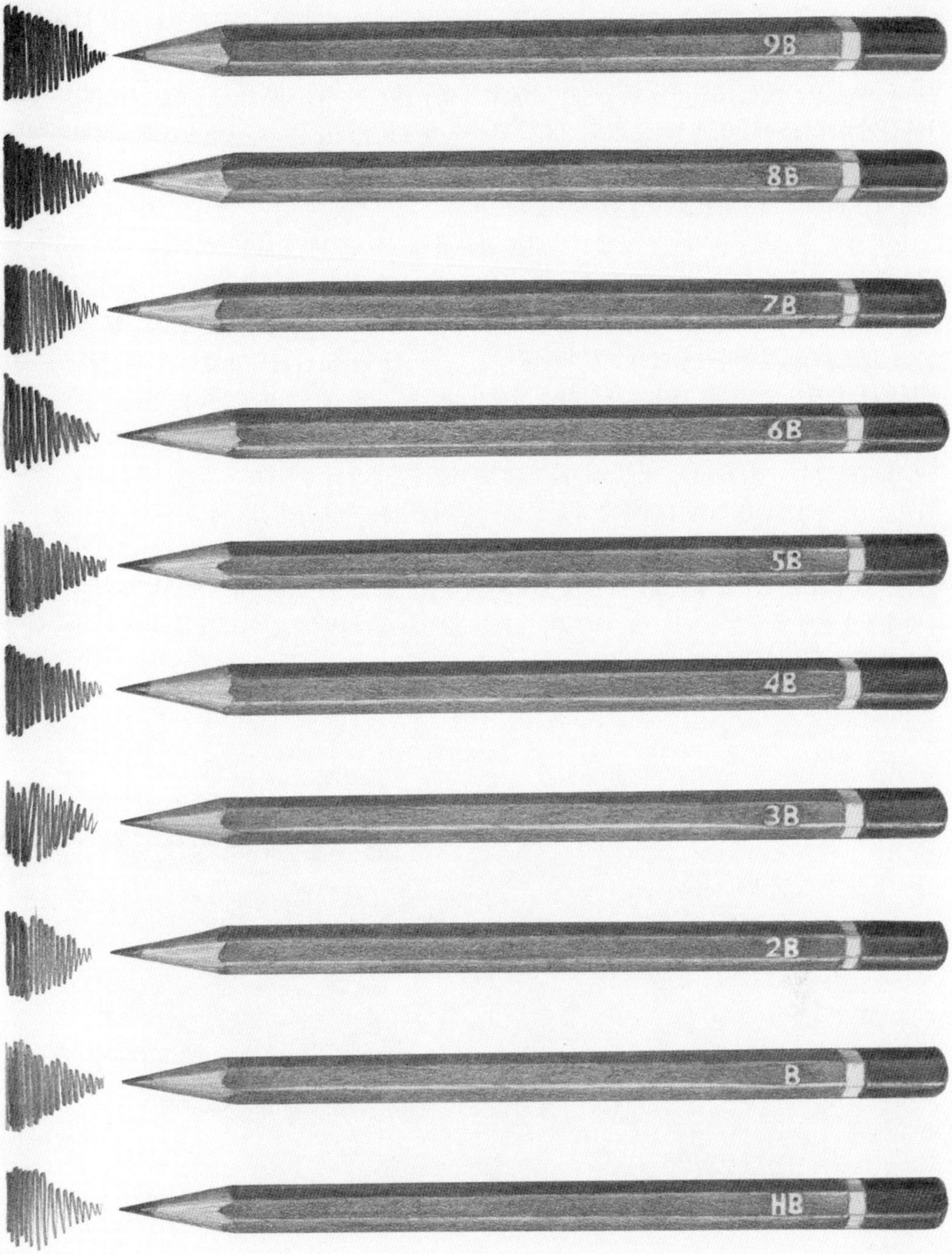
9B
8B
7B
6B
5B
4B
3B
2B
B
HB

신을 이룬 것으로 유명하다. 하지만 주요한 증거가 없기 때문에 그들 대부분은 좋은 평판을 얻지 못했다. 콩테의 점토부터 노란 연필의 의미, 그리고 현대의 등급 척도에 이르기까지, 하르트무트 연필 회사는 많은 것들을 "발견했을 수도" 있기 때문에, 연필의 역사에서 종종 부수적인 기록으로 남았다. 등급 척도의 경우를 보면, 모든 일들이 일어난 대략적인 연대와 철자가 관련 단어의 의미를 아주 완벽히 나타내는 방식에 근거하기 때문에, 이 이야기는 매우 신뢰할 만하다. 하르트무트가 문서화된 연필의 역사에서는 정당한 대우를 받지 못했다고 생각하기 때문에 내가 약간 편견을 갖고 있을 수도 있다. 하지만 진실은 H, F, B가 또 다른 의미로 사용되었을 수 있었다는 것이다.

19세기 말, 하르트무트 회사는 여러 가지 다른 일을 한 것으로 인정받는 코이누어(Koh-i-Noor) 1500을 출시했다. 코이누어 1500은 당시 연필 시장의 어떤 제품보다도 훨씬 많은 등급으로 출시되었는데, 놀랍게도 무려 17등급이나 되었다. 코이누어 하르트무트의 역사에 따르면, H는 "하르트무트"를, B는 "부트바이스(Budweis: 연필이 만들어진 도시의 이름)"를, F는 아이디어를 낸 가족의 일원인 "프란츠(Franz)"를 뜻했다. 초기의 코이누어 1500에는 숫자와 철자가 같이 새겨졌지만, 독일 연필에는 일련의 HHHH 또는 BBBB만 있었다. 아마도 우리는 이 모든 글자를 처음 통합한 사람이 하르트무트라고 추측할 수 있을 것이다. 하지만 나는 이 일이 더 빨리 일어나지 않았다는 사실에 조금 놀랐다.

이 모든 이야기들은 서로에 대해 알지 못하는 다른 사람들이 거의 같은 시기에 찾아냈을 가능성이 매우 크며, 이 역사의 대부분의 경우와 마찬가지로 거짓이나 확실한 최초도 없다. 하지만 연필의 경도를 이해할 수 있는 보편적인 체계가 있어서 다행이다. 비록 일관성은 없지만, 만약 다양한 경도가 있는 연필의 역사에서 그렇게 일찍 등급 척도가 정해지지 않았다면, 경도를 보편적으로 이해할 수 있는 방식은 현재보다 훨씬 애매할 것이다.

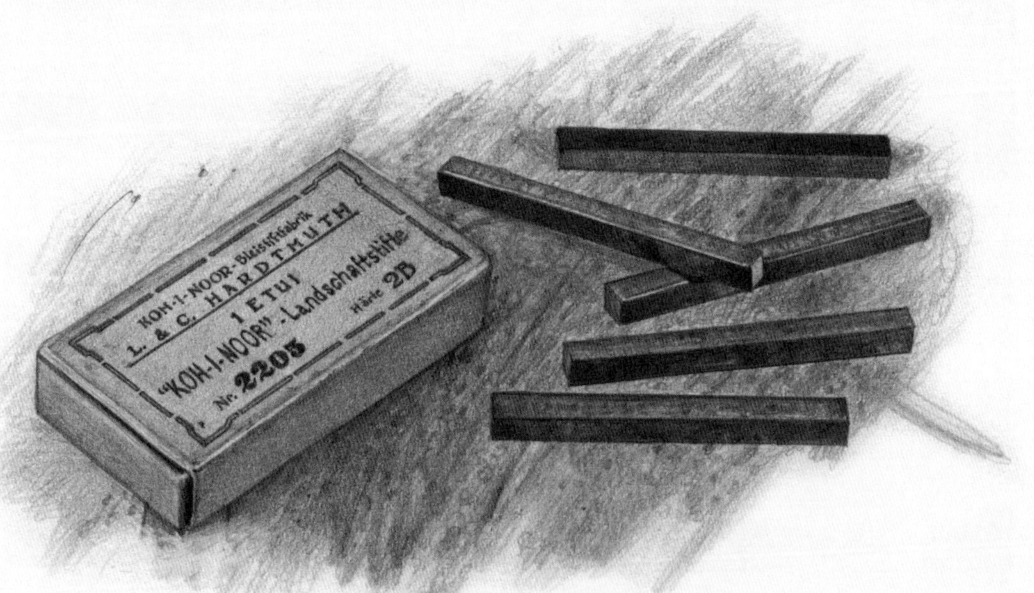

혁신적인 코이누어 하르트무트 연필의 제품군은 흑연 막대,
그리고 오늘날 모든 종류의 사무용품으로 확장되었다.

모든 나라는 숫자 척도를 사용하는 미국을 제외하고 동일한 척도를 사용한다. 미국의 경도 척도에서 1은 B, 2는 HB, 2와 1/2은 F, 3은 H로 볼 수 있다. 이 척도의 사용은 전 세계적으로 소수에 불과하지만, 한때 연필 등급을 매기는 데뿐만 아니라 "필기용" 연필을 표시하는 데 사용된 적도 있었다. 미국의 "드로잉" 연필은 H-B등급으로 나뉘었기 때문이다. 뿐만 아니라 분수형 척도도 복잡하게 사용되었다. 20세기 중반에는 설명할 수 없는 어떤 이유로, F급 필기용 연필을 2와 1/2이 아니라 2와 4/8, 심지어 2와 5/10로 표시하는 것이 유행이었다. 무엇이 연필 등급을 분수의 형태로까지 나누게 했을까? 아마도 브랜드 쇄신이나 일종의 장삿속 때문이었을 것이다. 예를 들어, 구매자들이 저렴한 가격에 샀다고 느끼도록 상점들이 물건 가격을 1달러가 아닌 99센트로 매기는 것과 같다. 아마도 연필에 더 많은 숫자를 사용하면 2등급보다는 3등급에 가깝다고 생각하게 된다고 여겼을지도 모른다. 《연필: 디자인과 상황의 역사》에서 저자 페트로스키는 사실 이 분수 등급이 출현하게 된 것은 상표권 침해 때문이라고 했는데, 이것이 아마도 가장 확실한 결론일 것이다. 분수로 표시되는 등급 또한 누군가에게 소유권이 있었기 때문이다. 그중에서도 에버하르트 파버 몽골은 분수 척도를 가장 먼저 사용한 연필이었지만, 결국에는 숫자로 표시한 나머지 제품들을 제외하고는 2와 1/2를 F로 표시하기 시작했다. 소비자들에게 분수보다 F가 덜 혼란스럽다고 생각했기 때문일까? 정말 그런 것인지는 확실히 모르지만, 당신이 20세기 중반에 단단한 연필을 선호하는 사람이라 해도 그것을 해독하기는 쉽지 않았을 것이다.

척도를 분수로 표시한 연필의 특이한 예로는 2와 6/10으로 표시한 딕슨 타이콘데로가 신라인(Dixon Ticonderoga Thinline), 2와2/4로 표시한 제너럴 배저(General' s Badger), 2와 3/6으로 표시한 블레이스델 벤 프랭클린(Blaisdell Ben Franklin), 2와 4/8로 표시한 루웨 연필(Ruwe Pencil Co.), 또는 2와 3/8로 표시한 에버하르트 파버 몽골이 있다.

분수와 숫자를 제외하고, 연필 등급에 관해 대부분의 사람들이 깨닫지 못하는 더 큰 문제가 있다. 앞서 언급했듯이 동일한 표시 체계는 보편적이지만, 각 등급에 대한 흑연의 비율은 확실히 그렇지 않다. 이것이 특별한 문제로 보이는 한 가지 사례는 학교에서의 표준화된 시험에 넘버2 또는 HB 연필을 사용해야 한다는 매우 엄격한 규칙이다. 하지만 요즘에는 답안 채점 기계가 거의 모든 것을 읽을 수 있을 정도로 발전되었기 때문에 불필요한 규칙인 것 같다. 독일의 HB는 미국의 H처럼 느껴질 수 있고, 일본의 HB는 B나 2B처럼 느껴질 수 있기 때문에, 연필의 사용이 복잡해진다. 그래서 나라별 등급의 미묘한 차이를 알아두면 좋다.

혁신적인 코이누어 1500이 등장한 이후, 등급이 매겨진 연필은 먼 길을 왔다. 일본의 미쓰비시(Mitsubishi) 사는 고급 연필인 미쓰비시 하이-유니 연필을 10H부터 거의 순수한 흑연에 가까워 연필로 만들기 불가능해 보이는 10B까지, 22개의 등급으로 나누었다. 이 연필은 시장에 출시된 연필 중 가장 넓은 범위를 갖고 있지만, 대부분의 제도 연필은 보통 18개에서 20개의 등급으로 출시된다.

이 모든 것을 고려해 보면, 현대의 연필 사용자들은 등급보다는 느낌으로 연필을 선택하는 편이 훨씬 낫다. 등급은 단지 경도를 표시하기 위한 수단일 뿐, 실제 경도를 완벽하게 나타내지는 않기 때문이다. 지금은 등급 체계가 개발되었을 때보다 더 많은 흑연 자원이 있기 때문에, 동일한 등급의 연필이 다른 느낌을 줄 확률이 더욱 높다. 그래서 연필에 대한 가장 썰렁한 농담일지도 모르는 "2B이냐 아니냐(2B or not 2B)"는 사실 타당한 질문일 수도 있다.

미국의 등급 척도가 항상 숫자로 표시되지는 않는다. 1은 "매우 부드러움(extra soft)"으로, 2는 "부드러움(soft)"으로, 2와 1/2은 "중간(medium)"으로, 3은 "단단함(hard)"으로, 4는 "매우 단단함(extra hard)"으로 흔히 표시된다.

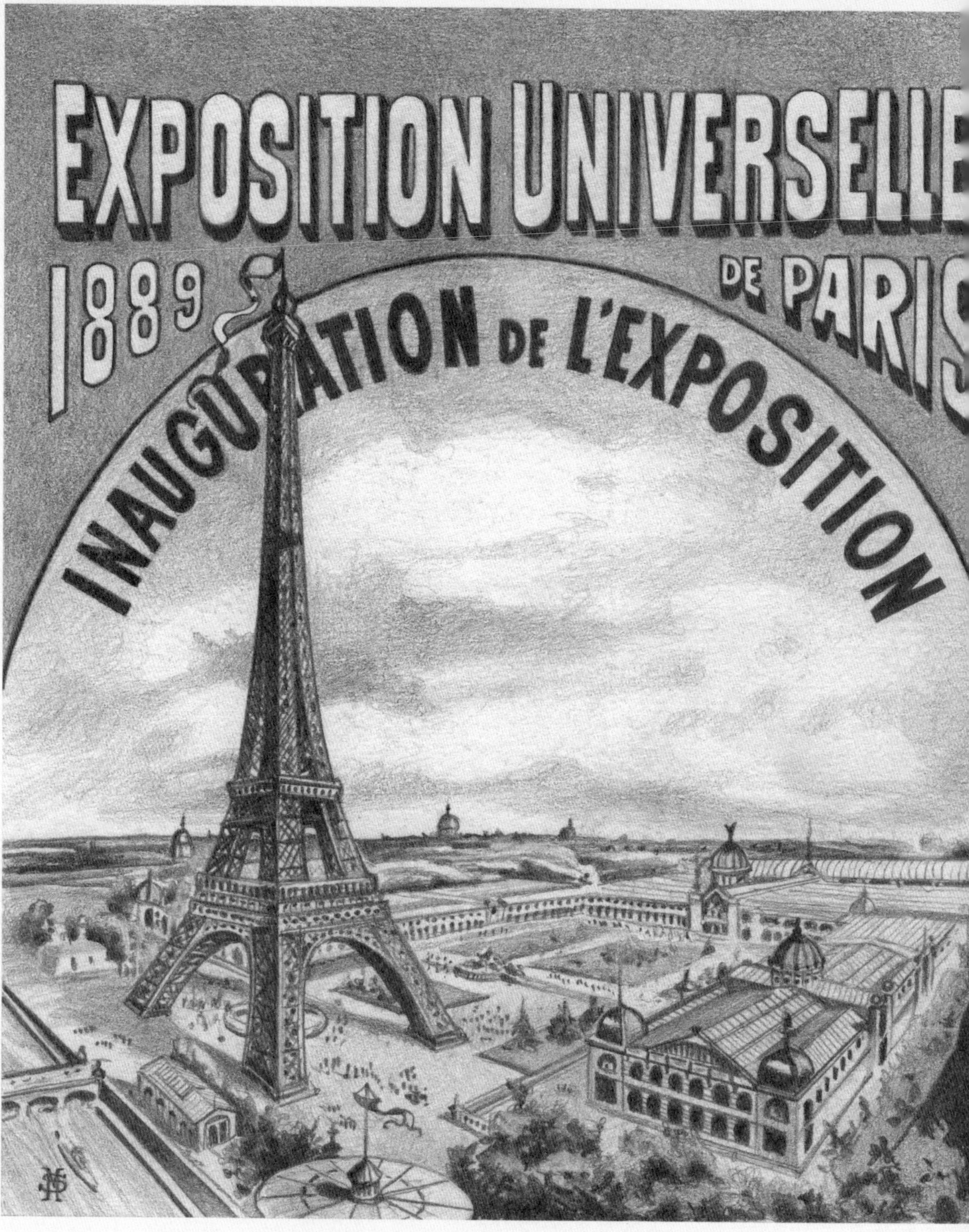

코이누어 1500이 데뷔한 파리 박람회를 광고하는 포스터.
구스타브 에펠이 설계한 에펠탑이 보인다.

연필과 세계박람회

1889년 파리에서 L.&C. 하르트무트 사는 한쪽 끝을 14 캐럿 금에 살짝 담근, 작고 노란 연필의 보석인 코이누어 1500을 공개했다. 장차 유행의 선도자가 될 연필이었다.

오늘날 사람들은 너무나 편한 세상에 살고 있다. 왜냐하면 마우스를 클릭하거나 스크롤하기만 하면 세상의 새로운 모든 것에 접근할 수 있기 때문이다. 인터넷이 등장하기 훨씬 전인 19세기와 20세기에, 새롭고 혁신적인 것을 소개하기 위한 주요 무대는 명백히 세계박람회였다. 세계박람회는 공학, 과학, 농업, 건축의 발전의 소개에 중점을 두고, 현존하는 모든 무역을 아우르는 일종의 무역 전시회였다. 비록 세계박람회로 널리 인정받은 최초의 박람회는 A.W.파버가 화려하게 데뷔했던 1851년의 런던 대박람회(Great Exhibition)였지만, 총체적인 개념에 영감을 준 것은 1844년 파리에서 열린 프랑스 산업박람회(French Industrial Exposition)였다. 런던 대박람회를 주최하는 것은 알버트 왕자의 생각이었고, 그는 박람회를 열기 위해 하이드 파크에 철과 유리로 된 웅장한 수정궁(Crystal Palace)을 지어서, 약 100만 제곱피트에 가까운 전시 공간을 확보했다. 거대한 규모의 런던 대박람회는 세계박람회가 정기적으로 열릴 수 있는 발판이 되었고, 다른 모든 전시회들이 개최될 수 있는 분위기를 조성했다.

정보와 혁신을 보다 효과적이고 저렴하게 공유할 수 있게 됨에 따라 그 중요성이 사라지긴 했지만, 오늘날에도 여전히 세계박람회가 열리고 있다. 처음 몇 번의 세계박람회는 다른 방식으로 허가되었지만, 1928년 국제박람회기구(BIE)가 설립된 이래 공식적인 박람회가 세계박람회로 "등록된" 것으로 인정받으려면 이 기구의 승인을 받아야 한다. 과거 세계박람회의 주제는 세계 경제의 관심과 필요에 따라 변화하면서 세 가지 시기로 나뉘었다. 1851년부터 1938년까지의 주제는 산업화였으며, 1939년부터 1987년까지는 문화 교류에 초점을 맞추었고, 1988년부터 현재까지는 국가 브랜딩의 시기이다.

과거의 규모가 큰 세계박람회들은 모두 산업화 시대의 일부였다. 1851년 대박람회 이후, 세계박람회들은 규모가 점점 더 커지고 정교해졌으며, 모든 나라와 무역을 아우르게 되었다. 오늘날 우리가 알고 있는 무역박람회를 생각해 보자. 거기에 놀이 공원의 개념과 올림픽의 규모를 더하면, 그것이 본질적으로 세계박람회였다.

이제 1889년의 파리 세계박람회로 가보자. 이 세계박람회는 전시회장 입구로 건설된 에펠탑이 데뷔한 박람회로 가장 잘 알려져 있다. 에펠탑은 이 박람회에서 크게 기념했던 행사인 바스티유 습격 사건 100주년(1789년 파리의 민중이 바스티유 감옥을 습격한 사건으로 프랑스혁명의 도화선이 됨) 기념과 동시에 계획되었다. 주요 볼거리는 두 가지였는데, 그중하나는 흑인 마을로, 400명의 원주민을 전시했다(이후 다행히도 인종차별주의라고 비판받았다). 다른 하나는 명사수 애니 오클리(Annie Oakley)가 등장하는 와일드 웨스트 쇼였다. 또한 이 박람회에서는 바이에른의 연필 회사였던 L.&C. 하르트무트가 더 진보된 등급 체계를 갖춘 강렬한 노란색의 코이누어 연필을 처음으로 선보였다. 코이누어라는 이름은 현재 영국 왕실 보석들 중 하나가 된 다이아몬드의 이름에서 따 온 것이다. 빅토리아 여왕은 이 연필을 높이 평가했는데, 아마도 연필의 화려함 때문이기도 하겠지만, 그녀가 이 연필에 영감을 준 다이아몬드를 소유하고 있었기 때문이기도 했을 것이다.

코이누어 연필이 특별한 이유엔 여러 가지가 있다. 물론 연필 등급의 범위를 가장 먼저 꼽을 수 있는데, 당시 그 범위가 월등히 넓었기 때문이다. 또한 시장의 다른 연필들보다 3배 비싼 가격이었으며, 고품질임을 나타내기 위해 아름다운 금속 상자에 포장되었다. 특히 주목할 만한 또 다른 점은 세계의 다른 연필들과는 다른 디자인이다. 보기 드문 황색금빛 페인트로 14번 도장한 다음, 끝부분을 14캐럿 금에 살짝

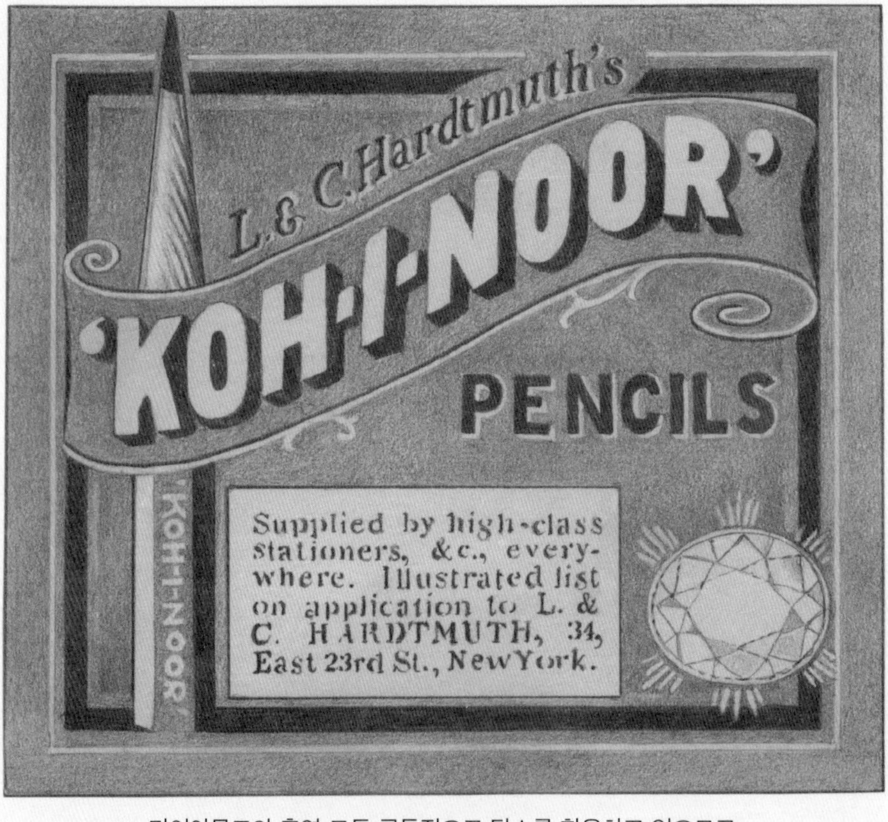

다이아몬드와 흑연 모두 공통적으로 탄소를 함유하고 있으므로,
코이누어는 아마도 이 사실을 상기시켜주기 위해 고품질의
상징이기도 한 다이아몬드를 이용했는지도 모른다.

담갔다. 문맥에 맞게 이야기하자면, 이 연필은 필요성 때문이 아니라 디자인 때문에 페인트칠된 첫 번째 연필 중 하나라는 말이다.

코이누어의 로고에는 이 연필의 기원에 대한 작은 경의의 표시로 여전히 다이아몬드가 포함되어 있다.

19세기 연필들은 나무의 질을 과시하기 위해 페인트칠을 거의 하지 않았다. 보통 페인트칠은 결함을 감추기 위한 방법이었다. 코이누어가 나오기 전까지, 도색한 연필은 품질이 떨어진다는 것을 의미했다. 이런 사실을 고려해 보면, 프란츠 하르트무트의 값비싼 연필은 극도로 대담하고 다소 논쟁적으로 보였다. 1889년 파리 세계박람회는 L.&C. 하르트무트가 유럽의 강력한 경쟁자로 명성을 떨치는데 도움을 주었지만, 몇 년 후에 열린 또 다른 세계박람회에 가서야 한층 더 세계적인 무대에서 더 큰 점수를 얻게 되었다.

1893년, 세계박람회는 미국으로 건너와 미국 중서부의 도시 시카고에서 열리게 되었다. 각 도시에서 박람회를 주최하기 위해 입찰한 미국 산업계의 거물들은 놀랐다. 시카고가 뉴욕, 워싱턴 D.C., 세인트루이스를 누르고 우승한 것이다. 시카고가 이런 큰 행사를 개최한다는 사실은 특히 뜻깊은 방식으로 이 도시에 반향을 불러일으켰다. 왜냐하면 시카고 대화재가 도시의 대부분을 파괴한 지 22년이 지난 시점에서, 시카고가 재건되었고 현대 도시로 인정받을 준비가 되었다는 것을 세계에 보여주는 방법이 되었기 때문이다.

또한 이 행사에 세계 콜롬비아 박람회(World's Columbian Exposition)라는 이름을 붙여 크리스토퍼 콜럼버스가 신세계로 항해한 지 400주년을 기념하기도 했다. 파리의 에펠탑처럼 박람회장을 장식했던 것은 박람회장 중앙에 있는, 콜럼버스의 여정을 대표하는 기다란 반사의 연못(reflecting pool)이었다. 시카고는 스페인과 협력하여, 대서양을 가로질러 항해한 콜럼버스의 배 세 척을 축소 모형으로 만들어 전시했다. 박람회를 위해 약 200여 채의 임시 건물이 세워졌으며, 박람회가 열렸던 6개월 동안 1893년 당시 미국 인구의 3분의 1이 넘는 총 2700만 명이 입장했다.

이 박람회는 지금까지 가장 많은 사람들이 참석한 박람회였는데 그럴 만한 이유가 있었다. 박람회 출품자들 중에는, 발명가인 니콜라 테슬라와 토마스 에디슨, 화가인 메리 카사트, 그리고 최초의 영사기 주프락시스코프로 찍은 최초의 상업적 영화를 선보인 에드워드 머이브리지가 있었다. 엄청난 규모의 박람회장을 이동해야 하는 방문객들을 위해 최초의 무빙워크가 만들어졌다. 이것은 오늘날 우리가 공항에서 찾아볼 수 있는 형태와는 다른데, 한쪽에는 좌석이 설치되어 있었고 다른 한쪽에는 보행 공간이 있었다. 또 다른 놀라운 기계는 조지 워싱턴 게일 페리스 주니어가 디자인한 최초의 관람차(ferris wheel)였는데, 이것은 박람회에서도 가장 큰 명물이었다. 지퍼, 스프레이 페인트, 식기세척기를 포함한 좀 더 일상적인 물건들도 이 박람회에서 처음 선보였다.

도시에 있던 17,000개 이상의 건물을 불태워 버린 것은 소 때문이었다고 한다.

이 박람회는 46개국의 참가로 다양한 무역 그룹을 위한 전시관들을 세운 것 외에, 국립관이 주최한 최초의 세계박람회였다. 이 박람회는 미국의 대성공이었고, 미국은 1870년대에 필라델피아 세계박람회도 개최했다. 시카고는 미국 산업의 새로운 시대를 열었고, 미국이 국제사회의 존경심을 받도록 만들었다. "화이트 시티(White City, 시카고 세계박람회장의 별칭)"를 건설하고 정교한 조경 건축물(이 건축물을 설계한 전설적인 조경가 프레드릭 로 옴스테드에게 감사를 표한다)을 설치하는 등, 시카고의 미화사업은 현대 도시 계획과 도시 경관을 향상하도록 미국 도시들을 장려하는 도시 미화 운동의 길을 열었다.

시카고의 그 모든 구경거리 사이에서, 사람들은 하르트무트 사의 유명한 코이누어 연필을 다시 만났다. 파리에서 큰 성공을 거둔 코이누어는 미국에서 훨씬 더 광범위한 인구에 노출되었다. 박람회가 끝난 후, 연필은 큰 인기를 누리게 되어 많은 물량이 미국으로 수출되었다. 그러자 회사는 뉴저지에 회사를 설립하기로 결정하고 결국 미국에 공장을 열었다. 특히 전쟁 중 높은 수입 관세가 부과되자 하르트무트 가족은 이전 독일의 큰 기업들이 그랬던 것처럼, 미국 사업체와 거래하는 가장 현명한 방법은 미국 내 자회사 설립이라는 것을 깨달았다. 노란 연필이 성공하자 회사 이름을 L.&C. 하르트무트에서 코이누어 하르트무트로 바꾸었고, 오늘날에도 여전히 이 이름으로 회사를 운영하고 있다.

박람회에서 가장 큰 볼거리 중 하나는 버팔로 빌의 와일드 웨스트 쇼 게릴라 공연이었는데, 이 공연은 주최 측의 허가를 받지 않았다. 원래는 버팔로 빌이 위원회에 그 쇼를 제안했는데, 위원회가 요구한 수수료에 코웃음을 치고 관심을 거두었다. 그의 반응은 그냥 나타나서 여하튼 공연을 하는 것이었다.

이 모든 것의 중요성은 한 가지 사실에 있다. 코이누어 연필, 그리고 이 연필을 미국으로 도입한 것은 노란색을 연필의 색으로 대중화시켰다는 것이다. 코이누어는 우월함을 내세우는 다른 연필 광고들 사이에서 "연필의 보석"으로 마케팅했으며, 최고 중의 최고로 여겨졌다. 미국의 연필 제작자들이 이를 주목하고 코이누어를 모방하여 연필에 색을 입히기 시작했다. 이에 대한 첫 번째 사례 중 하나는 딕슨 타이콘데로가였는데, 현재 노란색 연필로써의 명성은 코이누어보다 앞선다. 하르트무트 사람들은 연필 도색을 사람들이 용인하게 만들었을 뿐만 아니라 유행으로까지 여겨지도록 만든 것이 분명하다. 그 이후, 이것은 거의 모든 연필의 제조 과정에 보편적인 관습이 되었기 때문이다.

물론 노란 연필의 기원에 대해서는 의견이 분분하다. 가장 믿을 만한 주장은 19세기 동안 세계 최고의 흑연이 중국에서 왔다는 것이다. 중국 문화에서는 노란색이 왕족의 색이었기 때문에, 뛰어난 품질을 나타내기 위해 동양의 흑연을 함유한 연필을 노란색으로 칠하는 것은 흔한 일이었다. 코이누어 연필은 시베리아 흑연으로 만들어졌기에, 흑연의 기원과 노란색의 중요성 사이의 연관성이 하르트무트의 결정에 영향을 미쳤다는 주장은 정말 그럴듯하다.

또 다른 이론은 페트로스키가 그의 저서《연필》에서 설명했던 것처럼, 사무실에 초록색과 노란색으로 페인트칠한 연필을 팔았던 한 연필 제작자의 이야기이다. 이름 모를 사무실 직원은 초록색 연필이 노란색 연필만큼 부드럽고 튼튼하지 않다고 불평했고, 이에 연필 제작자는 그의 모든 연필을 노란색으로 칠했다는 이야기다. 이 주장들을 뒷받침하는 증거가 거의 없음에도 불구하고, 중국과 관련된 이야기는 가장 일반적으로 받아들여졌다. 특히, 에버하르트 파버 사가 그들의 노란 연필을 "몽골"이라 이름 짓고, 이글 연필 회사가 경쟁 제품을 "미카도(Mikado, 과거 일본 천황에 대한 칭호)"라 이름 지은 후엔 더 그렇게 되었다.

결국 이 모든 이야기들은 전설이 되었지만, 한 가지 사실은 분명하다. 코이누어와 아직 젊고 감수성이 예민한 미국 시장에서의 그 열광적 인기가 20세기 초의 노란 연필 유행을 만들었다는 사실이다. 적절한 시간과 장소에서 생긴 하나의 작은 아이디어가 한 세기가 넘는 전통을 낳았다. 노란 연필은 여전히 미국 특유의 상징이며, 비록 예전만큼 품질의 지표가 되지는 않더라도 여전히 연필을 식별하는 요소로 남아 있다.

19세기의 세계박람회가 없었다면, 그러한 혁신에 대한 지식은 전 세계적으로 공유되는 데 아마도 훨씬 더 오래 걸렸을 것이다. 이 행사에 쏟아부은 돈, 시간, 자원들은 단지 천문학적이기만 하지 않았다. 그렇게 많은 사람들이 참석할 수 있도록 한 행사의 거대한 규모가 사실상 혁신을 쉽게 확산시켰기에 매우 중요했던 것이다. 세계박람회는 산업화의 시작이었고, 굉장한 구경거리나 다름없었다.

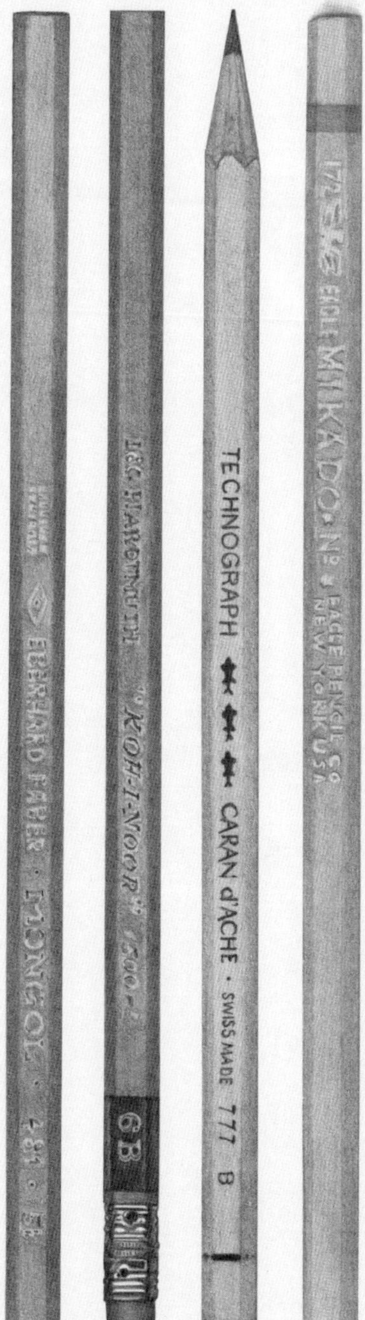

노란 유행의 선도자와 그 추종자들 :
에버하르트 파버의 몽골, 하르트무트의 코이누어,
까렌다쉬의 테크노그라프, 이글의 미카도.

19세기 세계박람회의 성공은 대중에게 같은 종류의 경험을 제공했고, 이 행사가 산업 시대의 첫 세계 무대로 진화하도록 했다. 하르트무트는 박람회에서 상품을 발표한 후 성공을 거둔 최초의 연필 회사가 아니었고, 확실히 마지막도 아니었다. 하르트무트의 선례를 따라, 스위스의 까렌다쉬도 수십 년 후 같은 방식으로 데뷔했다. 19세기와 20세기 초에 세계 경제의 주목을 받는 것은 정보의 확산이 빠른 오늘날만큼 쉽지는 않았지만, 세계박람회에서는 훨씬 더 나은 접근이 가능했다.

대부분의 초기 노란 연필은 우리가 지금 알고 있는 밝은 색이 아니라 더 차분하고 깊은 노란색이었다. 1800년대 후반과 1900년대 초반에, 대부분의 연필은 어두운 색으로 칠해졌기 때문에 어두운 노란색조차 상대적으로 강렬했다.

CHAPTER 4

20세기 연필

두 차례의 세계대전은 도전과 혁신의 기회가 되었고, 20세기 전반에 걸쳐 세계 연필 산업의 틀을 제공했다. 연필에 대한 수요가 증가하면서 미래지향적인 수많은 새로운 공장이 문을 열었다. 제1차 세계대전이 발발하자 연필 수요는 급증했다. 사용이 쉬운 필기도구가 필요했기 때문에 수백만 개의 연필이 생산되었고, 아닐린 염료로 만든 복사용 연필이 중요한 도구가 되었다.

연필 산업은 전쟁과 대공황의 후유증으로 같은 일이 다시 일어날 경우를 대비해 앞으로 나아갈 수 있는 방법을 모색하게 되었다. 스위스의 신생기업 까렌다쉬는 세계 최초로 클러치 연필을 개발했다. 기존의 나무 케이스 모델보다 더 지속 가능한 대안으로, 심만 갈면 재사용이 가능하고, 나무를 사용하지 않은 연필이다. "빅4"라는 별명을 가진 미국의 거대 연필 기업들도 그들만의 계획을 세우기 시작했다. 이는 제2차 세계대전이 발발하면서, 무역선이 끊기고 금속 부족이 심각한 우려의 원인이었던 상황에서 유용한 대처였다. 전쟁이 끝날 무렵, 대부분의 연필 제조업자들은 대체 재료로 상품을 만드는 것에 익숙해져 있었다. 세기 중반에는 새로 획득한 기계와 기술을 통해 연필을 다르게 만들 수 있는 방법을 탐구할 수 있는 기회가 있었다. 경쟁에서 이기기 위한 경쟁이 점점 치열해짐에 따라 광고도 광범위해졌다. 그러나 세기말이 되자 새로운 발명품이 등장했고, 세계화의 영향이 커지면서 연필은 다시 한번 중대한 점검이 필요했다.

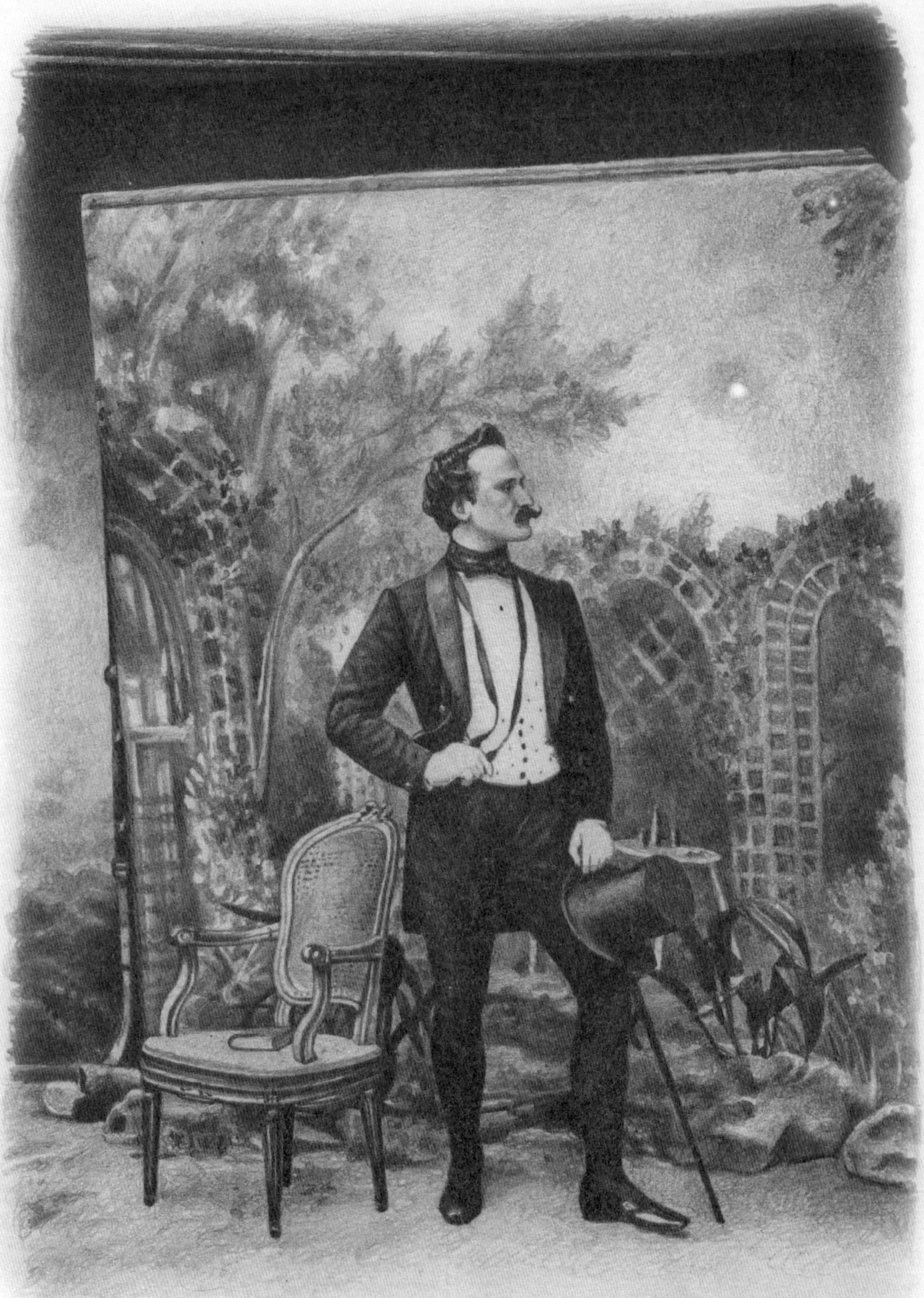

러시아계 프랑스 만화가 엠마누엘 푸아레(Emmanuel Poiré, 1858-1909)는 까렌다쉬(Caran d'Ache) 라는 필명으로 활동했다. 연필 회사가 그의 필명을 사용하고 그의 서명을 브랜드에 적용했다.

스위스도 연필 산업의 중심으로

스위스의 품질에 대한 명성, 필기도구까지 이어져 있다. 이 회사의 유산을 최대한 활용하여 만든 것을 기계적인 명작과 결합하면 역사에서 특별한 위치를 차지하는 브랜드가 탄생한다.

유럽 연필 제작의 전통은 전설적인 수많은 회사들에 깊이 뿌리내리고 있다. 파버-카스텔, 슈테들러, 독일의 스타빌로, 이탈리아의 필라, 영국의 더웬트, 프랑스의 콩테, 덴마크의 바이킹, 그리고 스위스의 까렌다쉬 등 나열하자면 끝이 없다. 까렌다쉬는 수많은 신생 회사들 중 하나지만, 특별히 중요하고 매혹적인 유산을 갖고 있다. 나머지 회사들이 수십 년 된 연필을 완벽하게 만드는 데 시간을 보낸 반면, 까렌다쉬는 보다 현대적인 능력으로 브랜딩과 새로운 제품 개발을 통해, 연필 세계에 그들의 흔적을 남기려고 노력하느라 바빴다. 잘 알려지고 유명한 회사가 된 지금도, 그들은 20세기 동안 조용히 수많은 획기적인 제품들을 내놓았다. 까렌다쉬는 디자인과 마케팅, 우수한 품질에 대한 친숙한 접근 방식으로 인기를 얻어, 글쓰기와 예술 재료의 새 물결을 향한 길을 닦았다.

스위스의 유일한 연필 공장은 1915년 주주인 아놀드 슈바이처(Arnold Schweitzer)에 의해 인수되었다. 제네바 시내 중심에 위치한 이 공장은 원래 제네바 연필 공업사(프랑스어로 Fabrique Genevoise de Crayons)라고 불렸으며, 나중에는 에크리도르 연필 공업사(Fabrique de Crayons Ecridor), 줄여서 FCE라고 불렸다. 35세의 슈바이처는 여러 산업에서 일하던 사람이었고, 회사를 새롭고 적절하게 유지하기 위한 필수적 리부팅(rebooting)을 해 주는 데 관심이 있었다. 그의 소유로 넘어가기 전, 공장은 스위스제라는 사실을 제외하고는 유럽 다른 지역의 제품들과 구별할 만한 것이 거의 없는 제품만 소량 생산하고 있었다. 이 사실은 품질이 어느 정도 수준을 유지했음을 의미했다. 그들이 만든 드로잉 연필과 색연필에는 브랜드의 상징인 작은 열쇠가 포일 스탬핑으로 새겨져 있었다. 까렌다쉬는 브랜

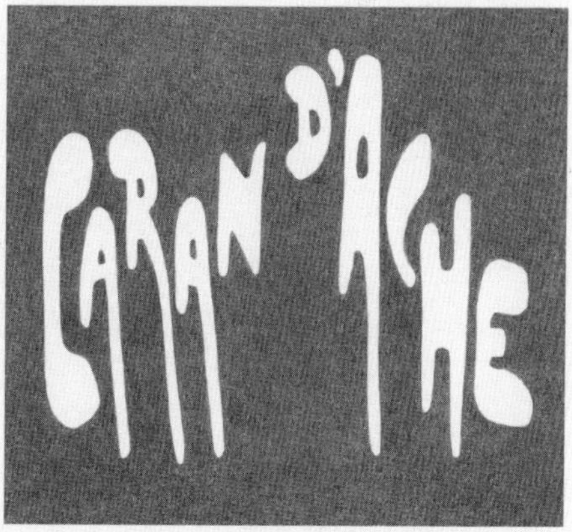

드를 쇄신하기 좋은 조건에 있었다.

슈바이처는 거의 20년 동안 사업가로서의 기술과 창의적 정신을 적용하여 공장의 생산 속도를 높이고, 1924년에는 회사 이름을 까렌다쉬로 변경했다. 이 시기에 거의 모든 세계적인 연필 회사들은 회사를 설립한 가족이나 무언가 애국적인 성격을 띠는 이름으로 운영되고 있었다. 슈바이처의 선택은 특이하고 대담했다. 회사의 이름을 프랑스어나 영어의 단어, 또는 관련 인물의 이름이 아니라, 유명한 만화가의 가명에서 따왔기 때문이다.

엠마누엘 푸아레는 19세기 러시아계 프랑스인 풍자 만화가로, 익살맞고 정치적으로 논란의 여지가 있는 만화를 그리기로 유명했다. 그의 만화는 프랑스의 저명한 신문 〈르 피가로〉에 정기적으로 게재되었다. 그의 필명인 까렌다쉬는 러시아어로 연필을 뜻하는 karan-dash를 발음이 같은 프랑스어 버전으로 표현한 것이다. 푸아레는 1909년 세상을 떠났지만, 슈바이처는 연필 회사를 통해 그의 유산을 이어나갔고, 심지어 푸아레의 서명까지도 브랜딩에 활용했다. 이것은 프랑스어권 국가에서 여전히 유명했던 예술가에게 경의를 표하기 위한 결정은 아니었다. 그보다는 오히려 탁월한 브랜드 쇄신에 가까웠다. 슈바이처는 이미 유명한 이름, 그것도 재미있는 이름을 사용하여 이 회사에 현대적인 면모를 부여하고자 했고, 푸아레의 인기를 판매소구점으로 이용하고자 했다. 까렌다쉬에 따르면, 슈바이처는 푸아레의 미망인에게 정중하게 저작권료를 지불하고 필명을 사용했다고 한다. 푸아레와의 연관성은 까렌다쉬를 사람들이 좀 더

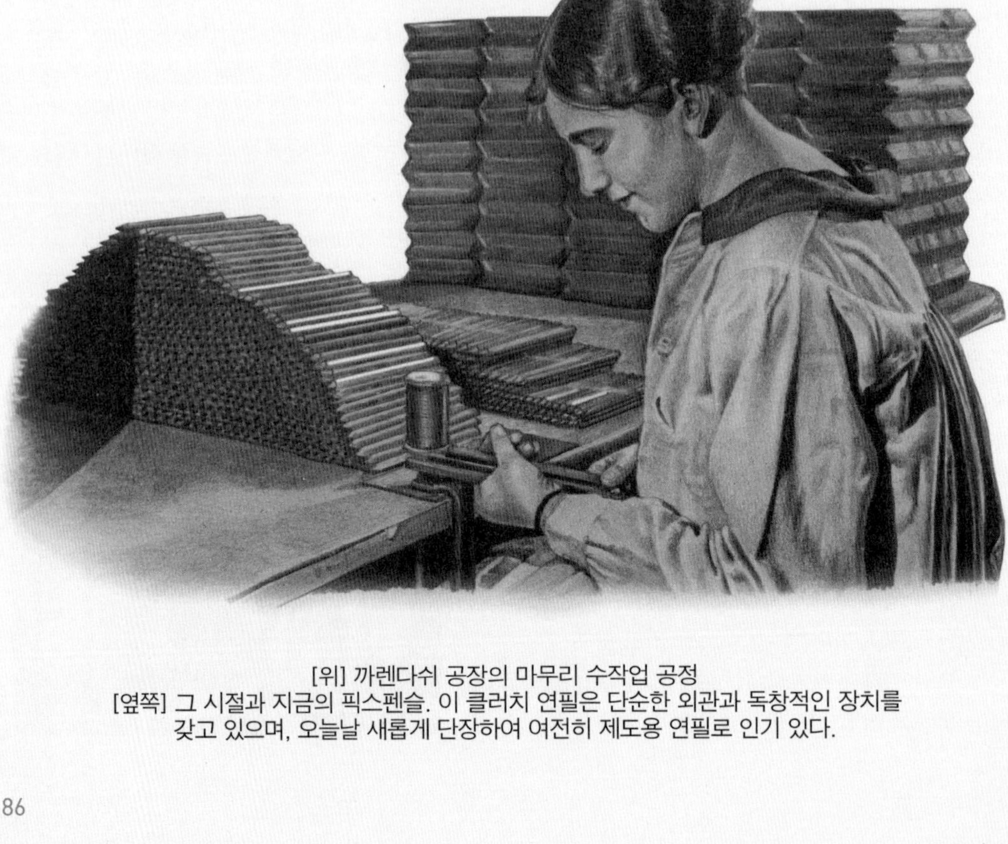

[위] 까렌다쉬 공장의 마무리 수작업 공정
[옆쪽] 그 시절과 지금의 픽스펜슬. 이 클러치 연필은 단순한 외관과 독창적인 장치를 갖고 있으며, 오늘날 새롭게 단장하여 여전히 제도용 연필로 인기 있다.

쉽게 공감하고 신뢰할 수 있는 브랜드로 끌어올렸다.

1929년 바르셀로나 국제박람회는 최초의 "현대적인" 세계박람회로 가장 잘 알려져 있으며, 특히 예술과 건축, 그리고 바우하우스와 아르데코 운동의 안내자 역할을 했다.

제네바에 본사를 둔 회사의 브랜드 쇄신과 유럽 브랜드의 전통에 따라 1929년 바르셀로나 국제박람회에서 공식적인 데뷔가 이루어졌다. 까렌다쉬는 스위스 관에서 모든 제품들이 눈부신 모습으로 펼쳐져 있는 벽만 한 크기의 거대한 액자판을 전시했다. 그것은 까렌다쉬 공장 입구에 여전히 걸려 있었고, 방문객과 직원들에게 브랜드의 유산을 매일같이 상기시켜 준다. 주요 전시품은 밝은 금빛 포일 글자가 찍혀 있고 선명한 노란색의 테크노그래프(Technograph) 연필이었다. 까렌다쉬의 주력 제품이었던 이 연필은 다양한 경도로 출시되었으며, 항상 까렌다쉬의 넓은 심경도 범위에 대한 자부심이자 기쁨이었다. 처음 소개되었을 때는 최고의 인기를 누리던 코이누어 1500과 디자인 및 기능면에서 경쟁했으나, 드로잉 연필뿐만 아니라 모든 용도의 연필로 마케팅되었다는 장점을

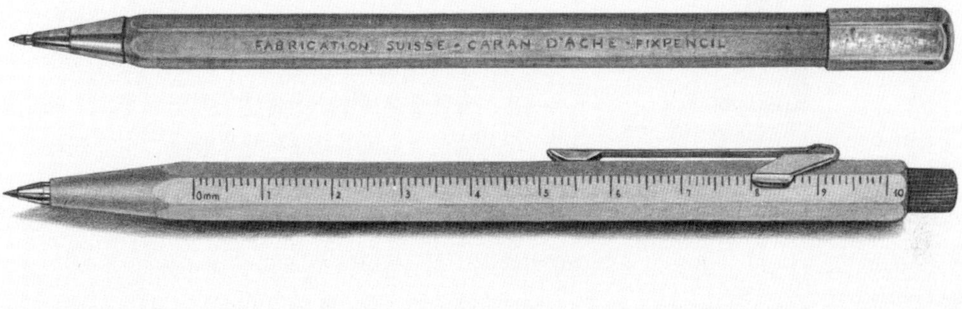

갖고 있었다. 다양한 직사각형 목수 연필(여기에는 유례없이 긴 연필도 있었는데, 그 목적에 대해 많은 이견을 불러일으켰다), 다양한 종류의 색연필, 지우개, 그 밖의 도구들도 전시되었다. 박람회에서의 화려한 전시와 노출은 까렌다쉬의 새 시대를 열었으며, 픽스펜슬(Fixpencil)의 데뷔를 알릴 새로운 청중들을 끌어 모았다. 스위스의 신생 연필 제조업체는 그 후 얼마 지나지 않아 이 제품으로 게임의 판도를 바꾸었다.

픽스펜슬 프로젝트는 또 다른 세계대전의 발발과 나무 연필의 자원 부족으로 인해, 재사용할 수 있고 지속 가능한 연필을 만들기 위한 목적으로 까렌다쉬가 의뢰받은 것이었다. 제2차 세계대전으로 삼나무 부족이 유럽 연필 산업에 실질적인 위협이 되었기에 이런 상황은 심각한 문제였다. 스위스 기술자 칼 슈미트(Carl Schmid)가 개발한 최초의 픽스펜슬은 직경 2mm의 흑연 심을 잡아두는 특허받은 추진 기계 장치로, 흑연 심은 나무 연필의 흑연 심과 거의 같은 직경이다. 연필 끝의 단추를 누르면, 추진 팁이 열리고 흑연 심이 방출된다. 비록 픽스펜슬의 원래 의도는 나무 연필보다 더 경제적이고 재사용 가능한 대안이었지만, 사람들은 오늘날에도 픽스펜슬을 여전히 제도용 연필로 사용하고 있다. 이후 "클러치" 연필로 알려졌는데, 이는 많은 연필 제작자들이 모방하여 만든 유형의 연필이었다. 픽스펜슬은 이런 종류의 심 홀더로서는 최초의 버전이었고, 그 기능과 디자인이 전설이 될 만큼 아주 정교했다.

처음에는 육각형 모양의 금속 배럴에 도장을 하지 않고 불필요한 부분 없이 만들어졌다. 그 후 알루미늄 코팅을 하고 간단한 포켓 클립을 붙여서 더 매끄러운 오리지널 버전으로 진화했다. 이 디자인은 여

본네 민(Bonne Mine)은 까렌다쉬 광고에 어떤 특성과 약간의 경쟁력을 준 만화 인물이다.

전히 대부분의 까렌다쉬 샤프와 볼펜에 적용되고 있으며, 수년간 여러 형태로 변형되었다. 날짜 조정이 가능한 달력을 배럴에 넣은 적도 있었다. 2005년 스위스 우편 공사는 우표에 픽스펜슬을 그려 넣어, 픽스펜슬을 스위스 디자인의 상징으로 인정했다. 스위스 우편 공사는 이 공표를 위해, 완벽하게 배열된 지우개 바다 위에 픽스펜슬 하나가 떠 있는, 아주 초현실적인 이미지를 사용했다.

1920년은 까렌다쉬 제품뿐만 아니라 광고에 있어서도 중요한 10년이었다. 이 시기에 지면 광고를 위한 본 네 민 캐릭터를 만들었다. 페룰이나 지우개 대신 얼굴이 있는 연필을 의인화한 캐릭터로, 익살스러우면서도 약간 기이한 캐릭터이다. 이 이름은 영어로 "좋은 얼굴" 또는 "좋은 심"으로 번역되는데, 일종의 말장난으로 해석될 수 있다. 는 연필이 정기적으로 등장하는 캐릭터와 함께 판매된 적이 없었기 때문에 그 광고의 기묘함은 사람들에게 새롭고 신선했다. 이러한 광고의 예는 푸아레의 유산과 슈바이처의 독창적 접근, 그리고 관습에 얽매이지 않았던 그의 마케팅을 보여주는 것 같다. 비록 접근 방식이 경쟁자들과는 크게 달랐지만, 까렌다쉬는 광고를 중요하게 여겼다. 그들의 재미있고 단순하며 다채로운 광고는 혁신과 우월성에 대한 상술이라기보다는 아름다운 그래픽 디자인 작품이었다. 까렌다쉬 제품(나중에 이야기할 만년필과는 별개로) 디자인의 역사는, 가장 중요한 요소인 현대성과 함께 항상 적을수록 낫다는 것을 증명해 보였다.

첫 번째 신제품들이 출시되자 까렌다쉬는 더 이상 제품을 출시하지 않았다. 그다음 멋진 신제품은 1931년에 나왔는데, 이제까지 출시된 색연필 중 가장 다양한 범위의 색조를 갖고 있었다. 바로 세계 최초의 수용성 색연필인 "프리즈말로(Prismalo)"이다. 20세기 초, 색연필은 아직 개발 중인 상품이었고 비교적 새로운 아이디어였는데, 제품의 취약성과 색소 비용 때문에 제조하기 어려웠기 때문이다. 또 다른 복잡한 문제는 색소의 내광성이었다. 색이 빛에 바래지 않는 내광성이 좋아야 예술가들이 색연필을 계속 재료로 사용할 수 있기 때문에 이는 중요했다. 또한 각 색연필의 품질도 일정해야 했다. 최초로 고급 색연필을 제작한 까렌다쉬는 특정 색조의 물리적 특성 차이에도 불구하고, 각 색상의 사용감이 동일하게 느껴지고 나머지 색상들과 유사하게 기능하는 적절한 제조법을 찾는 임무를 맡았다.

"아쿠아렐(Aquarelle)", "수용성(watersoluble)" 그리고 "수채화(watercolor)"는 액체에 용해되는 연필을 가리킨다. 이름은 다르지만 기능은 모두 같다.

대부분의 색연필은 흑연 대신 색소로, 또 점토 대신 오일이나 왁스로 만들어진다. 오일이나 왁스는 안료를 단단한 형태로 굳힐 뿐만 아니라 색이 부드럽게 칠해지고 쉽게 섞이도록 한다. 수용성 색연필의 경우에는 오일이나 왁스가 수용성이 아니기 때문에 문제가 된다. 수용성 색연필은 수채화 물감이 아니라 연필처럼 느껴져야 하지만, 액체를 첨가하면 페인트처럼 칠해져야 한다. 프리즈말로는 이 두 재료의 혼합체였다. 나중에 이 방법을 전통적인 연필에 적용하면 흑연으로도 비슷한 경험을 할 수 있었다. 이 연필, 프리즈말로는 심지어 21세기에도 여전히 까렌다쉬 제품의 꽃이라고 할 수 있다.

까렌다쉬는 전통적으로 목재와 흑연을 사용해 왔지만, 제품의 범위는 항상 최소한으로 유지해 왔다. 까렌다쉬 연필심은 다른 디자인과 형태로 사용되었지만, 모든 연필심에는 단순함에 대한 헌신이 있다. 다른 연필의 내부와 마찬가지로 물, 흑연, 고령토로 만들어졌지만, 그 차이는 가장 중요한 성분의 처리에 있다. 까렌다쉬 연필에 들어 있는 흑연은 서로 다른 세 나라의 세 가지 다른 공급원에서 오는데, 이로 인해 독특하고 특정한 조합이 가능하다. 흑연의 원산지에 따라 순도, 경도, 색깔이 달라질 수 있고, 그 아주 미묘한 차이가 사용감에 대한 모든 차이를 만든다. 몇 가지 다른 형태를 혼합하면 특정한 질감을 만들 수 있다. 연필의 부드러움, 진함, 많이 번지지 않는다는 점에서 확실히 현격한 차이가 있다.

까렌다쉬가 고급 연필 제품으로 알려지면서 시장은 더 많은 것을 원했다. 까렌다쉬는 1970년대까지 오늘날 잘 알려진 몇 가지 다른 제품들을 만들고 있었다. 그 첫 번째는 색소가 아주 많이 들어간 왁스 파스텔인 네오컬러 파스텔(Neocolor pastel)로, 나중에는 교사와 부모들의 요구에 따라 수용성 형태로 만들어졌다. 이 제품의 작지만 중요한 특징은 손에 기름기가 묻지 않게 파스텔 표면을 감싼 종이 포장지 가장자리를 물결 모양으로 만들어 필요에 따라 조금씩 벗겨낼 수 있다는 점이다. 너무나 센스 있는 특징이며, 역시 까렌다쉬답게 독창적이다. 심지어 픽스펜슬처럼 만든 파스텔 홀더도 있다.

"연필을 쓰지 않는" 예술가를 위한 첫 시도 후의 다음 단계는 자연스럽게도 펜이었다. 픽스펜슬의 인기 이후 샤프펜슬을 포함한 고급 제품군이 만들어졌다. 원래 공장의 이름을 따서 "에크리도르(Ecridor)"라고 명명된 이 컬렉션은 정성 들여 조각된 순도 높은 금속으로 만들어졌다. 1953년, 첫 번째 볼펜이 에크리도르 라인으로 출시되었고, 얼마 지나지 않아 849개의 볼펜이 뒤따랐다. 스위스의 최고급 액세서리 제조 전통에 따라, 3세대 소유주인 자크 훕셔(Jacques Hubscher)는 까렌다쉬의 첫 만년필을 선보였다. 이것은 확실히 다른 유럽 브랜드들 사이에서 경쟁력을 유지하기 위해 내려진 결정이었지만, 새로운 단계의

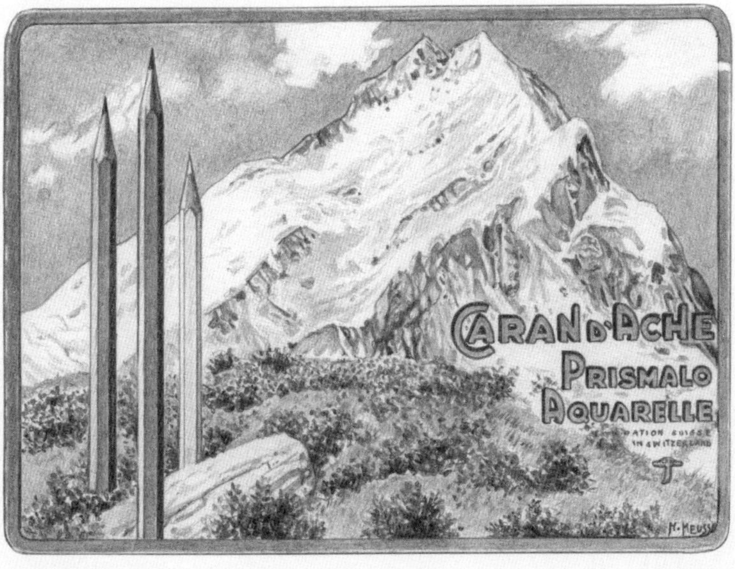

세계 최초의 수용성 색연필인 프리즈말로(Prismalo)의 틴 케이스에 스위스 유산의 상징인 마터호른(Matterhorn)이 그려져 있다.

브랜드를 출시하는 것이기도 했다. 그리하여 까렌다쉬는 또 다른 시장에 진출할 수 있었을 뿐만 아니라 다양한 디자인을 출시할 수 있는 여지를 넓혔고 스스로를 명품 브랜드라 부를 수 있었다.

까렌다쉬의 유산과 국적은 처음부터 까렌다쉬 정체성의 큰 부분을 차지하고 있었다. 연필이 들어있는 틴 케이스에는 여전히 마터호른이나 스위스의 식물들, 풍경들이 그려져 있다. 까렌다쉬에는 스위스의 국화인 "에델바이스"의 이름을 딴 보급형 연필이 있는데, 현재 공장은 나무와 야생화들이 절경을 이루고 몽블랑 정상이 보이는 곳에 위치하고 있다. 까렌다쉬는 애국적인 태도를 과시하지 않으면서 제조업에 반영시키는 기술의 완벽한 경지에 이른 듯하다. 그들의 모든 제품들은 국가적 유산을 대표하고 기념하는 것이 되었다.

오늘날의 까렌다쉬는 주요 공장인 제네바 공장보다 더 크게 성장했음에도, 여전히 스위스에서 회사를 운영하고 있다. 회사 사무실과 공장은 모두 같은 건물에 있고, 공장 바닥에 있는 기계는 까렌다쉬 제품을 위해 특별히 설계되었다. 그 모든 설비는 지역 내에서, 대부분은 같은 지붕 아래에서, 또는 적어도 스위스 내 다른 지역에서 만들어졌다. 즉, 볼펜 끝에 들어가는 작은 볼만 빼고는(전부 미국산이다) 전부 스위스에서 만들어졌다는 이야기다. 최근에는 스위스의 쥐라 숲에 자생하는 너도밤나무로 만들어진 스위스 우드(Swiss Wood) 연필을 출시했다. 이 연필은 페인트칠을 하지 않은 자연적인 나무색이며 흑설탕 냄새가 난다. 연필 꽁무니에만 빨간색을 칠하고 스위스 국기인 적십자 마크를 작게 넣었다.

1993년 까렌다쉬는 세계에서 가장 비싼 펜을 만든 것으로 기네스북에 올랐다. "모더니스타 다이아몬드(Modernista Diamonds)" 라는 만년필은 전체가 다이아몬드로 뒤덮여 있으며 26만 5,000달러에 팔렸다.

4세대 소유주인 캐롤 흡셔(Carole Hubscher) 하에서, 까렌다쉬는 점점 더 독특한 제품을 출시하고 좀 더 친숙한 마케팅과 노출을 활용하면서 21세기의 고전적인 브랜드가 되었다. 연필 개발에 대한 그들의 관심은 계속되고 있고 21세기의 요구에 적응해 왔다. 일례로, 페룰과 지우개 대신 스타일러스를 부착한 연필도 있다. 가장 최근에 제일 인기 있고 아름다운 연필 중 하나는 매년 출시되는 4개 연필의 한정판 세트로, 각 연필은 멋진 무늬와 때론 희한하게 생긴 무늬를 가진, 전 세계의 희귀한 목재로 만들어졌다.

이 브랜드는 나와 개인적으로 깊은 인연이 있으며, 내가 연필에 생애를 바친 이유와 관련이 있다. 여섯 살 때 이탈리아 여행에서 돌아오신 어머니가 내게 18개의 프리즈말로 색연필을 선물해 주셨다. 그 색연필들은 내가 가장 소중하게 생각하는 물건이었는데, 의문스럽게도 몇 년 동안 실종되었다가 어느 날 어머니 책상에서 발견되었다. 결국 어머니는 말도 없이 빌려가서 그 후 잃어버린 것을 인정하셨지만, 다시 발견했을 때 나는 그것들이 얼마나 사랑스러운 물건이었는지 새삼 느끼게 되었다. 분별없는 아이였던 나에게, 그 색연필들은 아껴주고 싶은 마음이 들게 했던 첫 번째 물건이었다. 19년이 지난 지금도 약 절반만 사용했을 정도로 손대지 않길 잘했다고 생각한 물건이었다. 또한 까렌다쉬는 내가 전에 알고 있던 네오컬러 II 파스텔의 틴 케이스에 있는 로고에서만 볼 수 있었던 브랜드였다. 내 친구 앨리스와 서로의 얼굴을 그려준다며 물에 찍었던 파스텔 말이다. 그런 재료의 새로움은 내게 까다로움과 흥미로움을 동시에 주었다. 예술학교를 다니는 내내 나의 물품 상자 안에서 네오컬러 파스텔이 특별한 자리를 차지하고 있었던 것도 그런 이유에서다.

까렌다쉬 필기도구는 NASA 우주 왕복선 디스커버리호, 그리고 로널드 레이건과 미하일 고르바초프가 처음 만난 1985년 제네바 정상회의를 포함해, 수년간 흥미로운 장소에서 많이 목격되었다.

연필업계에 입문한 지 얼마 되지 않아, 나는 제네바에 있는 공장에 초대받았

비록 까렌다쉬의 광고 전략이 대부분 "적은 것이 많은 것이다"를 표방하지만, 이 자동차는 더 큰 표현도 그들의 매력을 보여준다는 것을 알려준다.

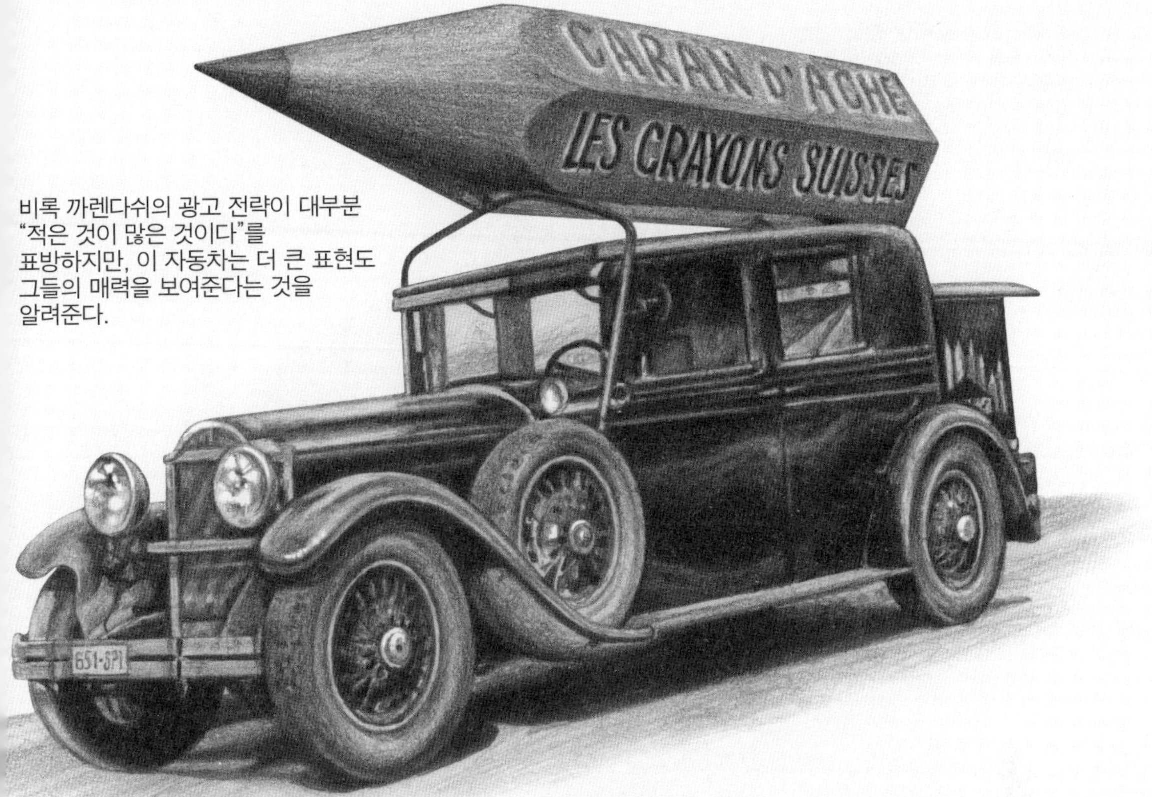

다. 나에게 이것은 연필 천국으로 들어가는 것이나 다름없었다. 거대한 장비의 회전과 신선한 색연필 찌꺼기의 냄새는 마치 감각적 경험의 폭발과 같았다. 무질서한 유기 물질이 어떻게 완벽한 제품으로 끝나는지 보는 것은 일종의 기계적인 경이로움이다. 그곳을 방문하게 되면, 그곳에서 일하는 모든 사람들이 오랫동안 거기에 있었고 자신이 하는 일에 대해 어느 정도 자부심 갖고 있다는 느낌을 받게 된다. 각 직원마다 그만의 이야기가 있다. 내가 들은 이야기 중 하나는, 삼촌이 훈장을 많이 받은 제2차 세계대전의 공군 조종사였던 한 여성의 이야기인데, 그녀의 삼촌은 주머니에 있던 작은 금속 펜 덕분에 목숨을 건졌다고 한다. 삼촌이 돌아가신 후 조카가 그 전설적인 펜을 발견했는데 바로 까렌다쉬 펜이었다고 한다. 이 이야기는 회사의 유산뿐만 아니라 사람들의 집에서 물건이 있는 장소에 관한 것이다. 나의 프리즈말로 연필 틴 케이스는 나무 연필에 대한 나의 열정의 가보로서 몇 세대 동안 가족들에게 전해질 것이다. 단순하고 덧없는 물건이지만, 긁힌 자국, 색소 잔여물, 그리고 움푹 들어간 자국들이 나의 이야기를 말해준다.

화학자였던 윌리엄 헨리 퍼킨
(William Henry Perkin, 1838–1907)은 아닐린 염료를 만들어냈다.
이것은 복사용 연필을 만들기 위해 흑연, 점토, 다른 접합제에 첨가되었다.

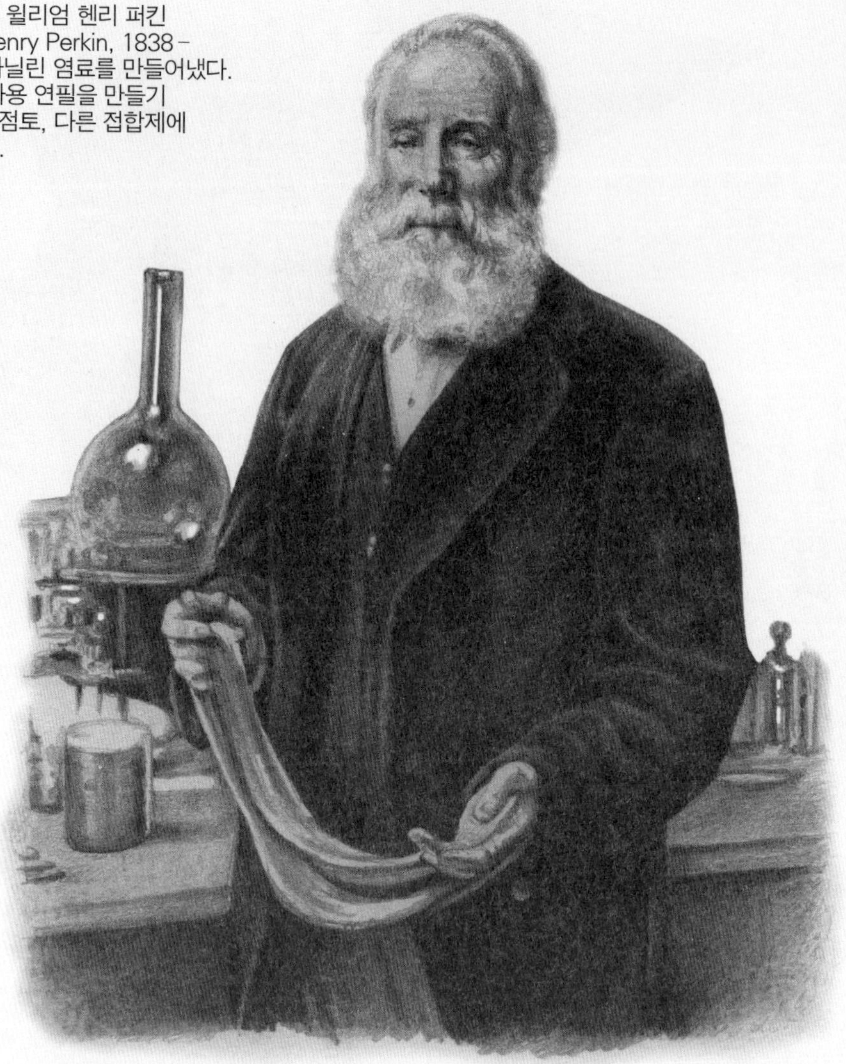

복사용 연필

제1차 세계대전 동안 사용한 것으로 가장 유명한 복사용 연필은 굵고 짧은 삶을 살았지만, 그 존재는 역사에 지울 수 없는 흔적을 남겼다.

20세기 초까지는 흑연 연필의 완성도가 꽤 높았고, 특정 용도를 위한 색연필과 연필을 포함한 다른 종류의 연필들이 시장에 나타나기 시작했다. 특히 중요한 영향을 미친 연필은, 종종 지워지지 않는 연필이라고 알려진 복사용 연필이었다. 이 연필은 연필의 본질에 반하는 연필이었다. 즉, 지울 수 없었고 다소 부서지기 쉬우면서도 단단했다. 비싸고 만들기 어려웠으며, 깨지기 쉬운 심 때문에 깎을 때 특별한 주의가 필요했다. 아마도 이러한 연필의 목적이 무엇인지 궁금하겠지만, 그 해답의 열쇠는 첨가된 재료인 아닐린 염료에 있다.

잠시 돌아가서 이 매우 독특하고 중요한 첨가제에 대해 이야기해 보자. 아닐린 염료는 연필의 개념을 벗어난 최초의 합성염료이다. 그것은 1856년, 18세의 신진 화학자 윌리엄 헨리 퍼킨의 실험에서 발견되었다. 퍼킨은 키나나무의 껍질에서 얻은 자연적 예방 물질인 퀴닌을 화학적으로 재현하려고 노력했다. 퀴닌은 주로 말라리아 치료제로 사용되었기 때문에 매우 유용했고, 그 수요가 증가하고 있었다. 퍼킨은 콜타르(석탄을 고온 건류할 때 생성되는 점성이 높은 흑갈색 액상 물질) 파생물과 몇 가지 다른 화합물로 작업하다가, 시험관 바닥에 생긴 어두운 색의 잔류물을 발견했다. 그 찌꺼기를 연구한 끝에, 그는 "티리언 퍼플"이라는 밝은 자주색이 천에 물든 것을 발견했다. 나중에 "모브(화학명 "모베인"의 약자)"로 이름이 바뀐 이 자주색은 당시의 천연염료보다 훨씬 더 선명했다. 모베인의 실제 분자 구조는 한 세기가 넘도록 대부분 확인되지 않았지만, 황산에 중크롬산 칼륨을 첨가하여 아닐린, o-톨루이딘과 p-톨루이딘을 용해시켜 만들어졌다. 이 색깔은 일부 회의적인 반응 때문에 즉시 많은 관심을 끌지는 못했다. 빅토리아 여왕이 큰 딸의 결혼식에서 퍼킨의 자줏빛으로 전체를 염색한 정교한 드레스를 입었을 때까지는 말이다. 선명한 자주색은 부유층 사이에서 빠르게 유행했고 애도를 위한 검은색의 적절한 대안으로 여겨졌는데, 그 후에 널리 유행하게 되었기 때문일 가능성이 크다.

이것은 독특한 쓴맛을 내기 위해 토닉 워터에 소량 첨가되는 바로 그 퀴닌과 같다.

같은 기간 동안, 먹지(carbon paper)의 초기 형태들이 실험되고 있었다. 이것은 대체로 한쪽 면에 잉크가 칠해진 종이가 다른 두 장의 종이 사이에 끼워진 모양이었다. 종이에 쓰는 도구로 철필이 사용되었는데, 단단하고 강한 흔적을 남겨 잉크를 투과시킬 수 있었기 때문이다. 새로 발견된 아닐린 염료는 잉크보다 훨씬 선명한 흔적을 만들었기 때문에 먹지, 복사기, 타자기에 신속하게 적용되었다. 제록스와 스캐너가 등장하기 훨씬 전에는, 이것이 문서 복제에 있어 혁신의 정점이었다.

1870년대까지, 모든 문서의 사본을 만드는 것이 표준적인 사업 관행이어서, 문서 복사용 책과 복사기는 어떤 작업장에서든 중요한 고정 설비였다. 편지 복사 책은 기본적으로 수백 장의 얇은 종이로 묶인 책이었다. 나머지 페이지에 잉크가 묻는 것을 방지하기 위해 양쪽 면에 기름칠이 된 얇은 종이 밑에, 특수한 복사용 잉크로 쓰인 문서를 끼워 넣는 것이었다. 그다음 얇은 종이를 물로 적시고, 문서의 잉크가 얇은 종이로 스며들 수 있도록 무거운 철 복사 기계로 눌렀다. 이 과정은 문서를 복사하기 위해 아주 많은 노력이 필요한 것처럼 들리지만 사실상 유일한 방법이었다.

문서 복사용 책의 인기가 절정에 달하자 필연적으로 복사용 연필이 발명되었다. 복사용 연필이 정확히 언제, 누가 도입했는지 알려주는 증거는 없지만, 대략 1870년경이었다는 사실만 알려져 있다. 이 연필은 일반적인 흑연, 점토, 그리고 가끔 다른 접합제 외에도 퍼킨의 아닐린 염료로 만들어졌다. 복사용 연필은 항상 중간 정도의 단단함, 단단함, 매우 단단함의 경도로 만들어졌으며, 부드러운 경도는 결코 없었다. 지워지지 않고 번지지도 않아야 했으므로 점토를 더 많이, 흑연은 더 적게 포함시켜야 필기용 잉크가 오래 지속되면서도 마음껏 사용할 수 있었다. 또한 먹지를 사용할 때 철필 대신 단단한 복사용 연필을 사용할 수도 있었다.

복사용 연필은 종종 "지워지지 않는 연필"이라고도 불린다. 이 용어는 일반적으로 다른 용어로도 바꿀 수 있지만, "지워지지 않는"다는 단어는 일반적으로 연필심에 질산은을 사용했음을 가리킨다.

복사용 연필이 제1차 세계대전 중에 문서를 작성하고 서명하는 데 사용되었다는 사실은 가장 유명하다. 짙은 흔적을 남기기에 가장 쉽고, 휴대하기에도 쉬운 필기도구였기 때문이다. 물론 사본을 만들 수 있다는 장점도 있었다. 20세기 초의 이 시기에 복사용 연필은 그 인기와 유용함의 절정을 보여주었다. 제2차 세계대전이 일어나고 볼펜이 발명되자 복사용 연필은 쓸모없어지기 시작했다. 그 시대에 가장 유명했던 복사용 연필로는 "연필 안에 든 잉크"라며 자랑스럽게 선보인 에버하르트 파버의 노블롯(NoBlot)과 미국 코이누어 하르트무트가 만든 메피스토(Mephisto)가 있다. 미국의 모든 연필 브랜드마다 자체적인 복사용 연필이 있었으며, 그중 많은 제품들이 다른 나라, 특히 전쟁 중이던 영국으로 수출되었다. 그 모든 복사용 연필이 공통적으로 남긴 한 가지는 푸른 자줏빛 흔적이었다.

전시의 복사용 연필은 그리 오랫동안 필요하지 않았을 수도 있지만, 다른 많은 용도들 덕분에 수세기 동안 존재할 수 있었다. 철도 차장들은 운행 도중 서류 작업을 할 때를 대비해 복사용 연필을 귀 뒤에 꽂아둔다고 알려져 있었다. 한때 인도에서는 등기우편을 보낼 때 화물을 옥양목으로 포장하도록 법으로 정해져 있었는데, 이때 지워지지 않는 연필을 물에 찍어서 소포에 주소를 쓸 때 사용했다. 만년필의 촉은 직물의 짜임새에 더 쉽게 걸리기 때문에 연필의 대안으로 널리 선호되었다. 1919년 12월에 발행된 프리랜스-스타(Free Lance – Star) 신문의 한 기사는 우드로우 윌슨(Woodrow Wilson) 미 대통령이 처음으로 복사용 연필을 사용하여 사면권에 서명했다고 이야기한다. 불과 몇 달 전 그를 쇠약하게 한 뇌졸중으로 고생했으며, 공식 업무를 수행할 능력이 제한되어 있던 그가 비스듬히 기댄 자세에서 잉크보다 사용하기 편했다는 이유에서다. 대부분의 경우, 중요한 문서에 서명하는 데 지워지지 않는 연필이 사용되었다. 심지어 오늘날에도, 종이 투표용지를 사용하는 이탈리아에서는 지워지지 않는 연필이 선거에 사용된다.

이러한 유용성에도 불구하고, 복사용 연필에는 단점이 있었다. 결과적으로 건강에 해롭다고 밝혀진 것이다. 염료에 사용되는 화학물질 때문에 독성이 매우 강했고, 연필을 사용할 때 끝에 침을 묻히는 일이 흔했는데 이때 화학물질이 쉽게 용해되었기 때문이다. 섭취했을 때의 증상은 미미하고 보통 일시적이었

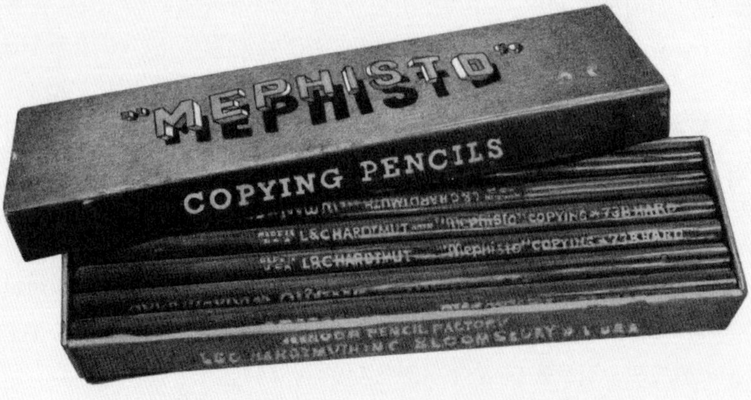

제1차 세계대전 중 복사용 연필의 유명한 모델 중 하나인 메피스토. 코이누어 하르트무트사가 미국에서 만들었다.

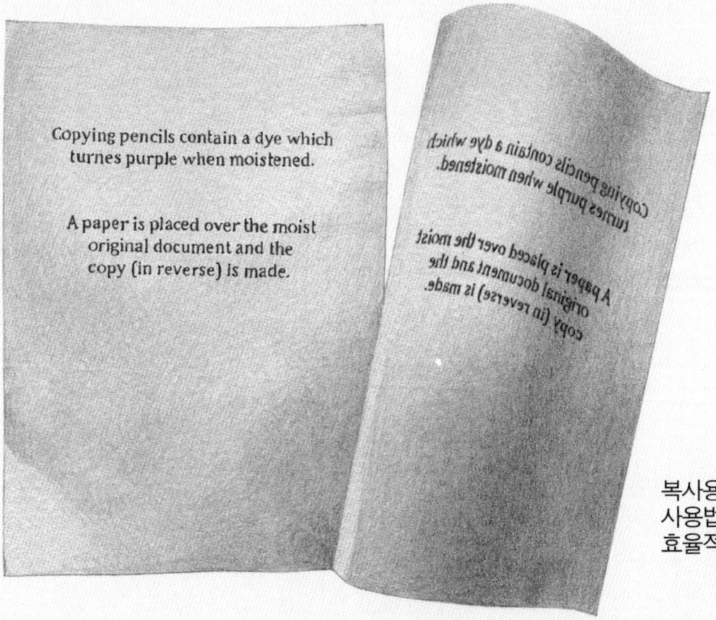

복사용 연필의
사용법은 간단하지만
효율적이었다.

지만 피부에 복사용 연필, 특히 젖은 연필심이 침투되면 결과가 더 심각했다. 이 화학물질에 빈번하게 노출되면 간과 신장의 손상, 괴사, 암, 습진 및 기타 여러 가지 사소한 질병이 발생할 수 있었다.

결국 이후 생산된 복사용 연필은 사용자에게 해가 가지 않도록 개선되었으며, 특히 더 많은 유형의 안전한 합성염료의 발견으로 조정이 쉬워졌다. 전통적인 아닐린 염료를 제거하여 복사용 연필의 지속성, 실효성, 효력이 떨어졌기 때문에 복사용 연필의 인기도 다소 떨어졌다. 이 모든 것에도 불구하고, 복사용 연필은 더 진보된 복사 장치가 발명되기 수십 년 전, 사무실 연필 컵에 여전히 자리 잡고 있었다. 좀 더 현대에서는 광고판 글자를 스케치하는 데 종종 사용되었다. 전체 바탕색을 스케치 위에 칠할 수 있고 연필의 잉크가 흘러나와 밑그림을 칠할 위치를 나타내기 때문이다.

이제 복사용 연필의 필요성은 크게 사라졌으며, 아직 제조되고 있는 것도 거의 없다. 20세기 초반 대부분의 상징적 모델은 오랫동안 생산이 중단되었지만 찾아볼 수는 있다. 변하지 않는 연필이라는 개념은 낭만적이다. 연필의 덧없음이 잉크의 영속성과 섞여 향수를 느끼고픈 사용자에게 최상의 선택이 된다. 오래된 복사용 연필은 내가 보통 편지를 쓸 때 선택하는 도구이다. 왜냐하면 일반 연필처럼 번지지 않고 쓴 흔적이 더 오래가기 때문이다. 지워지지 않는 연필로 쓴 자국을 헤어스프레이로 고정시키려다가, 헤어스프레이의 화학물질과 염료의 화학물질 사이에 일어난 이상한 반응이 아주 영구적이고 묘한 밝은 녹색을 만든다는 사실을 우연히 알게 되었다.

요즘은 바래지지 않는 화려한 필기도구들을 쉽게 접할 수 있게 되었기 때문에 복사용 연필의 수많은 실용성을 잘 알지 못할 수도 있지만, 복사용 연필은 여전히 고유의 매력을 가지고 있다. 이 연필은 아마도 우리가 생각하는 보통 연필과는 정반대인 성질을 갖고 있을 것이다. 하지만 잉크와 연필의 잡종으로서 복사용 연필만큼 아직 더 나은 맞수(액체 흑연 펜을 말함)를 찾지 못했다. 다음번에 서류와 펜을 건네받으면 복사용 연필로 서명해보길 바란다. 적어도 자신을 방어하는 법을 알게 될 것이다.

재료의 변화

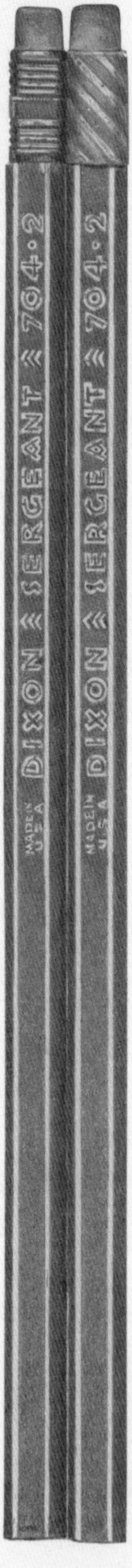

2차 세계대전 동안, 물자 공급의 부족, 엄격한 수입 규제, 새로운 정치적 환경은 브랜드 이미지 쇄신, 새로운 색의 혼합, 심지어 플라스틱과 마분지 페룰의 등장으로 이어졌다.

연필, 그 새로운 화신의 끝 : 다양한 페룰을 갖고 있는 딕슨의 서전트 (Sergeant) 704.

연필 산업은 1차 세계대전과 대공황에서 살아남아, 증가하는 수요에 부응하고 변화하는 경제 환경에 적응했다. 그러나 이것은 2차 세계대전에 비하면 아무것도 아니었다. 수요가 많지는 않더라도 변함없이 꾸준했지만, 중요한 재료와 숙련된 노동자가 부족해지고 대부분의 세계 무역이 중단된 상황은 연필 산업에 엄청난 걸림돌이 되었다. 연필은 여전히 사람들이 가장 선호하는 휴대용 필기도구였다. 임박한 전쟁에 대한 두려움 때문에 연필 회사들은 전쟁 전에 준비를 하게 되었지만, 본격적인 문제들은 대부분 예상 밖이었다. 세계 역사상 가장 암울한 시기 중 하나에, 연필은 그 모든 단순함 속에서 영웅으로 남았다.

첫 번째 문제는 연필 제조에 필요한 기본적인 공급에서 시작되었다. 중국과 스리랑카의 귀중한 흑연을 수입할 수 없었으며, 미국 연필 제조업자들은 대부분 멕시코, 캐나다, 뉴욕 등 자국의 대륙에서만 나는 흑연을 사용하도록 제한받았다. 점토를 수입하는 과정에서도 같은 문제가 발생하여, 독일 대신 남미에서 점토를 수입했다. 나무에 관련된 내용은 조금 달랐는데, 연필 제작에 선호되던 적삼나무가 정치적 환경에 상관없이 이미 고갈되기 시작한 것이었다. 유럽 회사들은 더 이상 미국산 삼나무를 사용할 수 없기 때문에 대체품들에 만족해야 했다. 심지어 미국에서도 조림이 오늘날처럼 효율적으로 행해지지 않았기에 적삼나무는 제한적으로 공급되었다. 미국산 연필 제작에는 목재를 제외한 모든 재료가 수입되었기 때문에, 미국의 연필 산업은 틀림없이 가장 큰 타격을 받았을 것이다. 하지만 이러한 한계는 완전한 미국산 연필을 만들 수 있는 개선의 기회를 주었고, 이것은 훗날 미국 연필의 자부심이 되었다.

오랫동안 특정 장소의 특정 재료가 연필 제작에 가장 적합한 것으로 여겨졌다. 기술이 매년 발전하여 더 적은 재료를 더 잘 활용할 수 있는 기회가 있었지만, 제조업체들은 여전히 이미 알고 있는 방법만 고수하고 있었다. 전쟁 기간 동안 상품의 수입에 대해 엄격하지만 꼭 필요한 규제가 생겼다. 이러한 규제는 연필 제조업자들이 더 지속 가능한 자원으로 똑같이 훌륭한 제품을 만드는 방법을 개발하도록 압박하였다.

2차 세계대전 중 연필의 이름을 빌린 "연필 기폭 장치"라는 장비가 있다. 즉, 기폭 장치에 연결되도록 만들어진, 연필처럼 생긴 타임 퓨즈를 말한다. "타임 펜슬"로도 알려져 있었고 전투에서 많이 사용되었다.

제2차 세계대전 기간 동안 연필과 관련하여 아마도 가장 두드러지고 많이 언급된 주제는 필수적이지 않은 재료, 즉 연필에 부착하는 지우개 제조에 필요한 천연고무의 부족일 것이다. 전쟁이 일어날 무렵, 페룰과 지우개가 달린 연필은 이미 북미에서 생산된 연필의 대부분을 차지했다. 편의상 태어난 연필 끝 지우개에 미국 국민들은 이미 익숙해져 있었고, 재료 공급이 부족하다고 해서 연필 제조사들이 이런 식으로 연필을 만드는 것을 막을 수는 없었다. 우선 지우개에 들어가는 고무는 미국 이외의 지역(대부분 인도)에서 생산되었으므로 수입이 점점 어려워지면서 대안을 찾아야 했다. 고무를 대신할 재료는 널리 사용되지는 않았지만 이전에 개발된 적이 있었고, 전쟁으로 인해 신기술을 연구할 수 있는 환경이 잘 조성되었다.

그러나 더 큰 문제는 지우개 부착에 필요한 페룰이었다. 미국 서부의 황동과 알루미늄은 오랫동안 페룰에 사용되었지만, 많은 원자재와 마찬가지로 엄격하게 규제되고 배급되었다. 전쟁 초기에 금속 공급은 연필 산업에서 완전히 차단되었다. 다행히도 뉴욕에 있는 아메리칸 리드 연필 회사(American Lead Pencil Co.) 같은 회사들은 이미 그들의 인기 있는 벨벳(Velvet)과 비너스(Venus) 연필을 위한 좀 더 지속 가능한 방안을 개발하기 시작했다. 그것은 바로 재료가 풍부하고 가공하기 쉬운 플라스틱과 판지였다.

원산지가 다른 것으로도 쉽게 대체될 수 있는 나무, 흑연, 점토와는 달리, 플라스틱과 판지는 생산 설비를 대대적으로 개발하고 변화시켜야 했다. 플라스틱 페룰은 기존 금속 페룰의 전반적인 디자인을 모방하여, 둘레에 띠가 있는 가는 튜브 모양이었다. 종이 페룰도 거의 같았지만 두꺼운 판지로 만들어서 약간 더 두툼한 버전이 되었다. 생산의 어려움에도 불구하고, 연필 디자이너들은 이 두 가지 재료를 사용하게 되면서 창의성을 발휘할 수 있었다. 금속의 특성 때문에 이전에는 페룰의 디자인이 제한적이었지만, 디자이너는 이 대체품을 한 가지 색이나 여러 가지 색으로, 또 판지의 경우에는 프린트해서 사용하는 등 모양을 보다 쉽게 변경할 수 있었다. 판지 페룰은 심지어 초소형 광고를 인쇄하기 위한 캔버스로도 사용될 수 있었다. 그러나 플라스틱 페룰은 녹색, 빨간색, 파란색 같은 기본 색상으로 만들어졌기 때문에 약간 제한적이었다. 때로는 검은색도 있었지만 소비자가 좋아하는 색과는 거리가 있었다. 에버하르트 파버 몽골은 노란 띠를 두른 검은 페룰을 새롭게 선보였고, 가장 유명한 것은 딕슨 타이콘데로가의 노란 띠를 두른 밝은 녹색 페룰이었다. 만약 금속 페룰이 부활한다면 영구적으로 채택될 디자인들일 것이다. 오히려 기존 재료의 부족으로 인해 미국 연필 제조사들은 의도치 않게 브랜드와 정체성을 재정의할 수 있는 기회를 얻었다고 볼 수 있다.

플라스틱과 종이로 된 페룰은 2차 세계대전 기간에만 있었던 특징이기에, 그 시대의 연필을 식별하는 쉬운 방법이다. 빅(Bic) 사는 현재 재활용 플라스틱 페룰이 달린 연필을 만들지만 예외인 것으로 보인다.

브랜드 정체성의 변화는 새로운 페룰에서 멈추지 않았다. 전쟁으로 인해 사회적, 정치적 민감도가 높아졌으며 제품의 이름과 브랜딩은 정치적 환경을 수용하기 위해 변경되었다. 이런 움직임은 흑연의 출처인 아시아를 나타내는 이미지와 인종 차별적 이름이 새겨진 미국 연필들에 주로 나타났다. 진주만 폭격 직후, 이글 연필 회사는 가장 인기 있는 연필인 미카도(Mikado)의 이름을 미라도(Mirado)로 바꾸었다. 오늘날에도 여전히 의미 없는(적어도 영어로는) 이름이다. 연필 광고도 늘어나고 있었다. 수요가 증가하고 외국 경쟁자들이 감소하면서, 인쇄 광고는 미국산 대체품들을 대중에게 알리는 데 더 중요한 역할을 했다. 일부 회사는 연필 판매를 위해 전쟁 이미지를 사용했지만 대부분은 제품의 장점에 중점을 두었다. 1942년 말까지 미국에서 1년 만에 12억 5,000만 개의 연필이 판매되었다.

연필 산업은 대부분 변화를 겪었고 변화에 꽤 매끄럽게 적응했다. 해가 지나고 전쟁이 계속됨에 따라, 재료 사용을 위해 이미 제정된 것들을 제외하고는 더 많은 규칙들이 시행되었다. 1943년, 전쟁생산위원회는 나무 연필의 전국적 생산을 4년 전 소비량의 88%로 제한했다. 이것은 재료가 부족해서가 아니라 제품을 생산하고 운송 및 유통하는 데 필요한 인력 때문이었다. 전쟁이 계속됨에 따라 가장 가치 있는 자원은 노동력이라는 사실이 분명해졌다. 다른 많은 미국 산업에서와 마찬가지로, 군대에 입대하거나 다른 곳에서 일했던 남성 인력들을 대신하여 수많은 여성들이 훈련을 받고 일을 했다. 미국 연필 산업의 빅4에게 이것은 직원이 평균 약 3,000명으로 줄었다는 것을 의미했고, 그중 75퍼센트가 여성이었다.

해외에서도 사정은 마찬가지였다. 영국은 규제에 특히 엄격했고 심지어 미국보다 생산량을 더 제한했다. 미국이 페룰에 새 단장을 하고 있는 동안, 영국은 불필요한 장식이나 마무리를 금지했다. 회전식 연필깎이는 귀중한 나무와 흑연을 너무 많이 쓴다며 심지어 금지되기까지 했다. 연필깎이와 칼 중 어느 것으로 깎을 때 실제로 재료를 더 아낄 수 있는지는 모르겠지만, 쉽게 깎을 수 있다면 아마도 칼로 대충 깎을 것 같다.

논란거리가 된 문제들도 많았다. 미국에서 가장 큰 스캔들은 뉴저지의 하르트무트에 새로 설립된 부서와 관련이 있었다. 1940년대 초, 미국의 하르트무트는 국제 운송 도로가 폐쇄되기 직전에 독일과 체코에서 엄청난 양의 연필심을 수입했다. 이런 조치가 그럴 가치가 있었는지 의문스럽긴 하지만 매우 합법적이었

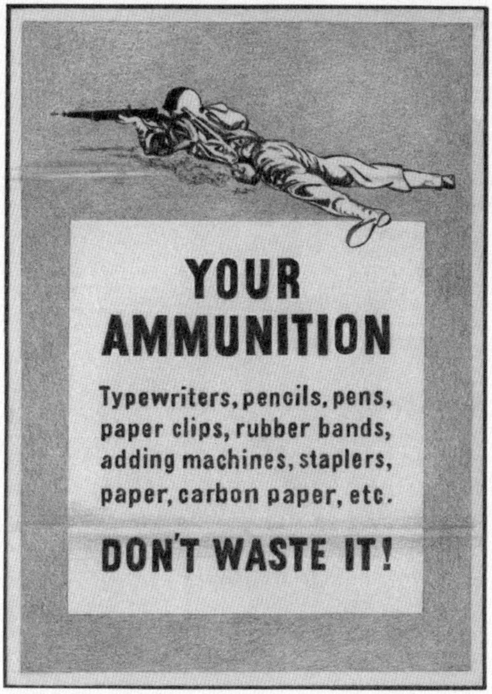

사람들에게 문구류를 아껴 사용하라고 당부하는 제2차 세계대전 당시의 포스터.

다. 문제는 이 수입한 심으로 만든 연필들이 온전히 미국산 연필로 광고되었다는 것이다. 하르트무트 사가 미국 본토에 자회사를 둔 소수의 신생 유럽 회사들 중 하나였다는 점을 고려하면, 전쟁 기간 동안 사업 유지를 위해 낮은 품질의 현지 재료를 사용했던 미국 동북부의 연필 회사들이 이를 좋게 받아들였을 리가 없다.

1945년 마침내 전쟁이 끝났을 때, 미국의 연필 산업은 다소 수월하게 회복되었고 매출도 안정세를 유지했다. 독일과 일본의 산업은 다른 상황에 처해 있었다. 전쟁의 여파로 가장 큰 타격을 입은 연필 산업이 회복되고 수출을 재개하는 데 더 많은 시간이 필요했다. 과거 전쟁의 모든 참혹함과 함께 모든 것을 고려해 보면, 6년간의 투쟁은 전 세계 연필 제조업자들에게 불행하지만 궁극적으로 이득이 되는, 즉 배울 수 있는 경험이 되었다. 독창성에 대한 필요는, 유용하면서도 정치적, 그리고 경제적 격변에 발맞추어 진화된 제품을 만드는 방법의 많은 발전과 변화를 이루는 데 밑거름이 되었다.

영국 최초의 샤프펜슬 공장은 샘슨 모단(Sampson Mordan)의 동료 발명가가 설립했고, 런던 대공습 기간에 공장이 폭격을 당할 때까지 연필과 심 홀더의 아름다운 컬렉션을 만들었다.

페룰 이야기

놋쇠부터 알루미늄까지, 연필 끝 지우개에 부착된 화려하거나 기능적인 작은 고리는 고유의 역사와 국가적 정체성을 갖고 있다.

페룰. 이전에 이미 언급했던 독특한 소리의 단어이며 연필 끝에서 지우개를 고정시키는 금속의(또는 다른 재질의) 원통형 물건을 지칭한다. 1610년대에 처음 사용된 단어의 정의는 "막대에 달린 금속 캡"이었다. 더 초기의 단어인 "배럴(verrel)"에서, 그리고 라틴어로 "철"을 의미하는 "페럼(ferrum)"에서 유래되었다.

19세기 중반에 연필에 지우개를 부착하는 아이디어를 낸 사람은 하이멘 립맨이었을지 모르지만, 그것을 완성하고 대중화한 사람은 20세기 초 미국의 연필 제작자들이었다. 페룰은 연필의 디자인을 화려하게 장식했을 뿐만 아니라, 실수를 감추고 싶어 하는 사람들을 위해 연필을 더 편리하게 만들었다. 심지어 연필 끝에 더해진 무게감 때문에 연필을 잡고 쓰기가 더 편하다고 하는 사람도 있다(나는 보통 연필 끝 지우개 사용을 삼가지만, 이 믿음을 확신한다). 또한 페룰은 연필을 독립적인 물건으로 만들었다. 연필 깎는 칼만 제외하면 별도의 지우개 없이 연필만 들고 다녀도 될 것이다. 하지만 페룰의 특히 좋은 점은 그것이 연필에 정체성을 부여하는 방식이다. 그래서 많은 연필을 연필 자체의 특징보다 페룰의 특징만으로도 식별할 수 있다.

"페룰" 이라는 단어는 신발끈이 풀리지 않도록 끝부분을 감싸는 것, 골프채 헤드에 붙은 금속 조각, 지팡이나 우산의 끝부분에 있는 캡, 머리빗의 빗살 끝부분을 감싼 금속을 포함하여 다른 것들을 묘사할 때도 사용되며, 그 목록은 거의 끝이 없다.

가장 초기의 페룰은 보통 황동으로 만들었으며, 종종 광택이 나도록 연마하고 때론 옅게 색칠하거나 페인트칠했다. 원래의 페룰은 현대 표준 페룰의 길이인 1.3센티미터(1/2인치)에 비해 더 길었던 약 2.5센티미터(1인치)였다. 내 생각엔 대부분 1800년대 후반과 1900년대 초반에 만들어졌던 가장 초기의 페룰이 약간 과하긴 하지만, 제일 아름답다. 그것은 단순히 놋쇠로 만든 우툴두툴한 원통형 고리가 아니라, 연필을 더 매력적으로 보이게 하는 목적으로 만든 것 같은 작은 홈으로 정교하게 채워져 있었다. 결국, 더 많은 연필들에 지우개가 달리면서 페룰은 표준화되었다. 대부분의 페룰은 짧고 반짝였으며 연필과 지우개를 고정시키기 위한 작은 구멍이 있었다. 어떤 것은 니켈로 만들어졌고 장식도 거의 없었다. 대단한 물건은 아니었지만 효과적이었다. 1934년 국립표준국(National Bureau of Standards)은 경쟁을 규제하고 공정한 사업 환경을 조성하기 위해, 심지어 페룰과 연필이 어떻게 만들어져야 하는지에 대한 매우 구체적인 지침 목록까지 마련했다. 이 지침에는 특정 지우개와 페룰의 조합, 연필 길이, 크기, 가격 등에 대한 규정이 포함되었다. 심지어 어떤 색 지우개를 어떤 종류의 페룰과 함께 사용해야 하는지 명시하기까지 했다. 대체로 이러한 규정들은 작은 연필 회사들에게는 더 어렵고 비용이 많이 들며, 더 큰 연필 회사들에게는 우습게 보였기 때문에 지켜지지 않았다. 당연하게도 그 규정들은 오래가지 않았다. 연필 회사들이 페룰을 고정 가격에 몇 가지 형태만 외주로 제작하면서, 화려한 페룰은 불필요하게 되었다.

장식적인 페룰이 점점 증가하면서 부분적인 규제가 생겼다. 에버하르트 파버 사의 반 다이크는 표준을 벗어난 최초의 페룰 중 하나였는데, 길고 평평한 검은색이었다. 이 페룰에는 떼어낼 수 있는 지우개의 사용법도 적혀 있었다. 반 다이크의 평판에 힘입어, 이 정교한 지우개는 빠르게 유행하게 되었다. 딕슨 사는 지우개를 둘러싼 페룰이 아니라, 직사각형 모양의 지우개를 잡고 있는 장식적인 고정 장치가 달린 페룰을 만들기 시작했다. 다른 제조업체가 채택한 또 다른 인기 있는 스타일은 연필의 직경보다 크고 연필 끝에서 지우개를 잡아주는 작은 그릇처럼 생긴 부착물이 특징이다. 2차 세계대전 중의 플라스틱과 판지 버전을 제외하고는, 페룰은 다소 비슷한 방법으로 만들어졌다. 즉, 1964년까지 J.B.오스트로프스키(J.B.Ostrowski)가 알루미늄 페룰을 특허로 낼 때까지는 황동과 니켈로 조심스럽게 제작되었다. 알루미늄은 황동과 니켈보다 가격이 저렴하고 전에도 시도된 적이 있지만, 결국 너무 무르고 쉽게 변형되는 재료로 여겨져 사용되지 않았다. 오스트로프스키의 새로운 페룰에는 하나 또는 두 개의 수평 띠와 함께, 페룰을 지지하기 위해 작은 수직 굴곡들이 만들어졌다. 이로써 훨씬 튼튼하고 저렴한 페룰이 만들어졌으며, 이것은 대부분의 미국 연필에 적용되었다. 새로운 알루미늄 페룰은 만들기 쉬웠고, 더 가벼웠으며, 더 경제적이면서도 필요에 따라 맞춤화되기도 쉬웠다.

1930년대 미국의 연필 제조 지침 중에는 노란색을 "양질의 5센트 연필"에만 사용하도록 제한한 것도 있었다.

에버하르트 파버 사는 납작한 페룰을 대부분 여전히 놋쇠로 만들었지만, 결국 알루미늄을 선택했다. 이는 디자인에 있어서, 새 페룰의 띠에 페인트칠을 할 수 있는 기회가 되었다. 이전의 페룰들에는 놋쇠로 된 띠가 있었지만, 이 띠는 페룰의 기능적인 요소보다는 디자인적 특징으로 더 많이 사용되었다. 이글의 미라도 연필에는 처음부터 붉은 띠가 있었는데, 회사가 특허까지 낸 것이었다. 제너럴 사의 세미 헥스(Semi Hex) 연필에도 페인트칠된 띠가 있었는데, 처음에는 라벤더 색이었다가 나중에는 순수한 자주색으로 바뀌었다. 딕슨 타이콘데로가의 페룰은 두 개의 노란색 띠가 있는 밝은 녹색이 되었고, 비너스 벨벳의 페룰에는 밝은 파란색 띠가 있었으며, 에버하르트 파버 몽골의 페룰은 두꺼운 금색 띠가 있는 검은색이었지만, 이것은 알루미늄 페룰이 일반화되기 훨씬 전이었다.

색다른 페룰이 달린 빈티지 연필을 수집한다면, 연필에 부착된 지우개를 사용하지 마라. 지우개에도 수명이 있어서 아마도 산화되어 딱딱해져 있을 것이다.

페룰의 세부적 특징은 연필의 워터마크(지폐나 컴퓨터 등의 분야에서, 불법 복제를 막기 위해 개발된 복제 방지 기술)로 여겨지기도 했다. 심지어 연필에 인쇄된 텍스트보다도 제품과 품질을 더 많이 알려주는 지표였다. 광고는 가게에서 그 회사의 연필을 찾는 방법을 설명할 때 종종 페룰을 언급했다. 수명은 짧았지만 특히 독창적이었던 몇몇 페룰은 에버하르트 파버 사에서 만들었으며, 그중에는 다트(Dart)라는 연필도 있었다. 이 연필은 커다란 다트의 끝처럼 생긴 지우개가 달려 있었고, 한 번 사용했던 것 같

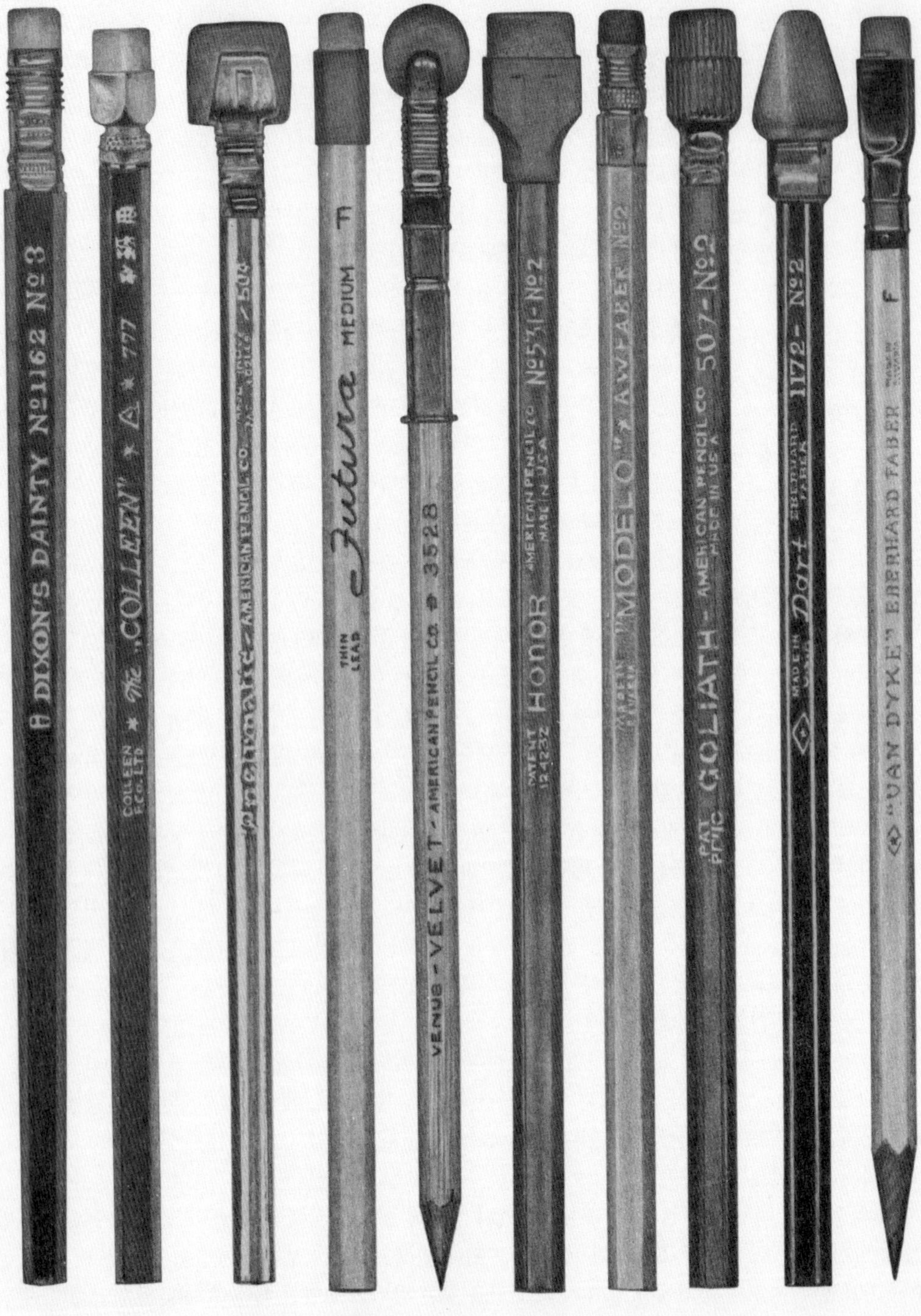

재미있는 페룰들: 파버의 다트(오른쪽에서 두 번째)를
포함한 21세기 연필들의 끝부분.

은 이상한 모양이었다. 또한, 파버 사는 마치 타자기 지우개의 미니 버전처럼 끝에 지우개 바퀴가 달린, 몽골의 변형 제품을 아주 잠깐 동안 팔기도 했다. 딕슨 사에서도 자사의 유명한 연필들을 마치 둥근 디스크 모양의 지우개가 페룰 끝의 금속 돌출부 위에 달린 것처럼 보이는 버전으로 만들었다. 대부분 장식적이긴 하지만, 디스크처럼 둥근 지우개는 정밀하게 지우기에 유용했을 것이다. 하지만 그뿐이었다. 이 연필들의 참신함은 제조비용을 정당화하기엔 충분하지 않았지만, 20세기에 연필이 어떻게 발전했는지 보여주는 재미있는 사례이다.

매우 실망스럽게도, 이제 더 이상 예전처럼 풍부한 창의력을 담아낸 페룰은 거의 없다. 오늘날 연필 회사들은 자사의 고유한 페룰을 거의 만들지 않으며, 자세히 살펴보면 모든 페룰이 거의 비슷비슷하다. 한때 연필을 정의하던 디자인의 페룰은 여전히 그 기능을 수행하고 있을 수도 있지만, 현재의 제조 기준 때문에 품질이 떨어졌을 가능성이 높다. 아마도 경쟁이 예전처럼 치열하지 않아서 연필 회사들이 예쁜 페룰에 많은 돈을 쏟아부을 필요성을 느끼지 않게 되었는지도 모른다. 내가 아는 바로는, 팔로미노(Palomino)가 재생산한 블랙 윙 602가 유일하게 아직도 생산되는 독특한 페룰의 예이다. 그렇다고 해도 예전의 페룰과는 다르다.

예전의 정교한 페룰의 주요 판매 포인트는 더 많은 지우개가 붙어 있다는 것이었지만, 현대의 페룰에 대한 일반적인 불만은 유용할 만큼 충분한 양의 지우개를 부착시킬 수 없다는 것이다. 수학을 공부하는 학생이라면 이 말에 공감할 것이다. 끊임없이 지운다면 연필 반쪽과 빈 페룰이 쓸모없는 상태로 남아 있게 된다. 바로 여기에서 연필 끝에 씌우는 캡 형식의 지우개가 등장한다. 비록 1800년대 후반부터 여러 형태로 있어 왔지만, 세기 중반쯤에 대중화되었다. 고전적인 지우개인 애로우헤드(Arrowhead)는 부드러운 분홍색 고무로 만들어졌으며, 갈라지는 것을 방지하기 위해 안쪽을 이중벽으로 처리했다. 이것은 본래 에버하르트 파버 사가 판매했고 악명 높은 핑크 펄과 동일한 방식으로 제작되었다.

연필에 페룰을 붙이는 전통이 왜 그렇게 미국적인 것이 되었는지는 확실하지 않지만, 미국에서 연필을 제조하고 판매하는 한, 연필에는 항상 페룰이 있을 것이다. 이 발명품은 미국에서 발명되었고 발전되었다. 페룰은 유럽 시장에는 결코 적용되지 않았지만(왜냐하면 “유럽인들은 실수를 하지 않는다”라는 연필에 대한 농담이 있기 때문이다), 미국산 연필이나 적어도 미국 시장을 위해 만들어진 연필을 나타내는 특색이다. 배럴을 노란색으로 칠하는 관습이 사라져 감과 더불어, 페룰은 사실상 마지막 남아 있는 미국 연필만의 특징 중 하나일지도 모른다.

일렉트로그래픽 연필 (일명 '컴퓨터용 연필')

시험 점수를 채점하는 기계의 등장으로 새로운 형태의 흑연이 필요했다. 물론 이것은 굵고, 진하며, 무른 심을 가진 새로운 형태의 연필로 이어졌다.

연필 가게를 운영하는 나에게 고객들이 항상 설명을 해달라는 특정 유형의 연필이 있다. 이 연필은 "표시 감지(mark sense)", "답안 채점(test-scoring)", "일렉트로그래픽(electrographic)" 같은 단어로 묘사된다. 그 연필은 명백히 가장 과학적인 이름, 때로는 가장 과학적인 디자인을 갖고 있다. 확실히 과학이 관련되어 있긴 하다. 왜냐하면 이 연필은 자연이 아닌 과학이 만든 흑연으로 만들어졌기 때문이다. 여러 가지 면에서 독특한 이 연필은 구성 요소뿐만 아니라 필기감도 남다르다. 비록 이 연필의 지정된 용도 때문은 아니지만, 연필을 진지하게 즐겨 사용하는 많은 사람들이 가장 좋아하는 연필 중 하나이다.

레이놀드 B. 존슨은 컴퓨터 기술 분야에서 일하면서 비디오카세트 테이프를 발명했으며, 디스크 드라이브의 "아버지"로 인정받고 있다.

1930년대 초, 레이놀드 B. 존슨(Reynold B. Johnson)이라는 교사가 최초의 자동 답안 채점기를 만들었다. 컴퓨터 업계의 거인인 IBM이 이 기계를 구입하고 존슨을 고용하여, 존슨은 IBM에서 엔지니어로 일했다. 이 기계는 수많은 객관식 답안 동그라미에 연필로 표시한 답안지를 삽입할 수 있는 일종의 책상처럼 보였다. 이 프로세서 내부에는 흑연 자국의 전기 전도성을 감지할 수 있는, 각 시험문제의 위치에 개별적인 돌출부가 있는 접촉 판이 있었다. 이것을 통해 기계는 정답 여부를 읽고, 시험 점수를 집계할 수 있었다. 이 기계는 최초의 표준화된 전자식 등급 시험이었다.

답안 채점 기계는 세계에서 가장 큰 비영리 교육 시험 평가 기관인 ETS(Educational Testing Service)가 처음 상업적으로 사용했다. 미국과 전 세계의 학교에서 사용되는 표준화된 시험의 대다수는 ETS와 IBM 805 답안 채점 기계에 의해 작성되고 관리되어, 시험을 더 빠르고 쉽게, 그리고 오류가 덜 생기도록 채점할 수 있게 되었다. 답안 채점은 이러한 종류의 기술을 사용하는 용도로 가장 잘 알려져 있지만, "일렉트로그래픽"이라는 용어는 다른 분야에도 적용된다. 펀치 카드가 있는 컴퓨터용 연필은 1940년대부터 1960년대까지 장거리 통화를 녹음하기 위해 전화 회사에서 널리 사용되었다.

기계가 이 새로운 기술의 핵심 요소였지만, 연필이 없었다면 모든 작업은 존재할 수 없었을 것이다. 어느 모로 보나 컴퓨터용 연필은 평범한 연필이 아니었다. 이 연필에는 다양한 나무 연필과 나선형 구조

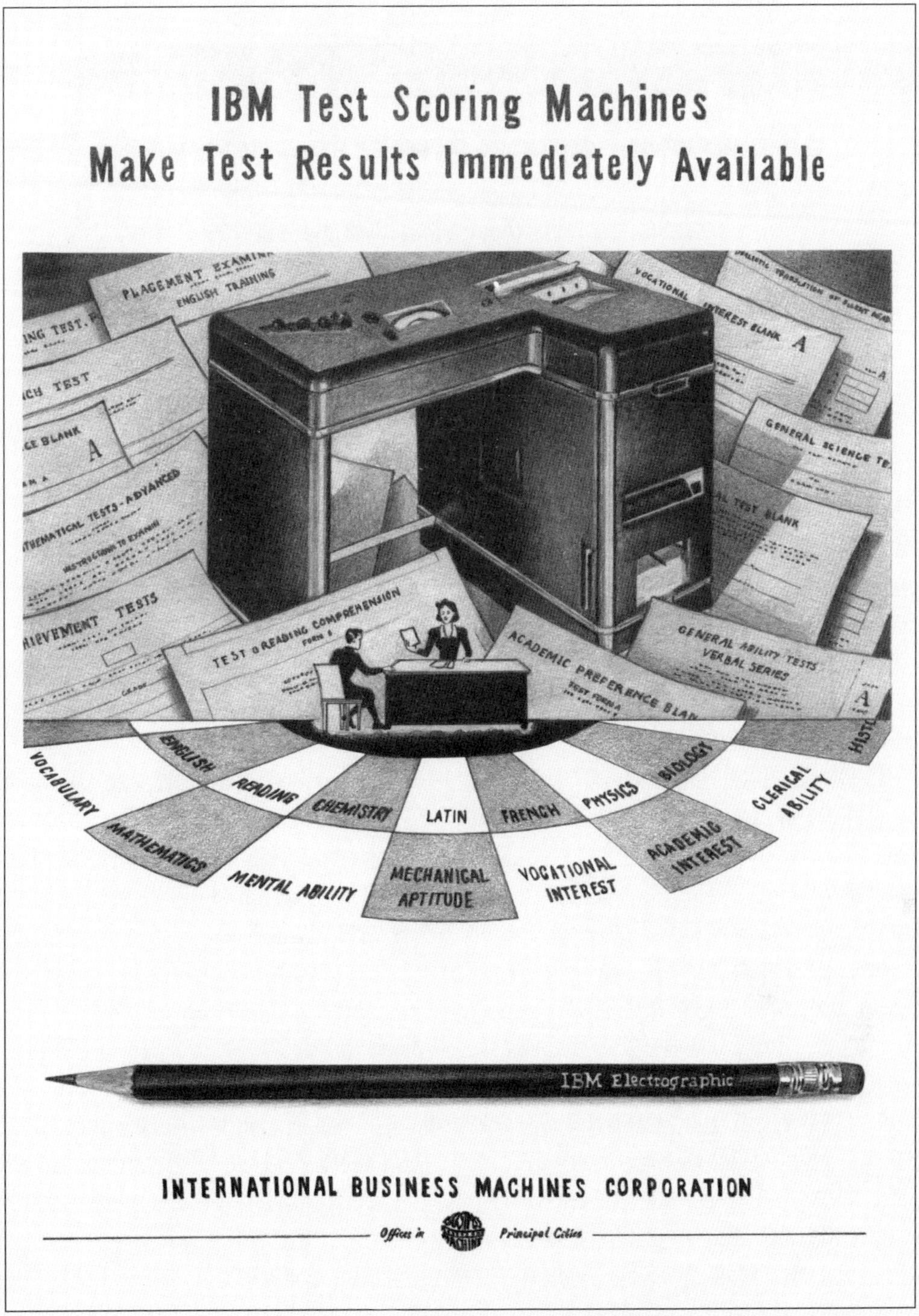

답안 채점 기계와 그 자연계 동반자인 컴퓨터용 연필은 1937년에
상업적으로 출시되어 주로 학교에서 사용되었다.

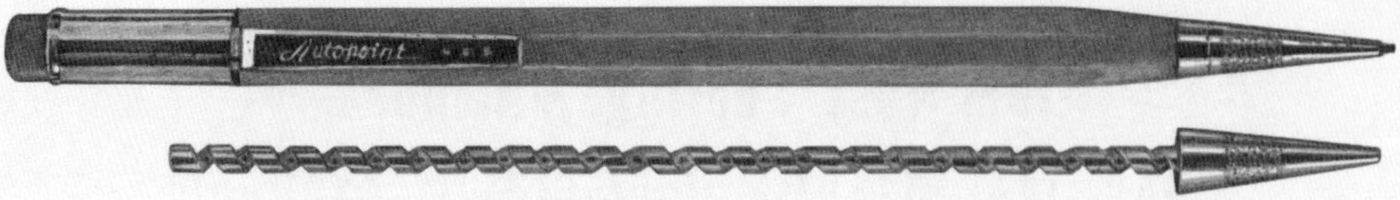

1960년대 오토 포인트(Autopoint) 사의 나선형 연필. 1950년대에 더-오-라이트(Dur-O-Lite) 사의 특허가 만료되고 누구든지 나선형 연필을 생산할 수 있게 되자, 오토포인트 사는 대부분의 복제품을 만들었다.

의 샤프펜슬, 이렇게 두 종류가 있었다. 이 연필의 가장 중요한 측면이 연필심에 있었기 때문에, 대부분의 경우에 이 두 가지는 서로 바꿔 사용할 수 있었다. 채점 기계가 연필 자국을 읽기 위해서는 연필심이 전기적으로 전도성이 높아야 했다. 즉, 이는 엄청난 양의 흑연을 포함해야 함을 의미했다. 본연의 기능에 충실했음에도 불구하고, 이 연필에는 몇 가지 문제점이 있었다. 우선, 흑연 비율이 너무 높기 때문에 충분히 단단하지 않았고 쉽게 부러졌는데, 특히 상당한 정밀도가 필요한 작업을 할 때 그랬다. 둘째로, 많은 양의 천연 흑연을 사용했는데도 기계들은 여전히 연필자국을 읽는데 어려움을 겪었다. 그 이유는 흑연에 들어 있는 전자가 채점 기계에 사용할 수 있을 만큼 작지 않았기 때문이다. 사실상 천연 흑연으로는 해결할 수 없는 문제였다. 해결책은 명백했다. 천연 흑연처럼 반응하지만 더 작은 전자를 함유하는 인공 흑연을 개발하는 것이었다.

이 해결책은 전기적 비정형 탄소를 전기로에서 매우 높은 온도로 가열하는 방법을 사용했다. 본질적으로 자연 흑연이 생성되는 방식을 인공적으로 통제하고 가속화시킨 것이다. 그 결과, 매우 진하고 부드러우며 다소 번들거리는 성질을 가진 흑연이 탄생했다. 답안지의 동그라미를 빠르고 효율적으로 채울 수 있을 만큼 부드러웠고, 전도성도 매우 높아서 기계가 쉽게 읽을 수 있었다. IBM 805 기계에 사용된 최초의 연필이 이런 식으로 만들어졌는지는 잘 알려지지 않았다. 그저 연필심에 많은 양의 천연 흑연을 첨가했을지도 모르기 때문이다.

인기 있는 컴퓨터용 연필 모델 중 하나는 1930년대 초에 나선형 샤프를 최초로 개발한, 시카고에 본사를 둔 더-오-라이트 사가 만들었다. 배럴 내부에는 직경 0.43밀리미터의 흑연 심을 감싸는 금속 나선이 들어 있었다. 끝을 비틀면 심이 나왔고, 다 쓰면 심을 쉽게 다시 채워 넣을 수 있었다. 전도성 흑연 심이 들어 있었기 때문에, 주로 연방 정부와 전화 회사가 통화 내용을 기록할 때 사용했다. 더-오-라이트 사는 표시 감지 도구뿐만 아니라 대중적인 제도 도구로 수십 년간의 인기를 누렸지만, 특허가 만료된 1950년대에 오토 포인트 사가 거의 동일한 연필을 만들기 시작하면서 난관에 부딪쳤다. 더-오-라이트는 1990년대에 사업을 접었지만, 오토 포인트는 지금까지도 여전히 같은 디자인의 연필을 만들고 있다.

컴퓨터용 샤프펜슬은 학생들이 사용할 때 문제가 생겼다. 심이 쉽게 부러졌고, 사용량이 많은 학생들에게 심을 다시 채우는 것은 성가신 일이었다. 그래서 나무로 만든 컴퓨터용 연필이 등장하게 된다. IBM 805가 시장에 출시되면서 IBM 컴퓨터용 연필도 출시되었다(회사는 더-오-라이트 제품의 리필 심 버전도 만들었다). 이 연필은 한동안 기계에 사용할 수 있도록 승인된 유일한 연필이었기에, 즉각적으로 큰 인기를 얻었다. 연필의 디자인은 단순했다. IBM의 트레이드마크 활자체로 "IBM Electrographic"이 흰색으로 새겨져 있었고, 은색 페룰과 분홍색 지우개가 달린 검은색 연필이었다. 제너럴 사가 양질의 삼나무를 사용하여 미국에서 생산한 이 연필은 시험을 위한 완벽한 도구가 되었다.

제너럴 연필 회사의 역사는 1854년, 독일의 연필 산업에서 경험을 쌓았던 기계 공학자 에드워드 와이센본(Edward Weissenborn)이 미국으로 건너와 공장을 세우면서 시작되었다. 6년 후, 그는 맨해튼의 강 너머 뉴저지 주의 저지시티에 미국 연필 회사(American Pencil Company) 공장을 세웠고, 이 회사는 오리지널 빅4 회사 중 하나가 되었다. 그는 1885년까지 그의 연필 제국을 계속 운영했고, 해군에서 공학 경력을 쌓기 위해 렉포드(Reckford) 가족에게 회사를 매각했다. 한편 와이센본의 아들인 오스카 와이센본(Oscar A. Weissenborn)은 가업을 잇는 일에 흥미를 갖게 되었고 집에서 연필을 만들기 시작했다. 1889년 그는 펜슬 익스체인지(Pencil Exchange)라는 자신만의 공장을 세웠고, 1920년대에 제너럴 연필 회사로 이름을 바꾸었다. IBM이 최초로 컴퓨터용 연필의 선구자가 되는 데 도움을 준 사람은 오스카 와이센본이었다. 제너럴 사는 5세대 소유주인 제임스 와이센본의 지휘 아래 오늘날에도 여전히 연필을 만들고 있다.

제너럴 사는 19세기 미국 최고의 연필 회사 중 현재 마지막으로 남은 회사다. 현재 제너럴 테스트 스코어링 580(Test-Scoring 580)이라 불리는 컴퓨터용 연필은 IBM 버전과 동일하게 검은색 바탕에 흰색 글씨 디자인으로 제작되며, 과거의 상징적 연필의 마지막 유물 중 하나다. 오늘날 제너럴 사는 주로 예술가들을 위한 연필과 물품에 중점을 두고 있지만, 테스트 스코어링 580은 진하고 부드러운 심, 그리고 엄청난 역사로 여전히 유명하다.

머스그레이브 연필 회사는 적삼나무가 풍부하여 20세기 초 많은 연필 사업가들을 끌어모았던 테네시 주에 본거지를 두고 있으며, 지금은 주에 남아 있는 두 개의 연필 제조사 중 하나이다. 머스그레이브의 연필은 연필에 사용되는 나무를 제외하고는 지난 수십 년 간 그리 바뀌지 않았다. 이 회사의 다른 대부분의 모델들과 마찬가지로, 테스트 스코어링 100(Test-Scoring 100)은 매력적인 전통적 디자인을 갖고 있다.

오늘날, 적어도 미국에서는 테스트 스코어링 연필이 본래의 목적으로 사용되는 경우는 드물다. 그 대신 부드러운 필기감에 비해 포인트 리텐션이 좋고, 일반적인 필기용 연필에 비해 상대적으로 덜 번진다고 인정받고 있다. 특히 글자 맞추기를 좋아하는 십자말풀이 애호가들에게 인기 있다. IBM 컴퓨터용 연필의 원판은 이베이에서 종종 발견할 수 있지만, 그 가격은 필기감이 비슷한 전설적인 블랙 윙 602에 필적하는 수집 가치와 명성을 반영한다. 그런 극단적인 상황에 기꺼이 뛰어들지 않는 사람들은, 일본의 "마크 센스(Mark Sense)"나 "마켓시트(Marksheet)"와 같은 브랜드에서 유사한 연필을 쉽게 구할 수 있다. 제너럴 사의 버전과 100년 된 미국 연필 회사인 머스그레이브(Musgrave)에서 만든, 특히 향수를 불러일으키는 디자인의 버전도 마찬가지다. 컴퓨터용 연필에 대한 이야기는 종종 반복되지만, 이 필기도구를 직접 사용해 보지 않고도 충분히 이해할 수 있는 이야기는 아니다. 이 연필이 골동품 취급을 받을 수도 있지만, 유용성은 거의 줄고 있다.

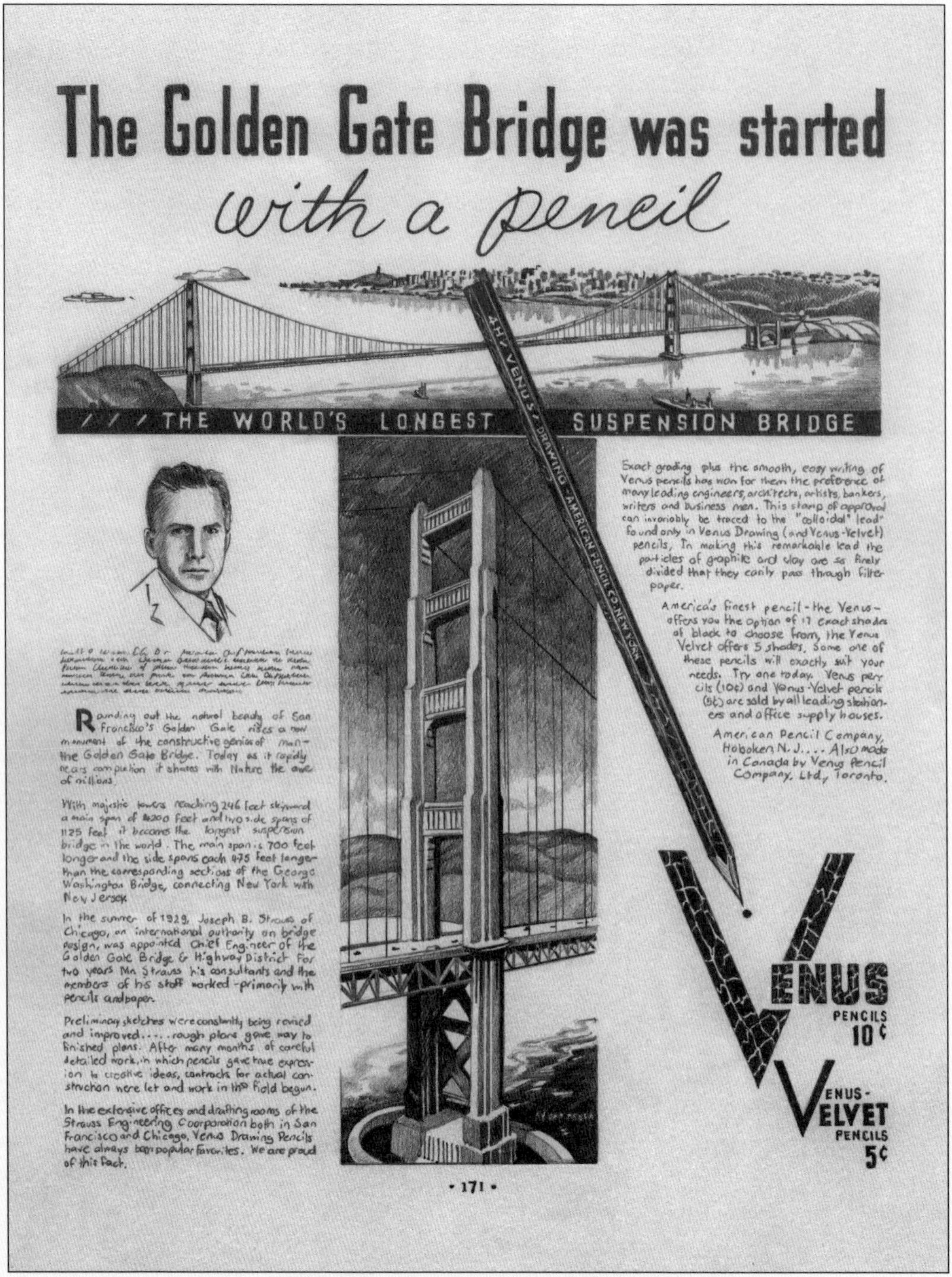

1934년 아메리칸 리드 연필 회사(American Lead Pencil Company)는
비너스 벨벳 연필 광고에서 연필을 영감을 주는 물건으로 과감히 홍보했다.

연필 광고 이야기

연필 제조업자들의 경쟁이 치열해지면서 홍보를 위한
경쟁도 치열해졌다. 장난스러운 캐릭터에서 과감한 주장에
이르기까지, 전면 광고에서 작은 카드에 이르기까지,
연필은 광고의 전성기와 더불어 절정에 달했다.

20세기에 연필 산업에서의 경쟁이 최고조에 달하자 광고도 늘어났다. 특히 23개의 연필 회사가 운영되던 1950년대 중반의 미국에서는 고객 확보에 대한 압박이 증가했다. 미국을 제외한 다른 나라의 회사들은 그럴 필요가 별로 없었다. 경쟁자가 적었고, 대부분 더 많은 제품 라인을 구축했으며, 더 큰 명성을 얻을 수 있을 만큼 회사가 충분히 오래되었기 때문이다. 텔레비전과 인터넷 광고 이전에는 인쇄 광고가 주류를 이루었고, 수십 년 전 연필업계의 거물들은 그들의 제품이 돋보이도록 모든 노력을 기울였다.

19세기와 20세기 초, 대부분의 연필 광고는 실용적인 목적으로 단지 다양한 제품들에 대한 설명만 있었다. 종종 회사의 기원에 대한 긴 역사나 제품에 대한 긴 설명을 전달했다. 꽤 오랫동안, 연필 광고는 화려한 표어와 시선을 끄는 이미지가 있는 현대적 광고라기보다는 카탈로그 같았다. 사진이 광고와 이미지에 사용되는 매체가 되기 전에는, 광고 카피가 성공적인 광고의 상당 부분을 차지했다. 카피가 제품의 이미지보다 더 많은 지면을 차지하는 일이 흔했다. 말 그대로 광고는 대중에게 자사 제품이 다른 제품보다 낫다는 주장을 납득시키려고 노력했다.

광고는 제품을 홍보하기 위한 목적뿐만 아니라 그 당시 시장에서 일어나고 있었던 일에 대한 신랄한 답변 역할도 했다. 아마도 가장 유명한 예는 "파버"라는 이름을 가진 어떤 다른 제품도 신뢰해서는 안 된다는 것을 알렸던 A.W.파버 사의 초기 광고일 것이다. 이 광고는 경쟁자였던 요한 파버에 대한 직접적인 대응책이었다. 파버의 공격은 직접적이고 뻔했지만, 대부분은 더 미묘한 전술을 사용했다. 대서양 건너편에서 가장 화두가 되었던 연필 제조업자는 명백히 매우 대중적인 자부심을 가진 조셉 딕슨 크루서블 회사였다. 이것은 미국 연필을 사칭하는 사람들에 대해 종종 십자군 역할을 하는 광고로 이어졌다. 그래서 딕슨 사의 트레이드마크인 "아메리칸 그래파이트(American Graphite)"라는 표어뿐만 아니라 상당한 애국심을 드러내는 광고들이 많았다.

대부분의 연필 광고는 거의 항상 두 가지를 언급했다. 물론 첫 번째는 광고 속 연필이 이러이러한 점에서 최고라는 것이었고, 두 번째는 그 지역 문구점에서 만나볼 수 있다는 것이었다. 사람들이 당연히 동네 문구점에 들러볼 것이기에 그렇게 말할 필요가 없었는데도 여전히 자주 광고에 인쇄되었다. 두말할 필요도 없이 초기 연필 광고들은 논란의 대상이 되었다.

우리는 이제까지 처음 몇십 년간의 연필 광고는 주로 회사의 유산에 초점을 맞추었다는 사실을 알아보았다. 상업적인 연필 산업은 여전히 상당히 새롭고 빠르게 성장하는 분야였기 때문에, 연필 회사들은 그들의 역사와 신뢰성을 독자들에게 재빨리 알렸다. 특히 유럽 제조회사들이 이 전략을 사용했다. 전통, 공장의 이미지, 자사 중심적 내용의 광고가 많았고, 제품의 실제 품질에 대한 판단은 소비자에게 남겨두었다. 이것은 광고에서 독창성이 중요해지기기 훨씬 전의 일이다. 즉, 눈에 띄게 아름답고 기발한 광고로 대중에게 강한 인상을 주기보다는, 정보를 공유하고 소비자들이 브랜드에 친숙해지도록 하는 것을 중요하게 여겼다.

연필 광고뿐만 아니라 거의 모든 것의 광고 방식이 그랬다. 1930년대와 1940년대가 되어서야 전면 광고, 몰입하게 하는 광고, 시선을 끄는 광고들이 생겨났다. 여기서부터 바로 연필 광고의 황금기가 시작되었다고 생각한다. 경쟁이 아주 치열해지기 시작하면서 재치 있는 광고에 자원을 쏟아부을 수밖에 없었던 것이다. 내가 가장 좋아하는 광고는 1930년대 중반의 〈포브스〉 매거진에서 발견한 아메리칸 리드 연필 회사의 비너스 드로잉 연필 광고이다. 적어도 여덟 개의 다른 광고들이 같은 맥락의 시리즈였는데, 각 광고들은 기념비적인 무언가가 연필에서 시작되었다는 이야기를 담고 있다. 엠파이어 스테이트 빌딩, 퀸 마리 여객선, 골든게이트 브리지를 포함하여, 현재는 물론 전국적으로 사랑받았던 모든 공학적인 위업들을 포함했다. 그 광고들에서 10센트짜리 비너스 드로잉 연필의 이미지는 훨씬 작았고, 광고의 주제에 대한 이미지와 그 주제의 역사에 대한 방대한 카피가 대부분을 차지했다. 꼭 비너스 연필이 아니라 연필 자체가 어떻게 획기적인 것을 창조하는 역할을 했는지 보여주었다. 각 광고의 큰 표제는 "세계에서 가장 높은 건물은 연필에서 시작되었다"와 같은 문장으로 시작되었으며, 물론 "연필에서"라는 부분은 항상 연필로 쓰였다.

미국 연필 광고의 대부분은 〈라이프〉, 〈타임〉, 〈코스모폴리탄〉, 〈포브스〉 등 유명한 잡지나 신문, 그리고 어린이를 위한 출판물에도 게재되었다. 신문 광고는 더 작고 간결했으며 대부분 여백 페이지에 실린 반면, 잡지 광고들은 종종 전체 페이지에 컬러로 실렸다.

비너스 연필 광고들은 매력적이었을 뿐만 아니라, 다른 모든 광고와도 차별화되었다. 제품 판매를 위해 국가주의를 덜 직설적인 방식으로 사용했고, 소비자들이 연필로 무언가 훌륭한 일을 할 수 있을 것이라 느끼게 했다. 다른 광고와 마찬가지로 자사 연필의 우월성도 주장했지만 덜 거슬리는 방식으로 홍보했다. 요점은 아메리칸 리드 연필 회사가 훌륭한 연필을 만든다는 것이 아니었고, 연필이 일반적으로 위대한 물건이라는 것이었다. 연필 판매에만 중점을 두지 않은 최초의 광고였고, 대중의 심금을 울리며 연필과 대중의 연결고리를 만들어준 광고였다.

같은 시기에, 이글 연필 회사는 광고를 바라보는 방식에 중요한 변화를 주고 있었다. 지금까지 이글의 주요 판매 포인트는 그들이 "몇몇" 해 동안 회사를 운영해 왔고, 물론 경쟁사의 연필보다 낫다는 것이었다. 이글 연필에는 품질을 상징하는 트레이드마크인 빨간 페룰 띠가 있다. 하지만 이것만으로는 더 이상 충분한 판매 포인트가 되지 않았다. 대부분의 광고가 사실적 증거가 없는 주장과 설명이 중심이라는 사실을 알게 된 회사는 연필을 더 좋게 만든 실제적인 것들에 대해 연구하기 시작했다.

우선 연필이 어떻게 사용되고 있는지 알아보기 위해 낙서와 필기에 대해 테스트했다. 인기 있던 이글의 미카도 연필 상자 안에는, 10센트를 상자에 넣어 회사에 보내면 필체 분석가가 사용자의 필체를 분석해준다는 광고지가 들어 있었다. 이런 종류의 고객 참여는 다른 연필 회사들도 그런 많은 프로그램, 즉 고객이 제품을 구매하고 회사의 이벤트에 참여하면 보상으로 무언가를 얻을 수 있는 프로그램들을 만들도록 했다. 이런 초기 프로그램의 예 중에 내가 가장 좋아하는 것도 있다. "물론이지! 몽골은 정말 다르게 들린다니까"라고 주장하는 에버하르트 파버 사의 광고이다. 이 광고에는 몽골 연필을 사용하는 한 소녀와 그 옆에서 "사운드 테스터" 종이의 소리에 귀 기울이고 있는 한 소년의 이미지가 있다. 그리고 왜 이 연필이 더 조용하게 써지는지 그 이유와 가까운 문구점에서 사운드 테스터, 즉 종이 한 장을 무료로 얻을 수 있음을 설명한다.

그 후 이글 사는 토마스 에디슨의 연구실에서 일했던 이시도르 체슬러(Isidor Chesler)를 고용하여 미카도 넘버2(HB) 연필 하나가 다시 깎기 전까지 얼마나 오래가는지 측정하는 방법을 찾도록 했다. 그가 만든 종이 롤 장치에 연필이 부착되어 종이 위를 따라 줄이 그어졌다. 최종 결과는 놀랍게도 35마일(약 56미터)이었다. 이글 사는 광고에 "5센트로 35마일을"이라는 문구를 자랑스럽게 집어넣었고, 엄청난 수의 새로운 고객을 끌어들이는 데 성공했다. 이러한 종류의 정량적 접근법이 인기를 끌면서, 다른 연필 제조업자들도 자신들만의 과학적 실험을 고안해냈다. 에버하르트 파버도 다시 한 번 비슷한 실험을 했고, 몽골 연필 하나로 16,230개의 단어를 쓸 수 있다면서 심지어 1센트당 정확히 단어 몇 개를 쓸 수 있는지 광고하기까지 했다. 구구절절한 이야기와 입증되지 않은 주장들보다 사실을 언급한 것이 연필 판매에 훨씬 도움이 되었고, 낡은 광고 관행에 신선한 공기를 불어넣었다. 광고에 긴 설명은 사라지지 않았지만 최소한 그 정보는 실제로 연필의 품질을 판단하는 데 더 도움이 되었다. 연필로 자세할 만큼 긴 거리를 긋거나 단어를 짜낸다는 생각은 과학적인 차원에서는 다소 터무니없어 보이지만, 이 "연구"의 목적은 정확성이 아니라 연필의 잠재력을 설파하는 것이었다.

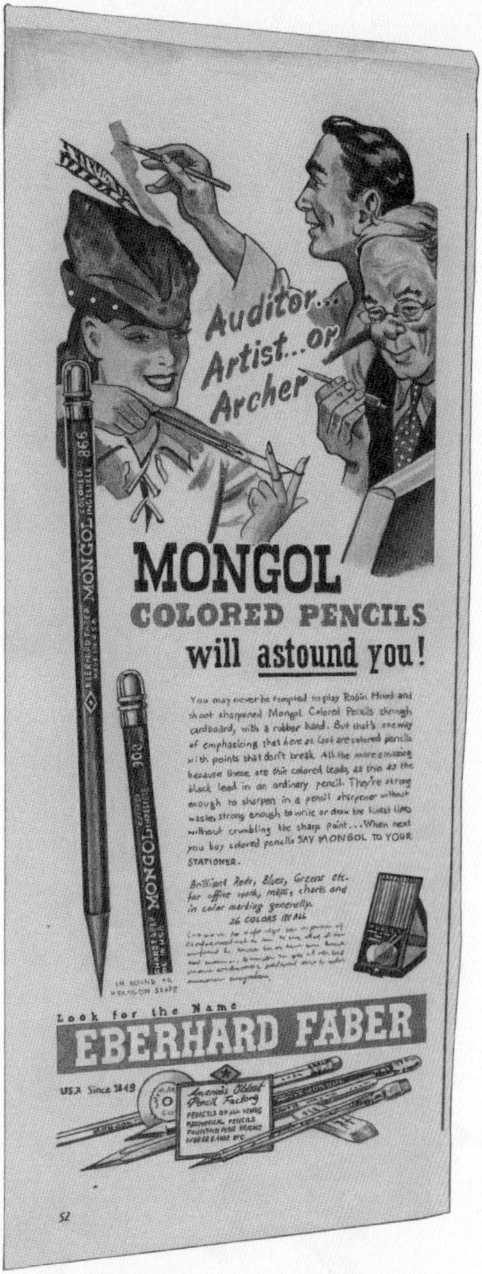

1940년의 생기 넘치는 에버하르트 파버 광고에 몽골의 다재다능함이 묘사되었다.

연필이 진보함에 따라, 제품의 우수성보다 더 많은 광고거리가 생겼다. 광고성 주장 대신 새로운 기술에 대한 설명을 내세웠고, 이글 연필 회사는 다시 업계의 선례를 만들었다. 이글 사의 체슬러와 그의 팀은 자사의 연필이 최고임을 증명할 수 있다는 희망을 갖고 연필의 강도를 시험하는 도중, 이글 연필이 그렇지 않다는 것을 깨달았다. 그래서 그들은 가장 튼튼한 연필을 만든다는 진실을 말할 수 있도록, 추가적으로 제조 공정을 발전시켰다. 그 결과 약간 다른 연필을 만들었는데, 나무가 쪼개지는 것을 방지하기 위해 주입 목재를 사용했고, 접착제가 더 잘 붙도록 심을 코팅했다. 새로이 개선된 연필심을 설명하기 위해 "케미-실드(Chemi-Sealed)"라는 상표를 등록하고, 제품 판매에 이 복잡한 이름과 새로운 기술을 사용했다. 에버하르트 파버 사도 자사의 특허 제품인 마이크로토닉 심 연필을 비슷한 방식으로 광고했다. 소비자의 의사 결정 과정에 과학을 도입하는 방법으로 개선점을 활용한 것이다. 연필과 광고 모두에서, "새롭고 개선된" 아이디어는 매우 강력한 도구가 되기 시작했다.

1900년대 초반 새로운 상품의 도래와 함께, 제품 상자 안에 광고를 넣는 방식이 유행했다. 연필의 경우엔, 소형 광고지들이었다. 더 많은 정보를 담은 완벽한 크기의 작은 카드들, 다른 제품에 대한 작은 카탈로그, 또는 일종의 홍보물이었다.

비용이 많이 드는 이런 종류의 모험으로 영세 기업들은 경쟁적으로 광고하기가 어려워졌다. 대기업들은 전국 잡지에 실린 화려한 총천연색의 대규모 연필 광고로 또 다른 판매 포인트를 노출시킬 수 있었다. 종종 상자 안에도 라이프 매거진, 또는 자사 연필이 등장하는 출판물에 스티커로 표시한 광고를 넣기 시작했다. 연필 회사들은 기본적으로 광고비뿐만 아니라, 지불한 광고에 대한 권리 비용도 지급하고 있었다. 전국적인 마케팅 캠페인의 이점을 활용할 수 있는 형편이 아니라면, 유명한 이름이 찍힌 제품과 경쟁하는 것은 매우 어려운 일이었다.

자본의 이점은 여기에 그치지 않았다. 19세기 중반의 어느 기간 동안에는, 고객들에게 보내는 문구상의 카드에 광고를 내는 것이 유행이었다. 이 카드들은 10×15센티미터(4×6인치) 정도의 작은 카드로, 특정 연필 브랜드를 광고하고 하단에 문구점의 이름과 주소를 표시했다. 주로 영업사원들이 사용했던 이 카드는 제품을 광고했을 뿐만 아니라 판매처를 정확히 알려주었다. 큰 잡지에 실린 광고보다 간결했으며, 정교한 사진과 짧은 카피가 있는 작은 광고였다.

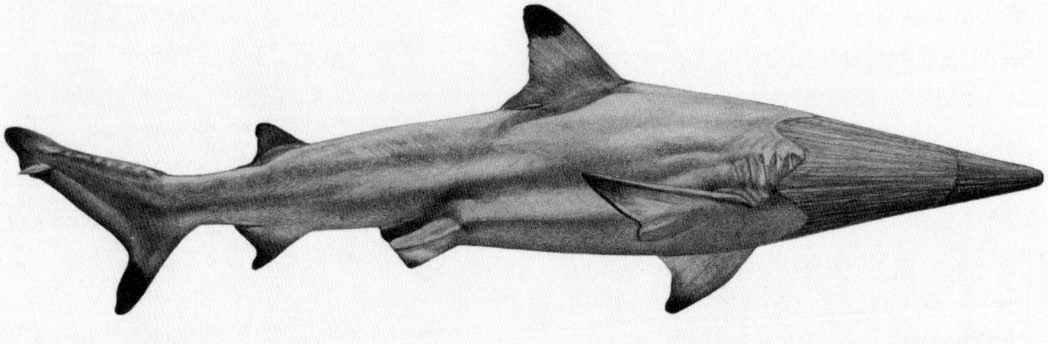

2010년 파버-카스텔과 광고 에이전시 서비스플랜 뮌헨(Serviceplan Munich)이 공개한 연필 광고.

한편 유럽의 연필 광고는 미국보다 훨씬 더 섬세했다. 문구상의 카드, 상자의 삽입 광고, 전면 페이지 광고에서 공격적인 성격을 선호하지 않았다. 대부분의 광고는 좀 더 직접적인 접근법, 즉 제품 자체에 조금 더 초점을 맞췄다. 보통 이것은 연필의 단순하고 예술적인 이미지와 제품명, 제조사 및 간단한 표어만 포함하는 광고를 의미했다. 더 단순한 것이 더 좋은 것임을 표방했고, 이러한 광고들은 유럽 시장의 자부심을 드러냈다. 유럽 대부분의 나라에는 한두 개의 주력 연필 회사들만 있었기 때문에 광고는 대부분 자원 낭비였다. 그중에서도 까렌다쉬는 가장 광고를 많이 하는 회사였는데, 이것은 아마도 그들이 신생 회사 중 하나였고, 스위스 밖에서도 명성을 쌓을 필요가 있어서였을 것이다. 그들의 "본네 민" 캐릭터는 제품 판매를 위해 더 재미있는 접근법으로 사용된 만화 캐릭터, 또는 회사 마스코트의 완벽한 예이다. 이글은 좀 더 사실적인 "어니스트 이글(연필을 잡고 있는 직사각형 모양의 독수리)"을 사용했고, 딕슨은 잠시 동안 장난스러워 보이는 만화 캐릭터들을 채택했다.

연필 판매용 만화는 결코 인기를 얻지 못했지만, 에버하르트 파버는 세기 중반의 이 접근을 통해 확실히 팔릴 트렌드를 포착했다. 20대로 추정되는, 얌전한 미소와 수수한 헤어스타일을 가진 여성이 거의 모든 사무 용품 광고에 등장하기 시작했다. 대개 사무실에서 매니큐어가 칠해진 손가락들 사이에 연필이나 지우개를 조심스레 놓고 친근한 미소를 지으며 포즈를 취하는 여성이었다. 이 광고들은 분명히 1950년대와 1960년대의 비서들을 겨냥했으며, 사무용품을 매력적으로 보이게 한 시도였다. 우아한 여성의 손을 사용한 비너스 연필 광고 외에, 이것들은 그 당시에 특정 여성 인구를 특별히 겨냥해 제작된 유일한 광고였다. 그 당시 연필 광고가 겨냥하는 소비자층을 구별할 수 있는 유일한 요소가 그림연필, 필기용 연필, 또는 학교 연필을 찾고 있는지 여부였음을 고려해 본다면, 이 광고는 대단한 것이었다.

1960년대 말까지, 연필 광고는 점점 줄었다. 시장은 퇴색되기 시작했고 광고와 마케팅에 자원을 사용할 필요가 적어졌다. 그 시점까지는 신제품들이 많이 출시되지 않았고, 수십 년 동안 이미 광고된 제품들은 확실한 평판을 갖고 있었다. 어떤 연필들은 앞선 몇십 년 동안의 숱한 광고들 덕분에 누구나 아는 이름이 되었다. 즉, 비너스 벨벳, 에버하르트 파버 몽골, 딕슨 타이콘데로가, 이글 미라도인데, 각각 빅4의 대표 제품이다. 대부분의 브랜드는 연필 광고를 좀 더 비싸고 고급스러운 제품인 필기도구, 펜 또는 문구 제품 광고로 대체했다.

1990년대에 유년시절을 보낸 사람으로서, 나는 현재 미국의 잡지나 신문에서 연필 광고를 본 적이 없다. 그렇다고 해서 아예 없지는 않고 거의 없다는 말이다. 연필 광고에 가장 가까운 것은 유튜브에서 간접적으로 시청한 인도의 TV광고나 공항 면세점에 있는 유럽 제조업체의 고급 제품에 대한 광고였다. 2010년 독일 파버-카스텔은 알아볼 수 있는 물체들을 촬영하여 색연필 심으로 변형시켜 표현한 광고 시리즈를 집행했다. 가지, 바나나, 개, 소방차 등 창의적이고 재미있는 이미지들이었다. 최첨단 기술의 시대에서 문구류 광고는 쇠퇴하고 있을지 모르지만, 연필에 대한 언급이 완전히 사라지지는 않았다. 애플 사의 연필을 예로 들어보자. 아이패드 스타일러스가 출시되었을 때, 나는 애플 사가 연필이라고 부르는 제품에 애플의 광고 방식을 적용한 것에 대해 조금 웃었다. 만약 이것이 오늘날 우리가 있는 곳에서 일어나는 일이라면, 이런 일로 인해 적어도 광고의 황금기 시절에 한때 밝은 별이었던 그 물건을 상기할 수 있음에 감사할 수 있을 것이다.

다양하고 신기한 노벨티 연필들

다채롭고 신기한 연필들, 즉 사용할 수 없는 연필, 기념품 연필, 네온 색깔 연필, 향기 나는 연필, 카트리지 연필, 미니어처 돌이 들어 있는 연필, 그리고 무수히 많은 연필들이 20세기 후반에 진가를 발휘하게 되었다.

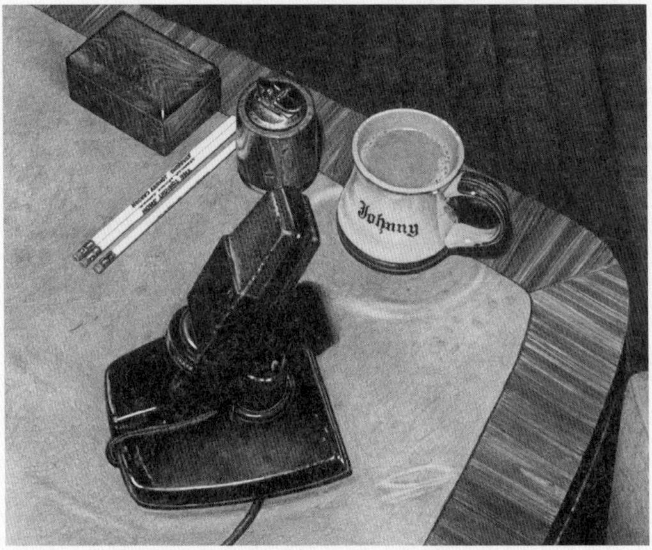

TV쇼 진행자인 쟈니 칼슨(Johnny Carson)의 책상. 연필이 준비되어 있다.

존재하는 모든 물건에는 노벨티(novelty: 효과적인 광고를 위해서 고객에게 제공하는 열쇠고리, 볼펜, 라이터 따위의 실용 소품) 버전이 있다. 토스터, 칫솔, 연필 등 어떤 것도 그 명칭에서 자유로운 물건은 없다. 이 장에서 미화된 "노벨티"는 연필의 맥락에서는 불경한 단어로 여겨질 수 있다. 보통 조잡하거나 싸구려라고 여겨지는 것들과 관련이 있지만, 이 경우에는 형태가 기능보다 더 중요함을 설명하는 데 사용하는 것이 더 적절하다고 생각한다. 그 형태는 종종 장난감에 비유된다. 어떤 선물 가게나 장난감 가게에서도, 계산대 근처나 문구 섹션에서 테마 연필이 가득한 컵을 찾을 수 있을 것이다.

20세기 후반의 연필에 있어서, 단순하고 실용적인 버전은 대부분 더 휘황찬란한 연필들의 그늘에 가려져 있다. 1960년대 초기 연필의 사례들, 특히 광고의 경우에는 각 사례의 시기가 언제였는지 분류될 수 있었지만, 노벨티 연필의 추세가 정확히 언제부터였는지는 알 수 없다. 우선 생각나는 것은, 페룰 양쪽에 각각 지우개를 끼우고 이것을 연필에 부착된 또 다른 페룰에 붙여서 연필이 망치처럼 보이도록 한 광고 연필이다. 같은 맥락으로, 양쪽 끝에 페룰과 지우개를 씌우고, 종종 지우는 행위와 심 없는 연필에 대한 말장난이 새겨진 연필도 있었다. 이 연필은 심야 텔레비전 쇼 진행자인 쟈니 칼슨이 쇼를 진행하는 동안 자주 만지작거리던 연필로 크게 유명해졌다.

노벨티 연필 전에는 노벨티 연필깎이가 있었다. 일반적인 쐐기 모양 연필깎이를 어떤 오목한 물체에 붙이기 쉬웠기 때문에 휴대하기 훨씬 간편했다.

20세기 중반에도 있었던 "노벨티"는 새로운 개념은 아니었지만, 아직 문구류에 완전히 적용되지는 않았다. 더 많은 신기한 물건들이 만들어지기 시작한 사실은 아마도 값싼 플라스틱의 개발 때문일 것이다. 1970년대까지, 만들기 쉽고 비용도 적게 든다는 이유로 점점 더 많은 노벨티 연필들이 나타나기 시작했다. 즉, 연필 끝에 붙일 것들을 만들기가 쉬워졌다는 말이다.

1970년대에 노벨티 연필의 잠재성을 정말 잘 이용한 나라는 일본이었다. "가와이 문화"의 인기가 시작되면서, 노벨티 아이템들의 수요도 증가했다. "가와이"는 대략 "귀여운" 또는 "사랑스러운"을 뜻하는 일본어인데, 대개 색깔이 밝고 사실상 유치한 상징이나 사물, 특히 일본 문화를 지칭할 때 사용한다. 이러한 추세가 형성된 가장 초기의 방법 중 하나는 필체였다. 전통적으로 일본어는 세로의 굵은 획으로 쓰이는 반면, 가와이 문화에 빠진 십대 소녀들은 톡톡 튀는 둥글고 가는 글씨를 가로로 썼고, 종종 하트 모양이나 별 모양으로 글씨를 장식하기도 했다. 일본 대중문화와 그 디자인의 귀여움은 주로 가와이의 개념에 기인하며, 여러 브랜드가 이 시기에 그 인기를 활용했다. 그중에 산리오(Sanrio) 연필은 어린이 시장을 겨냥한 초기 노벨티 연필로 가장 유명하다. 밝고 재미난 디자인과 다양한 캐릭터가 인쇄된 일반 연필로 시작하여, 산리오의 제품들은 색깔 있는 페룰과 지우개를 거쳐 나중에는 정교한 연필 꼭지(topper)까지 진화했다.

1980년대까지, 노벨티 연필들은 본격적인 트렌드가 되었다. 일본에서는 노벨티 연필 전문 회사인 리본(Ribbon) 연필 회사를 비롯해 수많은 브랜드가 이런 연필들을 만들고 있었다. 포장 디자인이 이 트렌드를 가장 크게 반영했지만, 연필 자체의 특징을 조금이라도 말하자면, 재미있는 디자인과 상식을 벗어난 연필 꼭지가 특징이었다. 종종 움직이는 부품으로 만든 플라스틱 꼭지는 연필 끝에 편안하게 맞도록 만들어졌고 탈착이 가능했다. 회전하거나 흔들거리거나, 또는 연필 끝에 달려 있는 끈에 묶여 있는 장식들도 있었다. 아주 특별한 예를 들자면, 원색의 기하학적 디자인이 인쇄되어 있고, 필기하다가 화장을 고칠 필요가 있을 때를 대비해 끝에 커다란 둥근 거울이 달려 있는 연필도 있다. 정말이지 그것들은 연필 끝에 맞게 개조된 장난감들이었다. 또 다른 유명한 일본 제조사는 리드웍스(Leadworks)이다. 그들은 주로 헬로 키티와 하우디 두디(Howdy Doody)를 포함한 인기 있는 캐릭터가 있는 연필을 만들었으며, 지우개 꼭지, 그리고 하트 모양이나 별 모양의 배럴을 가진 연필도 전문적으로 생산했다.

일본어 "가와이"는 "달아오른 얼굴"을 뜻하는 "가오-하유시"에서 온 말로, 얼굴 붉힘을 가리킨다. 일본의 귀여움 문화를 가리키는 데 사용하기 훨씬 전에 만들어진, 100년 넘게 쓰이던 말이다.

물론 이 연필들은 진지한 필기도구로 여겨지지는 않았다. 많은 제품들이 고품질의 목재와 흑연 심으로 만들어졌지만 대부분의 경우 어린이용이나 수집용으로 판매되었다. 한 가지 특정한 형태의 노벨티 연필은 1980년대 대만에서 만들어졌다. 이 연필을 본 적은 있지만, 내가 고객의 방대한 컬렉션을 매입하기 전까지 두루 본 적은 없었다. 연필 밑에 작은 글씨로 "Taiwan

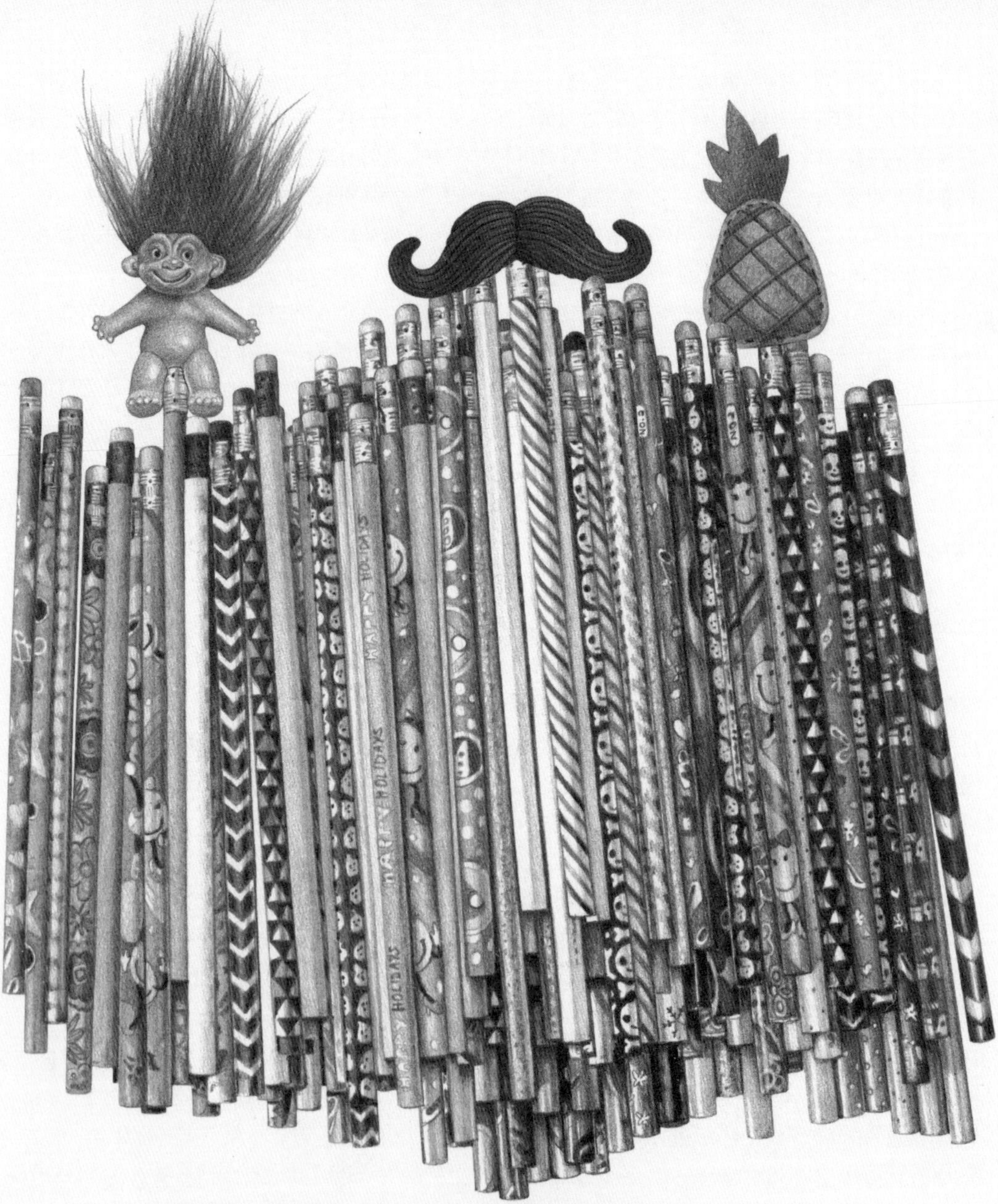

괴물 같은 트롤 모양의 꼭지부터 웃는 얼굴이 프린트된 화려한 연필까지,
1980년대와 90년대 노벨티 연필의 디자인은 끝이 없다.

D56"이라고 새겨져 있기만 해서, 출처는 조금 불확실하다. 이 연필들의 통일성은 흠잡을 데 없이 완벽하고, 각 연필은 단일 색으로 칠해져 있으며 연필 끝부분에는 포일로 새겨진 글자들이 있다. 플라스틱 꼭지들 중 몇몇에는 깃털이 달려 있기도 하다. 이 아이템들은 단순해서 재밌다. "뜨거운 토마토"라는 말 옆에 두 눈을 부릅뜬 토마토가 그려져 있는가 하면, 열 수 있는 우편함 그림과 함께 "저에게 보내세요"라는 글자가 쓰여 있는 것도 있다. 어떤 것은 심지어 선물을 테마로 만들어져서, 연필 끝에 달린 상자를 열 수도 있다. 이것들은 거의 연필 형태의 연하장이나 크리스마스카드나 마찬가지다.

1980년대 아시아 연필 제조업체들은 새로운 연필 시장을 확고히 했고, 연필 수집 시장에 완전히 새로운 영역을 만들었다. 2016년에 출간된 책《연필과 펜(Pencils & a Pen)》은 1980년대 로라 폭스먼의 일본 노벨티 연필 컬렉션에 헌정되었다. 이 책은 대중에게 사랑받는 여러 연필들을 신중하게 선정하여, 수집의 개념뿐만 아니라 20세기의 대표적 물건 중 하나로서 연필의 이야기를 들려준다. 광고 속 연필들은 수십 년 동안 수집되었지만, 저렴한 가격의 다양한 노벨티 연필들은 특히 젊은 수집가들을 위해 완전히 새로운 삶을 살게 되었다.

기념품 연필에 대해 잠깐 이야기해보자. 노벨티 연필은 연휴, 이벤트나 브랜딩을 위해 존재하지만 기념품점에서도 인기 있는 아이템이다. 노벨티 연필의 개념이 등장하기 훨씬 전에, 박물관이나 관광지에서 찾아볼 수 있었던 기념품 연필에는 이름과 장소가 찍혀 있었다. 더 화려한 수집용 연필의 인기가 많아지면서 기념품 가게에도 더 창의적인 버전들이 등장했다. 이 연필들은 두 가지 부류로 나눌 수 있다. 첫째로, 사용할 수 있는 연필이다. 사용하는 동안에도 쓸모없게 되어버리는 이 버전들 중 하나는 잘못된 모양의 연필이다. 이런 연필은 내 어린 시절에 관광객 쇼핑의 상징이었다. 나무로 만들어졌고, 연필 끝에는 동물이나 제일 인기 많은 하트, 사과 등 다양한 모양이 달려 있었다. 이 연필은 이상하게도 대개 페룰과 지우개를 여전히 갖고 있었는데, 보통 거꾸로 달려 있거나 뒤틀려져 있어서 전혀 사용할 수 없었다.

내가 가장 좋아하는 사용 가능한 또 다른 기념품은 많은 사람들이, 특히 자연사 박물관에서 본 적 있을 것이라 확신한다. 연필 부분은 짧고 골프 연필의 길이와 비슷하다. 연필의 나머지 부분에는 플라스틱 튜브가 부착되어 있는데 와인의 코르크 마개처럼 쓰이는 지우개가 끼워져 있다. 튜브 안에는 윤이 나는 아주 작은 돌조각들이 가득 차 있다. 이 연필은 1962년의 미니어처 록 컬렉션 연필(Miniature Rock Collection)의 트레이드마크로, 미국 최초의 노벨티 기념품 연필 중 하나였을 것이다. 향수를 불러일으키는 노벨티 연필에 관한 한, 이 연필들은 1960년대 디즈니랜드 선물가게에서 인기를 끌었던 아주 긴 35.5센티미터(14인치)짜리 연필과 동등한 위치에 있다.

기념품 연필의 두 번째 유형은 실제 연필을 흉내만 낸 연필이다. 이 물건은 더 최근에 나왔는데, 놀랍게도 요즘에도 여전히 찾아볼 수 있다. 우선, 굉장히 큰 연필이 있다. 페인트칠이 되어 있지만 플라스틱으로 포장되어 있고, 값싼 알루미늄 페룰, 우습도록 큰 지우개, 그리고 어떤 이유에서인지 고리 모양의 끈 조각들이 연필 끝에 달려 있다. 물론 이 연필을 쓸 수는 있지만, 보통 낮은 품질의 나무로 만들기에 칼을 대면 쪼개져서 깎을 때 문제가 생긴다. 비슷한 것으로 구부릴 수 있는 연필이 있다. 이 연필에는 고무 재질의 구부러지는 플라스틱 배럴 안에 흑연을 적게 함유한, 매우 매끄럽고 휘어지는 연필심이 들어 있다. 연필을 깎는 것도 어려운데, 플라스틱이 잘리지 않아서가 아니라 연필이 너무 흔들거려서 잘 잡고 연필깎이에 넣기가 어렵기 때문이다.

노벨티 연필의 초보자들에게는 항상 지우개 꼭지가 있었다. 1990년대에 유년기를 보낸 나에겐 꽤나 친숙한 것이다. 내 또래의 많은 미국 아이들처럼, 나는 거의 매번 학교에서 주는 선물 주머니에 가득 담긴 다양한 색깔의 지우개 꼭지들을 받았다. 할로윈 때는 프랑켄슈타인 모양, 크리스마스 때는 산타클로스 모양, 추수감사절 때는 원뿔 모양, 부활절 때는 토끼 모양, 개학할 때는 사과 모양 등, 그 지우개 꼭지들은 어디에나 있었다. 이 두툼한 작은 도구가 엄청난 양의 지우기를 가능하게 해주었음에도 불구하고, 실제로 효과적인 지우개가 아니라는 것은 슬픈 사실이다. 지우개를 너무 세게 문지르고 또 문질러서 연필에서 지우개가 튀어나올 것 같지만, 그 대신 연필에 끼운 구멍이 갈라져 있고, 쪼개진 잭-오-랜턴(호박등)

만 남아 있는 당혹스런 상황에 맞닥뜨리게 된다. 이 유행은 리사 프랭크(Lisa Frank) 때문이다. 그 회사의 무지개빛 디자인은 내가 어린 시절에 다녔던 모든 상점의 문구 용품 코너를 장식했다. 리사 프랭크 사의 문구류는 문구점 통로에서 내가 가장 좋아하는 것이었다. 두툼한 지우개 머리가 달린 무지개 연필들은 그에 어울리는 스티커, 편지지와 함께 포장되어 있었고, 2학년 때 생일 선물로 받을 수 있었던 매력적인 아이템이었다.

일본에 산리오가 있었다면, 동시대인 1980년대와 90년대에 미국의 새로운 문구 산업에는 리사 프랭크가 있었다. 리사 프랭크 사는 프리틴(preteen) 소녀들을 겨냥했지만, 네온 핑크색 디자인을 좋아하지 않던 십대 소년들에게도 기회를 주었다. Yikes! 연필로 말이다. ("Yikes"는 영어로 "이런", "이크"라는 뜻의 감탄사: 역주) 1992년 처음 출시된 Yikes!는 미국 연필업계의 거인인 베롤(Berol)사에서 만들었으며, 사용하기 좋으면서도 가능한 우스꽝스러운 디자인이었다. 연필 배럴은 매우 밝은 색이거나 홀로그램 무늬가 있었고, 지우개는 이상한 모양이었으며 종종 그 위에 화려한 그래픽 디자인이 인쇄되어 있었다.

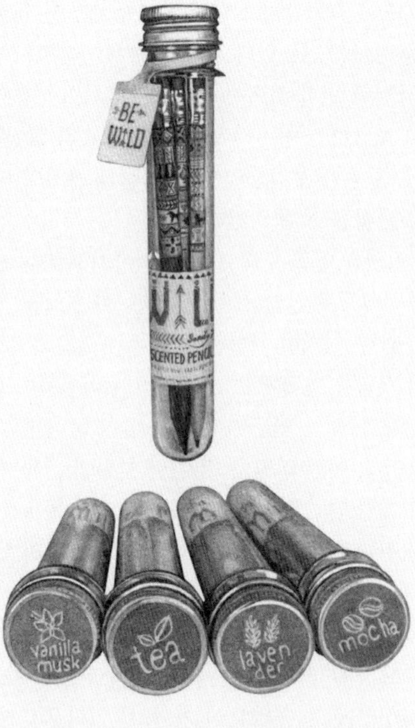

연필에 향을 입힌 연필들. 향기 나는 연필은 향이 쉽게 증발하지 않도록 잘 밀봉되어 있다.

그러나 가장 재미있는 부분은 1993년의 TV광고였다. 학교 가려고 옷을 고르는 소년에게 내레이터가 말한다. "이봐, 옷이 문제가 아니라 연필을 바꿔야 한다고." "촌스런 연필로는 맵시 있어 보이기 어렵다니까." 실로 훌륭한 마케팅이었지만, 광고 속의 연필 자체도 꽤 멋졌다. 미적인 면에서 익살스러웠고, 포장이나 부속품들도 그와 잘 어울렸다. K-마트 같은 가게의 개학 준비물 코너에 있던 리사 프랭크 제품들과 완벽하게 어울렸고, 1990년대 아이들에게 날개 돋친 듯 팔린 네온 색 슬라임(영화나 소설 등에 등장하는 액체 상태의 끈적끈적하며 기괴한 생명체의 총칭)의 미학, 니켈로디언과도 훌륭하게 어울렸다.

좋건, 나쁘건, 무모하건 간에, 완전히 비실용적인 연필들도 있다. 연필보다 더 특이한 노벨티 연필의 장르는 장난 연필(joke pencil)이다. 쟈니 칼슨이 쥐고 있던 양쪽 끝에 지우개가 달린 연필처럼, 수학 시험 직전에 연필을 빌려 달라는 친구를 놀려줄 목적으로만 사용할 수 있는 몇 가지 연필들이 있다. 먼저 일본의 장난 연필이 출시되었는데, 흑연 심 대신 간단한 고무 막대가 들어 있는 것이다. 평범한 연필과 별로 닮지 않았기 때문에 누구나 속을 수 있다는 것을 믿기 힘들지만, 확실히 재미있긴 하다. 현재 이런 연필의 더 좋은 버전은 포르투갈의 연필 제조업체인 비아르쿠(Viarco)가 만들고 있다. 나무로 만든 보통 연필처럼 보이고 페인트칠 되어 있지만, 안에는 흑연 심이 없다. 심의 끝부분만 흑연에 살짝 담가 마치 쓸 수 있는 것처럼 보이게 만든 것이다. 이 연필을 써보려고 한다면, 종이 위로 불쾌하게 미끄러지며 희미한 흔적을 남길 것이다. "모형 연필(Dummy Pencil)"이라고 적혀 있기까지 하지만, 사람들 대부분은 이것을 눈치 채지 못한다.

최근 콜롬비아를 여행했을 때, 보고타 시 한 골목의 작고 먼지투성이인 문구점에서 연필 하나를 발견했다. 초등학생 시절 갖고 있던 것과 똑같은, 오랫동안 잊고 있었던 연필이었다. 이 연필은 나무 연필도 기계식 연필도 아니기 때문에 설명하기 까다롭다. 육안으로는 플라스틱 배럴과 클립이 있는 뚜껑 달린 볼펜처럼 보인다. 배럴 안에는 여러 개의 작은 플라스틱 조각들이 있는데, 각 조각마다 날카롭고 뾰족한 흑연심이 들어 있다. 흑연 심이 뭉툭해져서 하나를 뽑아내어 연필 뒤 쪽에 밀어 넣으면 새로운 심이 나온다. 이 연필에는 한 가지 문제점이 있다. 조각을 하나라도 잃어버리면 내부의 조각 층들이 딱 맞게 고정되지 않기 때문에 연필이 쓸모없게 되어버린다. 이 연필에 대한 나의 기억은 줄무늬와 과일이 인쇄된 "파이어니어(Pioneer)"라는 브랜드와 많은 관련이 있다. 오렌지, 사과, 딸기, 포도 그림으로 출시되었고 각 과일에 맞는 향기도 났다. 카트리지 연필 또는 푸시 포인트 연필이라고 불렸던 이 연필은 여전히 존재하지만, 그 인기의 절정은 거의 대부분 인기 캐릭터와 이미지들이 있던 1980년대와 1990년대였다.

카트리지 연필과의 재회는 가장 최근 인기를 끌고 있는 노벨티 연필인 "스멘슬(Smencil)"로 나를 이끌었다. 이 연필은 내가 3학년 때 좋아했던 향기 나는 푸시 포인트 연필과는 거리가 멀다. 브랜드 이름이기도 한 스멘슬 사는 재활용 신문지를 말아 향료에 담근 배럴로 향기 나는 연필을 만든다. 이 연필은 향이 아주 강하며, 향기가 발산되는 것을 방지하기 위해 가는 투명 플라스틱 용기에 하나씩 담겨 판매된다. 향이 덜 강한 연필과 다른 브랜드에서 만든 성인 취향의 향이 나는 연필들도 많지만, 스멘슬은 화려하고 신기한 물건에 쉽게 동요되는 어린이들이 좋아한다. 교사와 학부모들은 자극적인 냄새 때문에 좋지 않게 생각하는 연필이다. 냄새는 거슬리지만 매우 시장성 있다는 점에서, 마치 연필 세계의 자동차 방향제 같다.

연필에 달린 풍성한 마라부(marabou) 깃털과 움직이는 부품의 시대는 지나간 듯하지만, 미니어처록 컬렉션을 포함한 초기의 예들은 오랜 시간을 꿋꿋이 버텨냈다. 오늘날 선물가게에서 발견할 수 있는 노벨티 연필들은 보통 중국산이며, 예전의 장난감 연필을 값싸게 모방한 것처럼 보인다. 하지만 다행스럽게도 일본의 아이볼(Eyeball) 연필 회사는 여전히 수집할 가치만큼 재밌게 사용할 수도 있는 몇 가지 연필을 만들고 있다. 전문가의 견해로 가장 멋진 세 가지를 꼽자면 배럴이 하트 모양처럼 생긴 연필(이 연필을 깎으면 꽃같이 아주 예쁜 연필밥을 볼 수 있다), 담배처럼 생긴 연필, 종이 포장지에 잘 싸여 있는 한 쌍의 젓가락 같은 연필이다. 포키(Pocky) 초콜릿과 똑같이 생긴 연필도 일본의 노벨티 가게에서 발견할 수 있다. 일본은 이제 믿을 수 없을 정도로 다양하고 아주 정교한 노벨티 지우개로 더 잘 알려져 있지만, 내 마음 속에서는 항상 세계에서 가장 뛰어난 노벨티 연필을 소개한 나라로 자리 잡고 있다.

일본의 이와코(Iwako) 사는 불가능해 보일 정도 아주 정교한 음식 모양의 지우개들을 포함한, 훌륭한 노벨티 지우개 컬렉션들을 생산한다. 이것으로도 충분하지 않은지, "퍼즐 지우개"라는 이름을 붙여서, 조각조각 분리했다가 다시 조립할 수 있는 지우개도 만들었다.

수집가용 아이템이든 쉽게 찾을 수 있는 기념품이든, 또는 아직 펜을 사용하지 않는 아이들이 숙제를 하게 하는 방법으로든, 노벨티 연필은 평범한 물건을 실용적 기능만을 위한 것이 아닌 다른 어떤 것으로 변형시킨다는 점에서 훌륭하다. 상황에 따라 좋을 수도 나쁠 수도 있겠지만, 이 연필들은 연필이 쓸모없게 될지도 모를 세계에서 연필을 다양한 형태를 가진 상품으로서 계속 인기를 누리도록 도와주었다. 나는 내가 소장하고 있는 연필들이 그저 재미 삼아 갖고 있는 연필들보다 훨씬 낫다고 인정하지만, 때때로 기념품 연필을 깎거나 나의 충실한 카트리지 연필을 실제로 사용하는 것을 즐긴다. 노벨티 연필은 연필의 우월의식을 넘어설 수 없을지도 모르지만, 재밌는 물건이라는 점은 인정해야 할 것이다.

한 세기의 끝에서

이 다사다난한 시대의 끝에서 세계 최초로 플라스틱 연필이 탄생했다. 그리고 값싼 상품들이 유행하면서 더 작은 브랜드들은 서서히 사라지기 시작했다.

요컨대 20세기는 연필에 있어서 긍정적인 시기였다. 자립한 모든 신생 회사들과 두 차례의 세계대전 중 일어난 엄청난 혁신 사이에서, 연필 산업은 그 최악, 최고 및 그 사이의 모든 것을 보았고, 여하튼 사상자가 거의 없는 상태로 여전히 유지되고 있다. 100년은 긴 시간이지만 상업적으로 실용적인 연필을 만드는 데 2세기가 넘게 걸렸다는 점을 고려하면, 특히 집중적으로 많은 변화가 있었던 20세기의 100년은 연필 역사의 일부에 불과하다. 20세기의 제조업자들이 더 보탤 것이 없는 데까지 연필을 완성했고, 경제 변화를 주요 변수로 남겨 두었다고 봐야 할 것이다. 그 변화는 디지털 분야의 성장과 함께, 20세기의 끝을 정의한다.

컴퓨터가 등장하기 이전의 세계에서는 모든 것에 연필이 사용되었다. 연필은 무언가 쉽고 지울 수 있는 것이 필요한 직업에 중요한 도구였고, 연필을 대체할 만한 것은 거의 없었다. 학교에서 사용되는 유일한 도구였으며, 속기사, 삽화가, 작가들도 모두 사용했다. 그 기능과 능력에 있어서 나무 연필은 거의 고칠 필요가 없었다. 즉, 샤프펜슬 전에는 그랬다는 말이다. 샤프펜슬은 1800년대 후반부터 다양한 형태로 존재해왔지만, 20세기 중반에야 가는 심을 가진 저렴한 버전이 나왔다. 저렴한 플라스틱이 개발되었으며, 일회용 소비재가 보다 쉽게 사용 가능해지고 대중화되었기 때문이다. 현재의 일례는 빅(Bic) 샤프펜슬이다. 한 번에 10개 또는 20개가 한 묶음으로 판매되기 때문에, 심이 다 닳거나 잠재력을 최대한 발휘하기 전에 고장 나도 심을 교체할 필요가 없다. 심이 삽입되는 끝부분의 뚜껑이 지우개이며, 일단 다 쓰면 실제 연필로 찔러서 빼내야 한다. 대부분의 해석에 의하면, 이 샤프펜슬은 일회용이다. 물론 나무 연필도 일회용이라 생각할 수 있지만, 재생 가능한 자원으로 만들어졌고 효율적으로 사용하기 위해 많은 노력이 필요하지 않다. 이러한 종류의 값싸고 쉽게 생산되는 플라스틱 제품은, 곧 다가올 현대 컴퓨터의 영향과 함께 연필 산업에 광범위한 결과를 가져왔다.

빅4 회사가 1900년대 후반과 20세기 전반의 게임을 지배한 후, 다른 형태의 산업이 20세기 후반을 주도했다. 이 모든 것은 1960년대 후반과 1970년대 초반에 시작되었다. 당시에 최초의 4대 회사 중 하나였던 이글 사가 "베롤(Berol)"로 이름을 바꾸고 작은 연필업체들을 많이 영입하기 시작했다. 이 중에는 종이로 싼 두꺼운 색연필과 벤 프랭클린(Ben Franklin) 연필을 발명한 회사로 유명한 블레이스델(Blaisdell)도 있었다. 또한 베롤 사는 1971년에 더 큰 회사인 비너스-이스터북 U.K.(Venus-Esterbrook U.K.)도

영입했다. 얼마 후, 모든 것이 베롤로 새롭게 바뀌었고 미국 대중에게 알려지고 사랑받았던 상징적인 브랜드의 이름은 거의 남지 않게 되었다.

베롤이 연필업계에서 가장 유명한 이름 중 하나가 되는 동안, 덜 유명하고 대부분 잊혀진 다른 브랜드는 자신만의 르네상스를 경험하고 있었다. 사실, 이 회사는 1987년에 결국 베롤 사를 매입하기까지 했다. 업계에서도 두드러지지 않았음에도 불구하고 이 한 브랜드가 특히 경쟁사들과 같은 방식으로 기억되지 않는 이유는 분명하지 않다. 베롤을 인수한 것 외에도, 그들은 특히 한 가지, 바로 세계 최초의 플라스틱 연필을 만든 것으로 유명하다. 그리고 이 회사의 존재에 대한 이야기도 흥미롭다.

여기서 시간을 약간 되짚어볼 필요가 있다. 하센펠드 브라더스(Hassenfeld Brothers)는 헨리, 힐렐, 헤르만 하센펠드가 1920년대에 로드 아일랜드에 설립한 브랜드이다. 그들은 자투리 천을 팔거나 활용하여 천 필통과 지퍼 파우치를 전문적으로 만들었는데, 여기에 사무용품과 학용품을 가득 채워 판매했다. 이 제품의 가장 큰 구성 요소는 아니지만 내용물, 즉 연필 및 기타 도구도 중요했기에, 하센펠트의 연필 공급자는 가격을 올리고 경쟁 제품을 만들기 시작했다. 업계의 모든 똑똑한 사람들이 그랬듯이, 하센펠드도 그들만의 연필을 만들기 시작했다. 필요에 의해 태어났지만 외부 수요에 의해 지속된 하센펠트의 연필 사업체는 1935년에 설립되어 11년 후 엠파이어(Empire) 연필 회사를 인수하고 곧 가장 큰 회사 중 하나가 되었다. 그리고 20세기의 나머지 기간 동안, 가장 일반적으로 사용되는 넘버2 연필의 가장 큰 제조사 중 하나가 되었다. 어쩌면 이것은 부분적으로 하센펠드의 사업에서 자금을 조달했기 때문일 수도 있다. 회사의 이름은 결국 줄여서 하스브로 인더스트리(Hasbro Industries)가 되었고, 그 후 G.I.조, 미스터 포테이토, 플레이-도, 그리도 수많은 고전 완구들을 만든 것으로 유명해졌다.

설립자 헨리 하센펠드의 아들인 해롤드 하센펠드(Harold Hassenfeld)는 그 후 엠파이어 연필 사업에 뛰어들었고, 전설적인 연필 회사로 성장시켰다. 해롤드는 엡콘 플라스틱 연필을 만든 업적으로 인정받고 있는데, 이 연필은 그가 연필 제작자로서 가장 애정을 갖고 했던 일의 결과물이었다. 하센펠드가 엠파이어 사를 운영하기 위해 테네시 주로 이주한 지 10년이 지난 1950년대까지, 지역의 삼나무 공급은 완전히 고갈되어 주로 캘리포니아 연필향나무로 대체되었다. 하센펠드는 당장의 필요와 미래를 염두에 두고 대안을 찾았고, 1969년 엠파이어 연필 회사는 아서 D. 리틀(플라스틱 아세테이트를 발견한 화학자인 아서 D. 리틀이 설립한 동명의 회사)과 계약을 맺어, 미래의 연필을 만드는 데 앞장섰다.

아이디어는 나무 연필처럼 보이고 깎이지만 제조 공정에서 수작업이 필요 없는 연필을 만든다는 것이었다. 이는 비용을 절감하고 보다 효율적인 생산이 가능하도록 수작업 요소를 제거하려는 의도였다. 하

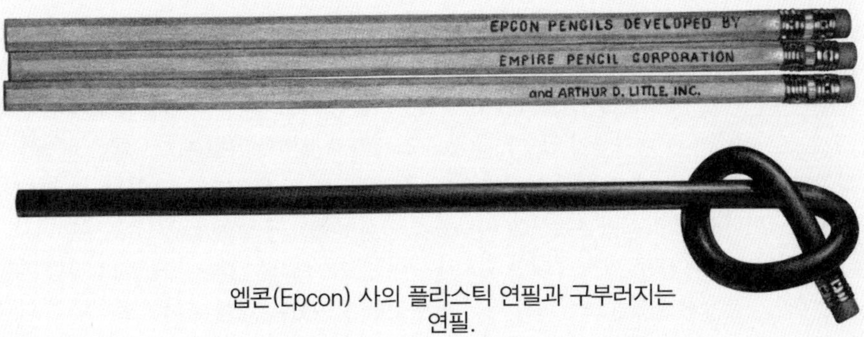

엡콘(Epcon) 사의 플라스틱 연필과 구부러지는 연필.

지만 나무가 아닌 재료는 쉽게 잘릴 수 있을 만큼 부드러운 동시에 나무처럼 단단하지 않으면 깎기 어렵다는 문제가 있었다. 그 결과, 나무 가루와 ABS 플라스틱으로 이루어진 물질이 만들어졌다(ABS는 acrylonitrile butadiene styrene의 줄임말로, 일반적으로 사출 성형과 레고 블록을 포함한 플라스틱 소비재의 대부분에 사용되는 플라스틱이다). 여기에 알루미늄 스테아르산염이 윤활제로 사용되었지만, 그 외에는 그것이 다였다. 엠파이어 사가 주도했던 "플라스틱"의 개발과 더불어, 이 제조법을 완성하고 특허를 얻는 데 대략 5년이 걸렸다. 가장 흥미로운 부분은 이 연필이 만들어진 과정이다. 수작업이 없는 공정은, 끝없는 플라스틱 배럴 안으로 플라스틱 연필심이 "마일(mile) 단위"로 밀어 넣어지고, 이 길고 긴 연필 전체에 페인트칠을 하는 압출 가공 과정을 통해 이루어졌다. 그다음엔 연필 길이에 맞게 자르고, 페룰과 지우개를 부착했다. 슬랫과 나무가 없는 연필 만들어지는 과정은 이것이 전부였다.

이 압출 공법은 연필을 어떤 길이로도 만들 수 있다는 것을 의미했다. 1991년 엠파이어-베롤 사는 세계에서 가장 긴 연필을 만들었는데, 그 길이가 333미터, 즉 보통 연필 1,875개를 일렬로 붙인 길이와 같았다.

1975년에 엡콘 연필로 이름 붙인 연필이 시장에 출시되었다. 연필에는 엠파이어 사와 아서 D. 리틀 사 간의 협력을 인정하는 문구 두 줄이 새겨졌다. 엡콘 연필의 몇몇 초기 모델(아서 D. 리틀 사에서 케이싱의 재료 구성에 대해 연구했던 어브 아론 씨가 친히 나에게 보내주신 연필들이다)을 자랑스럽게 소유하고 있는 사람으로서, 그 연필들은 내가 익숙했던 연필들과는 매우 다르다는 사실을 증명할 수 있다. 부자연스럽게도 점토처럼 느껴지기는 하지만 부드럽게 깎인다. 연필심 자체는 플라스틱 같은 느낌이 조금 들고 벗겨지긴 하지만(이것은 단지 연필이 오래되어서일 것이다), 충분히 잘 써진다. 연필 제조에 있어서, 훌륭한 품질을 가장 잘 알아볼 수 있는 방법은 연필심이 얼마나 중심에 잘 위치해 있는가를 보는 것이다. 엡콘 연필의 경우에는 오류가 더 많이 발생할 수 있기 때문에 이를 평가하기가 어렵다. 심이 딱딱한 표면에 붙어 있을 필요가 없어서 연필 내부가 깨질 가능성이 적기 때문에, 우선 내구성이 더 좋다. 이 기술은 나중에 출시된 연필(그리고 현재는 품질이 더 낮은 연필에도 적용됨)에 적용되었지만, 오리지널 엡콘 연필은 그 자체로 독특한 제품이었다.

해롤드 하센펠드의 연필 시대가 끝나갈 무렵, 그는 베롤 제국을 인수했고, 1988년 은퇴한 후에 곧 뉴웰의 자회사인 샌포드가 이 모든 사업을 인수했다. 뉴웰 사는 약 20년 동안 엠파이어-베롤 공장에 남아 있었지만, 브랜드 쇄신을 경험한 전설적 연필의 이름은 곧 사라졌다. 한때 테네시 주 셸비빌의 떠들썩했던 연필 마을에서 공장을 운영했던 연필 거리(Pencil Street)는 한 시대의 끝에서 최후의 결정타로 샤피 웨이(Sharpie Way)로 지명을 바꾸기까지 했다.

이글 연필 회사 설립자의 후손이자 상징적인 블랙 윙을 부활시킨 찰스 베롤츠하이머는 뉴웰 사(Newel Company)가 연필 브랜드를 인수한 것을 "뉴웰라이제이션(Newellization)"이라 칭해왔다.

남아 있는 연필 제조사들에게 이런 패턴은 흔한 이야기가 되었다. 특히 1988년, 에버하르트 파버는 파버-카스텔 U.S.A.에 팔리게 되었고, 결국 몇 년 후에는 또 샌포드의 손에 들어가는 것으로 끝이 난다. 연필의 역사가 거의 없는 대기업이 인수하지 않은 20세기의 강력한 연필 제조사들은 대부분 서서히 사라졌다. 하지만 딕슨만은 예외였다. 저지시티에 있던 딕슨은 1983년 플로리다로 이사했고 2000년대 초에 생산라인을 중국이나 멕시코로 이전했지만, 사무실은 여전히 본토에 남아 있다.

1990년대 후반 고품질의 나무 제품에 대한 수요가 줄어들었을 때, 잘 알려지지는 않았지만 미국 연필 산업의 최전선에서 똑같이 중요했던 브랜드도 역시 그 종말을 맞이했다. 나는 블랙피트 인디언 필기구 회사(Blackfeet Indian Writing Company)가 작은 회사들 중 마지막으로 살아남은 브랜드이며, 중고 시장에서 사람들이 가장 탐내는 브랜드 중 하나라고 생각한다. 블랙피트 인디언 사는 1971년 몬태나 주 브라우닝에서 블랙피트 부족의 족장이었던 얼 올드 퍼슨(Earl Old Person)이 창립했다. 그는 부족 사람들의 엄청난 실업률을 우려하여, 공장 개설에 관해 중소기업청과 접촉했다. 1976년까지 공장은 수익성이 좋았고, 100명이 넘는 부족 구성원들을 고용했다. 작고 틀에 박히지 않은 연필 브랜드의 단기간 성공은 몇 가지 요인 때문이었다. 거의 수작업으로 완성한 단순한 외관의 이 연필은 결과적으로 큰 브랜드의 연필보다 월등히는 아니지만 인기가 좋았다. 일부 색연필과 특수 모델을 제외하고, 이 매력적인 제품에는 자연스러운 나뭇결을 살린 배럴에 금색이나 검은색 포일로 최소한의 정보만 새겨졌으며, 단순한 금색이나 검정 페룰에 부착된 지우개가 있다. 이따금 뚜껑이 열리는 삼나무 상자에 담겨 출시되기까지 했다. 하지만 블랙피트 인디언을 실제로 주목할 만한 회사로 만든 것은 이 회사가 미국 정부와 독점 계약을 맺어 대학들과 다른 큰 기관들에 연필을 납품했다는 사실이었다. 이 모든 것은 위스콘신의 시각장애인 노동자들이 경영하는 필기구 회사인 스킬크래프트(Skilcraft)가 정부 물품을 생산하기 시작하고 대형 매장들과 큰 계약을 맺으면서 중단되기 시작했다. 안타깝게도 1997년까지 부족이 운영하는 연필 브랜드 중 80퍼센트가 빛을 지고 사업을 중단하게 되었다. 지금까지도 1980년대에 블랙피트 인디언 연필을 알고 사랑했던 사람들의 수요가 여전히 있으며, 중고 시장에서도 이 연필보다 3배는 더 오래되고 인기 있는 연필들과 맞먹는 가격을 형성하고 있다.

만약 현재 미국의 어느 체인점에서라도 연필 상자(오늘날에는 투명 비닐 포장일 확률이 높다)를 발견하여 상자의 뒷면을 본다면, 옛날과는 달리 제조지 주소가 뉴저지, 뉴욕, 테네시는 아닐 것이다. 그 대신 대형 브랜드의 공장들이 중국이나 남미의 몇몇 나라에 있다는 사실을 알게 될 것이다. 운이 좋다면 미국산 삼나무를 사용했다는 광고도 볼 수 있다. 다행히 유럽 시장에서는 대부분의 브랜드가 여전히 있던 자리에 그대로 남아 있고, 적어도 일부 제품을 그들의 본거지에서 만들고 있기 때문에 일반적으로 미국과는 반대인 상황이다. 한때 미국에서 만들어졌던 많은 물건들과 마찬가지로, 미국 연필은 1990년대 후반에 아웃소싱의 희생물이 되었다. 이는 눈부셨던 미국 연필의 명성뿐만 아니라 타격을 받은 직원과 가족에게도 큰 악영향을 미쳤던 제조 추세였다.

이 이야기의 진정한 챔피언은 미국 거물의 마지막 후예인 제너럴 연필 회사이다. 공장은 여전히 저지시티에 있으며 이런 종류의 미국 최초의 공장 중 마지막 공장으로 인정받고 있다. 다른 몇몇 회사는 한때 엠파이어 사가 번영했던 테네시 주에 남아 있다. 현재 완구업계의 거인 마텔 사의 자회사인 메가 브랜드(MEGA Brands) 소속 문 프로덕츠(Moon Products)는 루이스버그에서 연필을 만들고, 100년이 넘은 가족기업인 머스그레이브(Musgrave)는 아직도 셸비빌에서 운영되고 있다.

20세기 말까지, 현대 연필에 대해 아주 많은 것들이 바뀌었다. 한때 정성스러운 포일 스탬핑과 장식용 페룰을 특징으로 정교한 상자에 포장되었던 물건은, 흔한 만화 캐릭터가 찍힌 플라스틱 상자에 담겨 싸게 팔리는 상품이 되었다. 오래 전, 하나의 연필이나 다른 물건에 대해 공들여 상세하게 광고하고 영업 활동을 하던 시절이 있었다. 어떤 면에서는, 20세기 말의 세계 산업에서 연필 산업도 다른 산업들과 마찬가지였기 때문에 이 모든 것에 대해 불평해서는 안 된다. 우리는 1990년대 연필 제조사들은 몰랐던 다음 사실에 대해 감사할 수 있을 것이다. 또 다른 르네상스가 다가올 조짐이 보이고, 잘 만들어진 구식 나무 연필의 유산이 모두 사라지지는 않았다는 것을 말이다.

CHAPTER 5

21세기 연필

1세기의 도래와 함께 연필은 거의 쓸모없게 되었다. 나무 연필은 학교와 예술 분야에서만 필수품으로 여겨지고, 일회용 샤프펜슬과 볼펜을 쉽게 사용할 수 있게 되면서 성인의 일상생활에서 덜 매력적인 필기도구가 되었다. 컴퓨터 기술의 급속한 발달과 다양한 플랫폼에서 인터넷을 활용할 수 있는 능력 때문에 손으로 쓰는 일은 이제 과거의 유물처럼 보이게 되었다.

그러나 일본에서 우수한 품질의 다양하고 멋진 제품들이 출시되기 시작하고 전 세계의 작은 브랜드들이 부활을 경험했기 때문에, 이 소박한 연필에 대한 모든 희망이 사라진 것은 아니다. 나무 연필에 있어 가장 큰 사건은 명백히 블랙 윙 602의 컴백이었다. 더 정확히 말하자면 에버하르트 파버가 만들었던 전설적인 무적의 연필이 재생산된 것이다. 이 새로운 연필의 멋진 요소와 온라인 쇼핑의 등장은 연필이 아날로그 라이프 스타일의 일부로서 새로운 삶을 사는 데 도움이 되었다. 그것은 수십 년 전 문구용품에 대한 향수, 유용성, 단순함을 포용하는 삶의 방식이다. 인터넷의 영향에 대한 반발은, 손으로 하는 일의 이점에 연결시켜주는 매개체로서 이런 도구들을 재발견하도록 문을 열어주었다. 전 세계적으로 부티크 문구점들이 개점하면서, 연필은 다시 한 번 역사적으로 값진 물건으로 주목받고 있고, 그 디자인과 기능 면에서 완벽에 가까워졌다.

일본의 주요 연필회사들

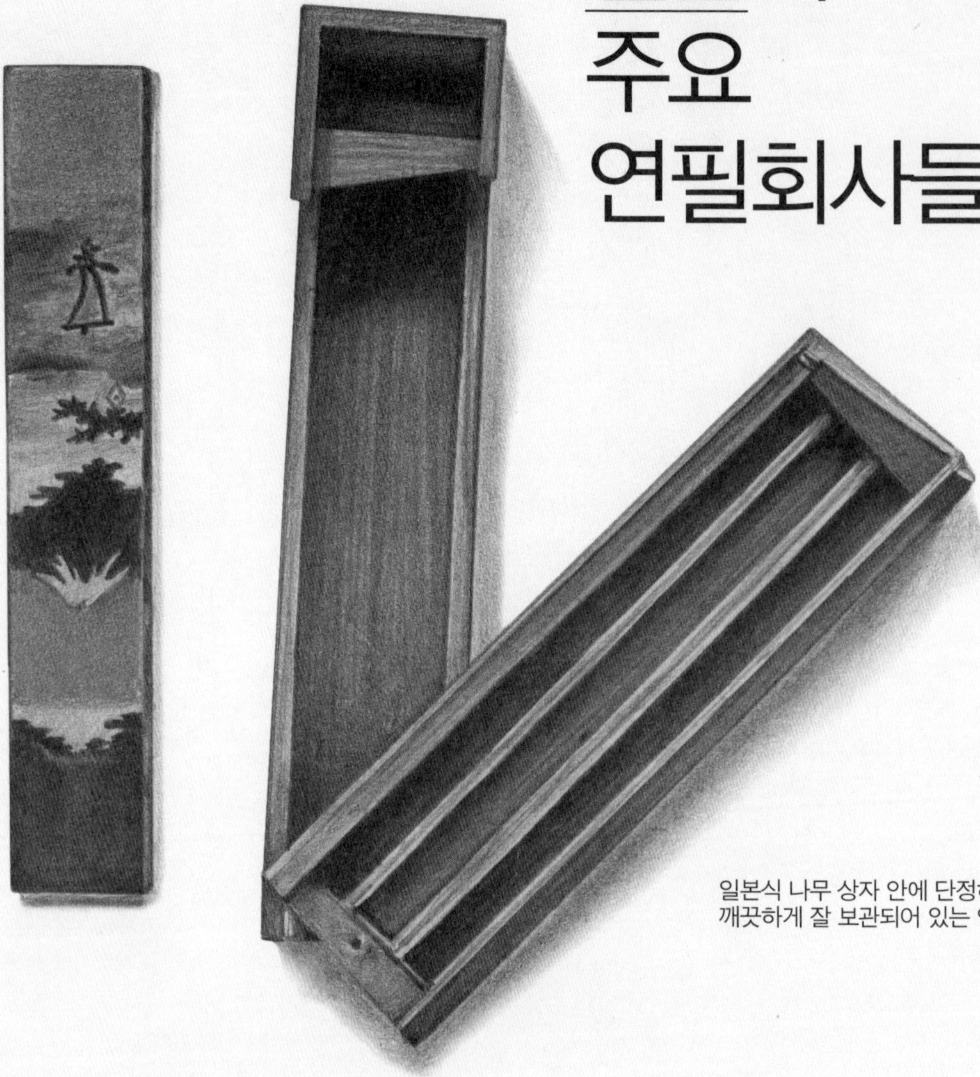

일본식 나무 상자 안에 단정하고 깨끗하게 잘 보관되어 있는 연필들.

일본만의 독특한 느낌, 유명한 브랜드, 대적할 수 없을 만한 경도의 범위로 인해, 우리는 일본 연필을 단지 종종 볼 수 있는 노벨티 물건에 한정시킬 수 없다.

현대의 연필 사용자라면 누구나 일본 연필이 그들만의 리그를 가지고 있다는 사실을 알 것이다. 연필 초보자에게 일본 연필은 독특한 부드러움이 느껴질 것이고, 익숙했던 연필보다 약간 더 부드럽고 진하게 쓰일 것이다. 대체로 디자인은 정교하고 제품 자체의 눈에 띄는 결함은 거의 없다. 일본은 이런 제품들을 가장 비싸게 내놓는 시장이지만, 심지어 유럽이나 미국의 중간급 연필들의 가격대와 비슷한 저가 일본 연필조차도 여전히 놀라운 외관과 필기감을 갖고 있다.

이 사실은 대부분 일본 시장의 품질과 설계에 대한 기준이 일반적으로 높아서 그런 것일 수 있다. 일본이 다른 나라와는 다른 방식으로 문구 제품에 집착하는 나라라는 것 또한 분명하다. 21세기에도 일본의 일반 용품점에는 방대한 문구류가 갖춰져 있는데, 매우 구체적인 용도의 상품들이 가득해서 내가 일본에 살면 내 삶이 얼마나 정리가 잘 되어 있을지 상상할 수 있을 정도였다. 아마 일본 문구점에서 가장 유명할 이토야(Itoya)는 도쿄의 문구 백화점 여러 층에 입점 되어있고, 심지어 필기구만 취급하는 다른 건물에 별관까지 갖고 있다. 문구류에 대해 가장 진지한 소비자층을 겨냥한 진지한 사업이라 할 수 있겠다.

심지어 미국 샤프펜슬의 리필 지우개들도 엄청난 종류의 샤프펜슬을 만드는 일본 브랜드 펜텔에서 만든 것이다. 첨단 기술이 적용된 사용하기 편한 샤프펜슬 같은 물건은 일본의 문구 회사들이 대체로 잘 만드는 것이다. 심지어 어떤 펜텔 모델에는 볼펜 다섯 개와 샤프펜슬 하나가 배럴 하나에 모두 들어 있다.

일본 문구점에서 가장 먼저 눈에 띄는 점은 연필이 여러 등급으로 생산되고 한 다스 단위로 팔릴 뿐만 아니라, 항상 낱개로도 팔린다는 사실이다. HB, B, 2B, 그리고 일반적인 사용을 위한 몇 가지 다른 경도들도 찾을 수 있을 것이다. 더 부드러운 연필을 선호하는 일본의 경향은 내가 설명할 수 있는 것이 아니지만, 국제적인 기준 대신 사람들이 선호하는 경도를 우선시하는 문화는 신선하다. 또한 확인, 표시, 편집을 위해 사용하는 빨간색 연필과 양쪽이 각각 빨간색과 파란색인 연필에도 선택이 폭이 넓다는 사실을 알게 될 것이다. 그뿐만 아니라, 이 문제에 대한 이견이 있을 경우를 대비해서 버밀리온(vermillion)색과 빨간색도 있다. 한 일본 연필 회사의 사장에게 왜 이런 두 가지 선택이 있는지 물었는데, 교사가 학생들의 시험지를 채점할 때 약간의 오렌지색 색조가 들어간 버밀리온이 빨간색보다 덜 공격적이기 때문에 버밀리온 색연필을 선호한다는 대답을 들었다.

연필 통로를 계속 따라가면 지우개로 가득 찬 선반이 여러 개 있을 것이다. 톰보 모노 지우개, 펜텔 하이-폴리머 지우개와 같은 오랜 예비품뿐만 아니라, 다양한 버전과 크기의 여러 가지 브랜드 지우개들도 있다. 어린이와 다양한 소비자층을 겨냥한 디자인을 가진 고급 유명 브랜드 지우개 또한 종종 종이케이스에 담겨 판매된다. 이 지우개들은 우리 대부분에게 익숙한 "노벨티" 지우개와는 거리가 먼 스타일이다. 심지어 이 가게에서 나무 연필보다 샤프펜슬을 불가피하게 더 많이 구비한 부분은 아직 언급하지도 않았다. 얘기하자면 또 책 한권 분량만큼의 주제이기 때문이다.

일본 연필이 다른 이유는 복잡한 주제이다. 우선 눈에 띄는 차이는 최종마감의 품질에 일관성이 있다는 것이다. 일본 연필은 페인트를 여러 겹 덧칠하여 수용성 래커를 칠한 것처럼 밝게 빛나고, 결과적으로 이것이 육각형 배럴의 각진 부분을 더 부드럽게 만드는 듯하다. 이름도 특이할 뿐만 아니라, 연필이라기보다는 스포츠카 모델처럼 들리는 제품 번호도 갖고 있다. 미국과 유럽 연필에 익숙한 사람이라면, 새 연필은 깎여 있던 적이 없다는 사실을 알 것이다. 새 연필을 미리 깎아놓는 관행은 일본 연필회사들의 중대한 실수이다. 편리하지만 지저분하게 깎아놓은 연필 대신 깎지 않은 새 연필이 분명 더 깔끔한 느낌을 주기 때

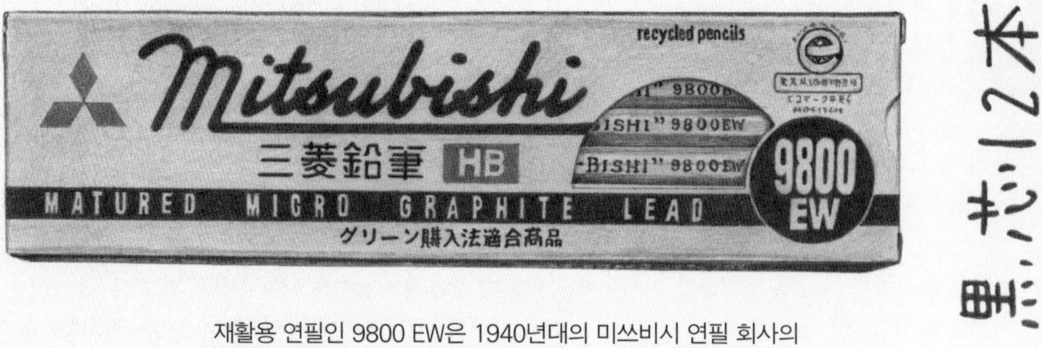

재활용 연필인 9800 EW은 1940년대의 미쓰비시 연필 회사의
성공적인 모델이었던 9800을 친환경적으로 업데이트한 모델이다.

문이다. 심지어 필통과 주머니를 깨끗하게 유지하도록, 깎인 연필에는 대개 금속 또는 플라스틱 연필깍지를 끼워놓았다. 깎지 않은 심에서부터 완벽한 마무리까지, 특히 연필의 실제 구조에서 모든 것이 매우 말끔하다. 오늘날, 일본 연필은 항상 삼나무로 만든다. 일부 모델에 여전히 다른 목재들을 사용하는 다른 나라의 고급 연필 제조사에 비하면 이것은 상당히 엄격한 기준이다. 견본들도 심이 완벽하게 정중앙에 위치한 채 완벽하게 깎여 있다. 편심이 있거나 형편없이 만들어진 일본 연필을 발견한다면 이례적인 일일 것이다.

여태까지는 대부분 겉치레일 뿐이다. 정말 독특한 것은 연필 안에 있는 흑연이다. 일본 연필의 확실히 부드럽고 진한 품질은 흑연 입자들이 얼마나 미세한지와 관련이 있다. 대부분 일본 연필의 흑연 심은 세계에서 가장 좋은 몇몇 흑연의 생산지로 알려진 중국의 흑연으로 만든다. 이것이 극도로 부드러운 질감을 내기 위한 순도와 섬세함의 바탕이 된다. 일본 연필의 일부 모델에는 점토나 왁스와 같은 방식으로 접착제 역할을 하고, 연필을 훨씬 더 부드럽게 만드는 다양한 형태의 폴리머가 포함되어 있다. 하지만 이것이 모든 일본 연필이 절대적으로 높은 품질이라는 것을 의미하지는 않는다. 일본 연필의 한 라인에서도 연필들이 다른 수준으로 분류되는 것은 드문 일이 아니다. 일반적으로 초급용, 일반용, 고급용으로 분류된다. 수준이 높아질수록 흑연의 순도가 더 높고 마감이 정교하며, 물론 값도 더 비싸다. 일반 문구점에서 일본 연필을 살 때에는, 경도뿐만 아니라 품질도 선택할 수 있다. 연필의 선택은 당신이 필기도구에 대해 얼마나 진지하고 얼마나 많은 돈을 지불할 의향이 있는지에 대한 문제이다.

일본 연필은 1800년대 후반부터 일본에서 만들어졌지만, 대공황 기간에 미국에서 빛을 발했다. 이때 일본은 미국산 예비품들의 덜 비싼 모조품으로 여겨지는 연필을 수출하기 시작했는데, 이들 중 상당수는 일본산으로 분류되지 않았다. 이 사실은 조용한 논란에 부딪쳤다. 이것은 소규모 미국 제조업체들에게 큰 위협이 되었고, 국내 시장의 심각한 붕괴를 막기 위해 많은 노력을 기울이게 했다. 유럽과 미국의 일본 연필에 대한 경멸감은, 무역 라인이 제한되고 대부분의 일본 연필이 일본과 주변 동맹국에 머물러 있던 제2차 세계대전 중에 줄어들었다. 일본 연필의 등급은 항상 영문자로 표시되었지만, 전쟁 중에 영어권 국가들이 적이었을 때는 한자로 표시되었다.

예상했듯이, 전후 몇 년은 일본 연필 산업에 있어서 힘든 시기였다(독일과 다른 연필 제조 국가들이 그랬던 것처럼). 대부분의 제조업체들이 완전히 회복하여 수출을 재개하는 데 수년이 걸렸으며, 일본을 포함한 대부분의 연필 시장에서 새로운 가격 통제령이 시행되어, 특정 용도에 맞는 특정 연필의 가격이 규정

내에서 책정되어야 했다. 마치 미국의 5센트짜리 연필이 매우 구체적인 지침을 따라야 했던 것처럼 말이다. 제도 연필, 필기 연필, 그림 연필, 일반 연필, 그리고 심지어 사진 수정용 연필까지 모두 분류되어, 제조되는 각 연필은 규정에 따른 범주 중 하나에 속해야 했다. 그래서 일본 연필들은 심지어 규정이 해제된 오늘날까지도, 보통 뒷부분에 글자를 찍어 용도를 명시하고 있다. 연필의 작은 특징들은 어떤 면에선 확실히 더 좋을지도 모르지만, 지정된 용도는 실제 사용 용도의 실질적인 지표는 아니다.

미쓰비시 연필 회사는 또 다른 미쓰비시 브랜드와 로고가 비슷하지만 두 회사는 전혀 관련이 없다. "3"이라는 뜻의 "미쓰(mitsu)"와 다이아몬드 모양을 나타내는 "히시(hishi)"의 조합이다.

일본에는 항상 두 개의 주요 연필 제조사가 있었다. 첫 번째 이름은 보통 자동차와 가전제품들로 더 잘 알려진 이름이다. 미쓰비시 연필 회사는 1887년 니로쿠 마사키가 설립했으며 현존하는 가장 오래된 연필 제조사이다. 제2차 세계대전이 끝날 때까지는 마사키 연필회사였다가 종전 후 미쓰비시로 이름을 바꾸었다. 현재 가장 잘 알려진 제품으로 유니볼(Uni-ball) 펜 라인과 다른 유니 브랜드 제품들이 있다. 그러나 유니("유니크"를 줄인 말)라는 브랜드가 나오기 훨씬 전에, 미쓰비시와 일본 연필의 품질을 세상에 알린 9800 연필이 이미 출시되었다. 이 연필은 내가 입문용 일본 연필로 생각하는 연필이며, 여전히 처음 소개되었던 1940년대 후반의 모습과 거의 동일한 배럴과 디자인으로 만들어졌다.

9800 연필은 미쓰비시의 시작에 불과했다. 1958년, 지금은 아주 흔한 유니 제품군의 첫 번째 연필이 출시되었다. 이 연필은 불과 몇 년 전 주요 경쟁자가 출시했던 톰보 호모-그래프(Tombow Homo-graph)에 대응하여 출시한 제품이라고 추정된다. 이 두 연필이 있기 전까지 일본 연필과 다른 연필의 차이는 미미했다. 유니와 호모-그래프는 가장 훌륭하고 정교하게 완성된 연필이었으며, 두 회사 모두에게 더 큰 성공을 안겨주었다. 한편, 톰보 사는 그들의 새롭고 멋진 주력 연필을 재창조하는 작업을 하고 있었다. 미쓰비시보다 수십 년 더 오래된 브랜드로서, 톰보는 눈에 띄는 잠자리 로고("톰보"는 일본어로 잠자리를 뜻함)와 미쓰비시의 유명한 9800 연필과 비슷한 8800과 8900 연필로 일본에 오랫동안 뿌리를 내렸다. 세계적으로 사회 풍토가 변화하고 이름이 가진 다양한 함축성에 사람들이 민감해지면서, 톰보 사는 1960년대에 호모그래프 브랜드를 쇄신하기로 결정했다. "모노"라고 새로이 명명된 이 연필은 17개 등급으로 출시되었으며, 놀랍게도 밀리미터당 80억 개의 입자를 가진 흑연 심이 있었다. 유니처럼 모노도 결국 연필 한 자루 이상의 제품군을 갖게 되었다. 몇 년에 거쳐 이름이 바뀌었지만, 1967년 출시된 최고급 품질의 모노 100에 이어 지금은 모노-J("J"는 "junior"를 뜻함), 그리고 모노-R("R"은 "regular"를 뜻함)로 바뀌었다.

톰보의 주력 제품인 8800 연필은 에베레스트 산의 높이를 미터로 나타낸 수치에서 따왔다. 현재 있기 있는 8900 연필도 같은 시기에 만들어졌다.

모노 100은 이제까지 만들어진 가장 아름다운 연필 중 하나일 것이다. 검은색 광택이 아주 반짝거리며 빛을 반사한다. 많은 글자들이 가늘게 양각되어 있고, 연필 끝에는 섬세한 흰색 줄무늬가 있다. 이 연필은 사람들이 좋아할 만한 디자인적 요소를 모두 갖춘 연필이지만, 디테일에서 독창적이다. 1967년에 브랜드 55주년 기념으로 디자인된 이 연필은, 1964년 올림픽 디자인 위원이었고 1970년 오사카 세계박람회에서 일본관을 디자인했던 일본의 유명한 디자이너 다카시 코노가 디자인했다. 톰보의 디자이너 연필은 대담하고, 아마도 매우 값비싼 위험을 감수했겠지만, 미쓰비시가 유니 제품군의 일부로 하이-유니 연필을 팔기 시작한 지 1년 후에 출시되었기 때문에 전혀 새로운 것은 아니었다. 톰보의 모노 100처럼, 이 제품도 일본 디자인계에서 유명한 사람이 만들었다.

산업 디자이너이자 목수인 요시오 아키오카는 다른 유니 연필들과 마찬가지로 유니 연필을 간결한 외관으로 만들었지만, 아주 작은 특징을 추가했다. 끝부분을 검은색 페인트로 칠하고 금색 포일로 된 띠를 한 줄 둘렀으며, 연필 끝에 노란색 점을 찍은 것이다.

미쓰비시와 톰보는 다시 한 번 치열하게 경쟁했다. 1960년 후반에 각각의 새로운 프리미엄 연필이 시장에 출시되었고, 일본 연필의 황금기라 불릴만한 이 시기에 두 회사 모두 무언가 특별한 것을 갖고 있었다. 우선, 아직도 생산되는 하이-유니는 시장의 다른 제품들보다 훨씬 넓은 범위의 경도를 갖고 있었는데, 무려 10H부터 10B까지 22등급으로 나뉘어 있다. 반면, 모노 100에는 심 하나에 1제곱 밀리미터당 100억 개라는 엄청난 양의 흑연입자가 포함되어 있어서 연필이 확실히 부드럽다는 것을 반영하는 숫자가 새겨졌다.

1970년대까지, 두 브랜드는 모두 조금씩 다른 영역으로 나뉘기 시작했다. 톰보는 세계적인 베스트셀러가 된 모노 브랜드 지우개를 다양하게 만들기 시작했고, 최첨단 수정 테이프도 만들었다. 반면, 미쓰비시는 색연필을 만들기 시작했고, 결국 유니 볼펜의 범위를 분리하여 "유니볼"이라는 이름의, 오늘날 가장 잘 알려진 분야로 옮겨갔다. 하지만 일본 연필의 인기를 결코 따라갈 수 없게 하는 한 가지는 페룰과 지우개이다. 미쓰비시는 몇 개의 페룰과 지우개를 만들었고, 톰보는 페룰과 지우개를 부착하는 데 필요한 기계를 포함하여 미국에서 연필 제조 기계들을 구입하고 2558 연필을 만들어 제품군에 포함시켰다.

2015년, 미쓰비시는 7700 색연필의 생산을 중단하기로 발표했다. 열두 개 색상을 가진 이 색연필은 1971년에 처음 출시되었고 애니메이터들에게 많은 사랑을 받았다. 이에 일본 애니메이션 산업은 즉각 반발했고, 미쓰비시는 발표 후 24시간 내에 필수적인 색으로 여겨지는 빨간색과 함께 밝은 파란색, 오렌지색, 그리고 황록색을 계속 생산하기로 결정했다.

미쓰비시와 톰보 모두 요즘 연필 분야 밖에 초점을 맞추고 있지만, 그들의 유산은 나무와 흑연에 있다. 대부분의 제품 포장은 연필 자체의 디자인과 마찬가지로 수십 년 동안 변하지 않았다. 제품 라인의 빈티지와 새 버전도 거의 구별할 수 없다. 제2차 세계대전 전에는 미국에서 일본 연필을 쉽게 찾아볼 수 있었지만, 그 이후로는 점점 더 어려워졌다. 대부분의 일본 연필 회사는 아시아 밖의 지역에 유통망이 없기 때문이다.

일본 최대 연필 제조업체들의 생산라인이 성장하면서 초 특화된 제품들도 출시되었다. 가장 좋은 예는 코히츠 쇼샤(Kohitsu Shosha) 연필이다. 서예는 일본의 초등 교육에서 중요한 부분이기 때문에, 훨씬 덜 지저분한 연습을 위해 붓과 잉크 또는 심지어 펜보다 더 특별한 연필이 만들어졌다. "코히츠"라는 단어는 더 부드러운 전통 붓에 비해 딱딱한 끝을 가진 서예 붓을 말하며, 그 특징들을 중심으로 서예의 하위문화를 만들어냈다. 영어로 이 모델들은 펜맨십(penmanship) 연필이라 불린다. 미쓰비시와 톰보 모두 그들만의 코히츠 버전을 만들었고, 겉보기엔 다른 여느 나무연필들과 비슷해 보인다. 심은 최대 직경이 3밀리미터(1/8인치) 정도로 상당히 더 굵으며, 경도는 4B에서 10B까지로 매우 부드럽다. 서예는 도구에 가해지는 압력이 달라야 하기 때문에, 그 무게를 지탱하기 위해서는 연필이 특히 튼튼해야 한다. 부드러운 연필로 그렇게 하는 것은 어려울 수도 있지만, 일본 연필 제조업자들은 강하면서 부드러운 연필을 만드는 것으로 유명하다. 거의 잉크같이 미끄러지는 부드러움과 심의 굵기 덕분에, 속도와 선의 굵기를 자유자재로 조절할 수 있다.

일본 연필 제조업의 전성기에는 125개 이상의 연필 회사들이 운영되고 있었다. 이후 그 수는 크게 줄었지만, 일본 연필의 전통은 확실히 그렇지 않았다. 아직도 존재하는 작은 브랜드 중 하나는 1940년대에 스기타니 가족이 설립한 키타보시(Kita-boshi) 연필 회사다. 원래 목재 산업에 종사했던 스기타니 가족은 연필 제조에 필요한 슬랫을 생산했는데, 고객들 중 한 명으로부터 재산을 증여받자 연필을 만들기 시작했다. 오랫동안 큰 브랜드 회사들의 노벨티 연필을 만들었고, 이것은 다른 연필 브랜드들이 그들만의 제품 라인을 실현하는 데 도움을 주었다. 키타보시는 타 회사들을 위한 작업 외에도, 그들만의 제품군도 생산한다. "사진 보정과 특별한 제도" 용도로 특별히 지정된 "수퍼 드로잉" 연필을 포함하여, "학술적 글쓰기"를 위한 지우개 씌운 연필, 확인용 색연필, 그리고 나무의 품질을 강조한 더 단순한 연필들도 있다. 도쿄 외곽의 공장은 작지만 특색 있다. 공장 견학 프로그램을 제공하는 몇 안 되는 연필회사 중 하나이며, 어린이를 위한 교육 프로그램도 있다. 캘리포니아 시더(CalCedar) 사가 듀라플레임(Duraflame) 인조 장작을 만들었던 것과 같은 맥락에서, 키타보시는 연필 제작에서 발생하는 목재 폐기물을 재사용하는 데 관심이 많다. 나무로 만든 페인트 외에도, 나무 가루로 만든 "모쿠네산(Mokunesan)"이라는 나무 점토를 만드는 데 점토처럼 모양을 성형할 수 있다. 압축 나무 조각으로 만든 "펜슬 플레임(Pencil Flame)"이라 불리는 제품은 발화용 물질로 사용된다.

또 다른 흥미로운 제조사는 카멜(Camel) 연필 회사인데, 1985년 이 회사의 사장인 에이치 카토가 최초로 페룰 없이 지우개를 부착한 연필을 디자인했다. 보통 검은색, 회색이나 흰색인 둥근 고무지우개가 연필 끝의 걸이 못에 이음새 없이 부착되어 있다. 이 연필들은 이토야 문구점에서 판매되는 자가 브랜드 상품으로 가장 유명하지만, 카멜 사에서 직접 운영하는 디자이너 문구회사인 크래프트 디자인 테크놀로지(Craft Design Technology)를 포함하여 몇몇 직영 할인점에서도 판매된다. 가장 최근에는 중요한 디자인 개체로서의 역사를 강조하는 모마 디자인 스토어(MoMA Design Store)에서도 만나볼 수 있다. 특히 흑연 심의 반사율이 높지 않고, 진하지만 번지지 않고 쉽게 지울 수 있기 때문에 작곡에 훌륭한 도구로 알려져 있다.

미쓰비시의 가장 중요한 최근의 연필은 나무연필이 아니라 샤프펜슬이다. 이것은 대개 심을 뾰족하게 유지하기 위해 누를 때마다 심의 방향을 약간씩 돌리는 기술 때문에 혁명적이라 할 수 있다. "쿠루토가" 라고 불리는 이 기술은 일본이 현대 연필의 트렌드에 진입했음을 보여주는 대표적인 예이다.

일본 문구의 역사는 종이 공예에 뿌리를 두고 있고 첨단기술을 적용한 펜에 의해 대중화되었다. 하지만 필기구에 관한 한, 오늘날 일본 문구점 선반에서 우리가 찾는 대부분의 문구류보다 연필의 중요성을 우선적으로 인식해야 한다. 유명한 브랜드, 뛰어난 필기용 연필, 그리고 유명한 노벨티 연필 사이의 구분은 모호할지 모르지만, 일본 연필에는 명백히 그들만의 특징이 있다. 현재 일본 연필은 캘리포니아에 본사를 두고 있지만 대부분 일본에서 생산되는 팔로미노(Palomino) 같은 서양 브랜드를 통해 화려하게 복귀하며 큰 반향을 일으키고 있다. 유명한 블랙 윙 602의 부활은 21세기 연필의 판도를 바꾸고 일본 연필의 독특한 특성을 부각시켰다. 일본에서의 문구류 쇼핑은 연필과 수많은 연필 액세서리를 탐내는 사람에게 실로 비할 데 없는 경험이다.

블랙 윙의 부활

작가들에게 많은 사랑을 받은 에버하르트 파버의 창작물은 1980년대에 사라졌다. 운 좋게도, 혹은 관점에 따라 논쟁적이게도, 2010년 팔로미노 사가 블랙 윙을 부활시켰다.

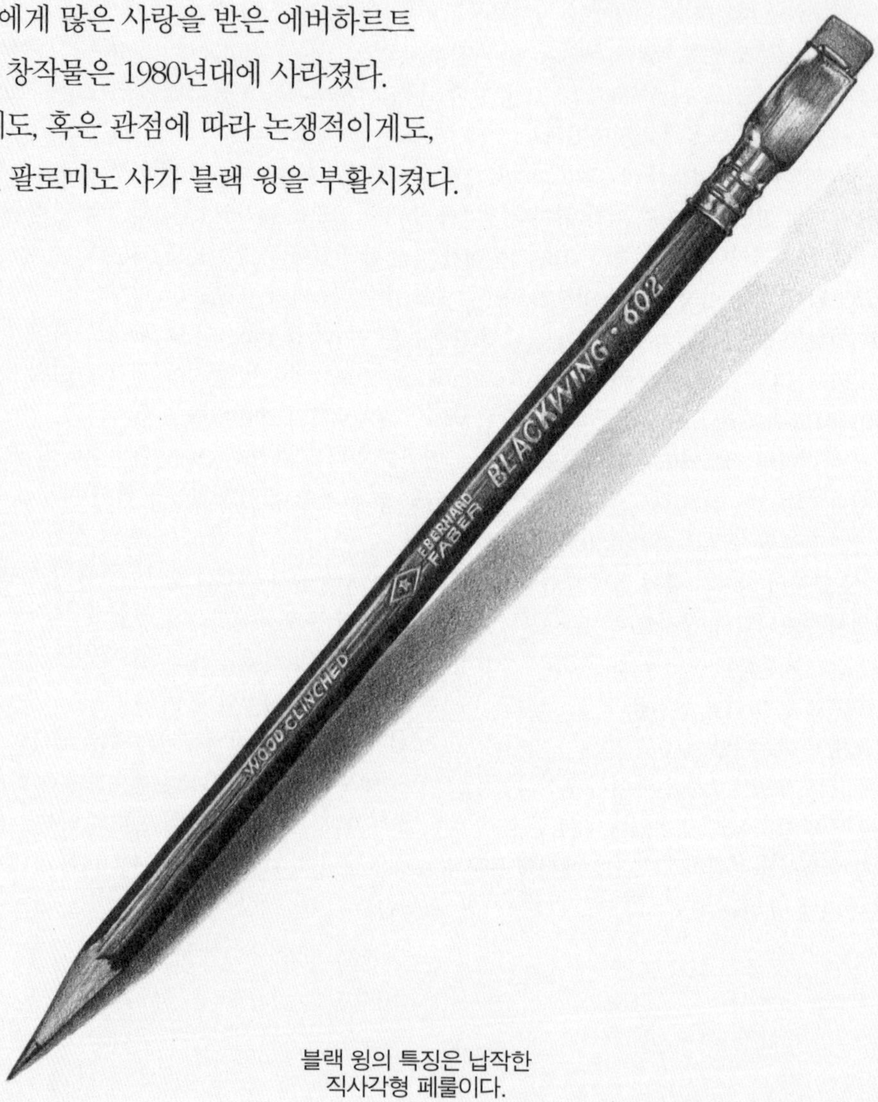

블랙 윙의 특징은 납작한 직사각형 페룰이다.

20세기 초의 소박한 연필 때문에 모든 것이 완전히 사라지지는 않았다. 미국 흑연 역사상 가장 유명한 블랙 윙 602의 예를 보면 알 수 있다. 유명한 팬들과 독특한 모양의 페룰을 가진 블랙 윙 602는 연필을 실용적인 필수품에서 꼭 소유해야 할 사무용품으로 만들었다. 존 스타인벡이 가장 좋아했던 연필로서, 수많은 다른 작가들, 작곡가들, 예술가들 사이에서 블랙 윙은 그런 종류의 연필로서는 처음이었고, 시간이 흐르면서 대체할 수 없는 연필로 여겨졌다. 1988년 파버-카스텔이 에버하르트 파버를 매입했을 때, 이 연필은 선반에서 천천히 사라져 열렬한 팬들을 공포의 도가니로 몰아넣었다. 이후 수십 년 동안, 미국 연필 산업이 어려움을 겪고 이 연필의 적절한 대체품이 없다고 여겨지자, 중고시장 재고품의 가격은 천정부지로 치솟았다. 그러나 새로 제조된 연필 한 자루가 미국 연필 경쟁자들 중에서 단연 눈에 띄었다. 바로 팔로미노였다. 원래는 캘리포니아 리퍼블릭 스테이셔너즈(California Republic Stationers)라는 브랜드로 만들어졌으며, 2003년 출시된 이후로 미국 브랜드 중에서 가장 고급 연필로 칭송받아 왔다. 비록 일본에서 제조되었지만, 브랜드 자체는 북부 캘리포니아에 기반을 두고 있고 생각보다 훨씬 더 깊은 역사를 갖고 있다.

베롤츠하이머 가족은 한 세기 이상 연필산업에 종사하고 있었다. 원래 독일 출신인 하인리히 베롤츠하이머가 이글 사의 창립자였기 때문에, 대부분 이글과 관련 있는 이름으로 알고 있을 것이다. 나중에 베롤(Berol)로 이름을 바꾼 이 브랜드는 20세기 말 모든 인수합병을 거쳐 세월의 시련을 견뎌낸 몇 안 되는 회사 중 하나였다. 1920년대에 베롤츠하이머 형제가 이글 사의 경영을 맡았을 때, 그들이 각자 다른 길로 나아갔다는 사실은 사람들이 잘 모를 것이다. 한 사람은 뉴욕에 있는 회사에 남았고, 다른 한 사람은 캘리포니아 삼나무 사업을 성장시키려는 포부로 캘리포니아로 갔다. 찰스 베롤츠하이머가 캘리포니아에 있기로 한 결정은 현명한 판단으로 드러났다. 동부의 삼나무가 부족해지면 캘리포니아 삼나무가 나무 연필의 미래가 될 것이었기 때문이다. 그는 25세에 캘리포니아 시더 프로덕츠(California Cedar Products, 줄여서 CalCedar) 사를 매입했고, 주로 미국 이외의 세계 연필 시장을 위한 연필용재를 생산하기 시작했다.

베롤츠하이머의 캘시더(CalCedar) 사는 슬랫에서 생기는 삼나무 폐기물을 재활용하는 방법으로, 1968년 듀라플레임(원래 이름은 "캘리포니아 시더 파이어로그" 였음)이라는 인조 장작을 발명했다. 삼나무 분진을 석유 왁스와 혼합하여 가정집 난로에 사용되는 고밀도의 장작이며, 이후 미국에서 유명해졌다.

헨리 데이비드 소로의 시대(1800년대)에 나무 연필을 만드는 것이 얼마나 복잡했는지 생각해보면, 슬랫을 미리 만들어놓는다는 아이디어는 연필 제조를 훨씬 더 효율적이고 접근하기 쉬운 산업으로 만들었다. 캘시더 사는 세계에서 가장 큰 삼나무 슬랫 공급원이 되었고, 거의 모든 고급 연필 제조업체에게 팔았다. 1990년대까지, 3대째 가족 소유로 운영되어 오던 캘시더 사는 연필업계 최초로 삼나무 슬랫에 대한 FSC 인증을 획득했다. 국제 산림관리 협의회(Forest Stewardship Council)가 캘시더의 잘 관리된 숲과 환경적 책임의 높은 기준을 공식적으로 인정한 것이었다. 이 회사의 나무 연필에는 끝에 작은 FSC 로고가 찍혀 있고, 이것은 현대 연필에서 품질의 기준이 되었다.

삼나무 사업이 호황을 누리고 있는 동안, 4세대 CEO인 찰스 베롤츠하이머 2세는 가족의 역사와 진지한 열정이 있는 프로젝트, 즉 연필 제조를 통해 사업을 한 걸음 더 나아가게 했다. 이것은 1999년 FSC인증을 받은 첫 번째 모델인 포레스트 초이스(Forest Choice) 연필로 시작되었다. 이 연필은 자연적인 나뭇결을 살려 완성된, 지우개가 달린 저렴한 연필이다. 거기서부터 팔로미노, 골든 베어(Golden Bear), 프로스펙터(Prospector), 그리고 스팽글(Spangle)과 함께 제품군이 늘어났다. 각각 품질이 다르지만 모두 캘시더 슬랫으로 만들어졌다. 이 연필들은 캘시더 산하의 캘리포니아 리퍼블릭 스테이셔너(California Republic Stationers) 이름으로 만들어졌으며, 우수한 품질의 팔로미노는 처음부터 이 라인의 슈퍼스타였다. 주로 브랜드 이름만 찍혀 있고 일본 연필처럼 윤이 나는 래커가 칠해져 있었으며, 21세기 초 대부분의 연필에 있던 바코드, 모델 번호, 주름 장식이 없기 때문에 독특한 연필이었다. 블랙 윙 602를 오랫동안 사용한 사람들은, 사랑받는 에버하르트 파버 오리지널의 진하고 부드러운 느낌을 대신할 연필로 블랙 윙 602가 최고라고 말한다. 아직 연필에 관심이 없는 사람들에게는, 연필을 탐하는 미지의 세계로 가는 관문이 되었다. 얼마 지나지 않아 캘리포니아 리퍼블릭은 이 멋진 연필의 인기를 따라 팔로미노로 이름을 바꾸었다.

2010년, 팔로미노의 성장세와 블랙 윙 602의 부활에 대한 염원에 힘입어, 베롤츠하이머는 블랙 윙의 이름에 대한 권리를 획득하고 팔로미노 블랙 윙을 출시했다. 처음엔 한 가지 종류만 출시되었다. 나중에 출시된 블랙 윙 602의 지우개와 비슷한 흰색 지우개를 고정시키는 단순한 놋쇠 페룰이 달렸고, 무광 검정색으로 칠해졌으며, 간단하게 팔로미노 블랙 윙이라고 불렸다. 블랙 윙이라는 브랜드 이름의 서체는 원래 연필의 서체보다 현대적인 형태로 디자인되었다. 고전의 현대적인 변형이었고, 페룰과 이름 외에도 차이점이 두드러지는 등, 그 디자인은 대담했다. 심 자체는 고품질이지만 원래의 블랙 윙보다 훨씬 부드럽다. 일반용으로 쓰기엔 대체로 너무 부드럽고 번지기 쉽다고 여겨지는 4B 범위에 속한다. 이 모든 것을 고려해 볼 때, 그러한 연필의 핵심은 유명한 이전 연필을 대체하거나 복제하는 것이 아니라, 오히려 이야기를 되살리고 새로운 세대의 연필 사용자들을 위한 블랙 윙을 만드는 것이었다.

1996년 캘시더 사는 인터넷으로 연필을 구매하고 연필에 대해 배우길 원하는 연필 애호가들을 위한 최초의 온라인 장터인 pencils.com을 개설했다. 심지어 20년이 지난 후에도, 이 사이트는 온라인 고급 연필 소매점의 선두주자이다.

그다음해에 팔로미노가 팔로미노 블랙 윙 602를 출시한 것은 당연한 수순이었다. 블랙 윙 602는 분홍 지우개를 대신한 검정 지우개를 제외하고는, 오리지널의 모든 외관적 특성을 지닌 같은 이름에 대한 헌정이었다. 이 연필 심은 오리지널 블랙 윙 602의 심과 동일하지는 않지만 꽤 비슷하다. 연필에는 심지어 "힘은 반으로, 속도는 두 배로"라는 표어도 새겨져 있다. 팔로미노

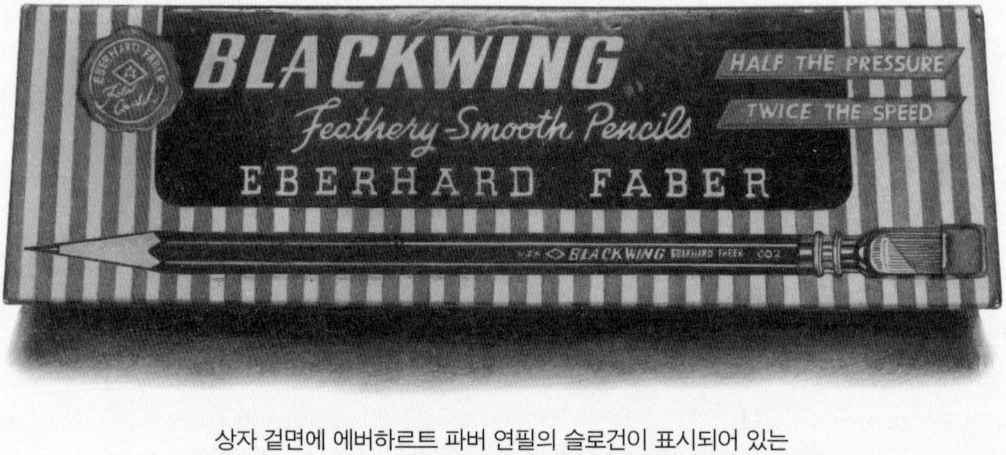

상자 겉면에 에버하르트 파버 연필의 슬로건이 표시되어 있는 오리지널 포장 디자인. 팔로미노 블랙 윙의 배럴에 이 슬로건이 찍혀 있다.

는 이 연필로 이 공식을 완성했고, 대부분 세계적으로 유명한 작곡가 스티븐 손드하임을 포함한 오리지널 블랙 윙 팬들의 인정을 받았다. 하지만 이 부활에 따른 반발도 있었다. 연필 자체와는 거의 관련이 없지만, 온라인 연필 커뮤니티의 일부 구성원들은 팔로미노의 새로운 연필 마케팅에 불쾌해했다. 그들은 팔로미노가 블랙 윙 602이 에버하르트 파버의 오리지널 연필이 아니라 재현된 버전이라는 것을 제대로 인식하지 못한 채, 팔로미노 사가 블랙 윙 602의 역사를 가로챈 것으로 간주했다. 하지만 새로운 블랙 윙 602의 판매 포인트 중 하나는 그 전통적 이름과 디자인이며, 바로 그 유산이 아니었다면 연필을 부활시킬 이유가 전혀 없었을 것이다. 이러한 논쟁에도 불구하고 팔로미노가 블랙 윙 602를 대화의 장으로 다시 끌어들였다는 사실에는 변함이 없다.

블랙 윙 602가 출시되자마자 나는 런던에 있는 집 근처 아주 작은 가게에서 나의 첫 팔로미노 블랙 윙 602를 구입했다. 평생 가는 연필 애호가라고 자칭하는 사람이긴 하지만, 내 취향은 그다지 고급스러운 영역에까지 있진 않았다. 내가 고전적인 미국 연필과 이국적인 유럽 연필을 가장 좋아했고, 그저 역사의 일부라고 생각했던 이 새로운 블랙 윙은 놀라운 발견이었다. 이 연필은 나를 일본 연필에 심취하게 했는데, 더 정확히 말하자면, 나를 고품질의 부드러운 연필의 세계로 이끌었다. 이 연필은 내가 연필의 역사를 더 깊이 파고들고 연필 세계의 깊이를 탐험하도록 인도했다. 고백하건데, 블랙 윙 602는 현재 내가 가장 좋아하는 연필은 아니지만, 내 연필 창고에 주기적으로 채우는 연필이며, 연필 회의론자들과 공유하기 좋아하는 연필이다. 내 가게에서는 팔로미노 블랙 윙 602를 종종 "입문" 연필이라 부른다. 즉, 이 연필의 이야기, 반짝이는 페룰, 흑연의 매끄러움이 고급 연필의 즐거움을 부정하는 사람의 마음을 바꾸는 올바른 방법이라 할 만큼 매혹적이라는 말이다. 그런 사람들은 돌아와서 더 자세히 알고 싶어 하고 다른 연필들에 대해서도 궁금해 한다. 팔로미노 블랙 윙 602는, 21세기의 연필 사용자들을 끌어들이고 즐거움을 주는 연필이 있을 수 있다는 사실을 상기시켜줄 완벽한 기회를 제공했다.

한정판으로 불리는 "블랙 윙 볼륨(Blackwing Volumes)"은, 몇몇 이름을 대자면, 뉴욕 양키스의 야구선수 조 디마지오의 연속 안타, 존 스타인벡, 그리고 조르주 멜리에스 감독의 1902년 영화 "달세계 여행" 등을 배경으로 디자인되었다.

블랙 윙과 블랙 윙 602에 더하여, 팔로미노는 현재 반짝이는 흰색 버전의 블랙 윙 펄(Blackwing Pearl)도 생산하고 있으며, 이 연필은 앞의 두 연필 사이의 경도를 갖고 있다. 2014년 이후, 팔로미노 사는 분기별로 다른 이야기와 역사에 대한 테마로 한정판을 출시해왔다. 이 한정판 연필들이 얼마나 빨리 팔리는지, 또 이베이에서 팔리는 가격을 알게 된다면 놀랄 것이다. 팔로미노 블랙 윙은 오리지널이 그랬고 여전히 그런 것처럼, 누구나 탐내는 아이템이 되었다.

새로운 블랙 윙 연필들과 참신한 한정판을 둘러싼 소문은 연필 사용자들을 위해 완전히 새로운 시장을 열었다. 이 연필들은 접근성이 높고 유용하며 풍부한 유산이 있는 사물로서 아날로그 도구를 부활시키는 데 주요한 역할을 했다. 팔로미노가 에버하드 파버 블랙 윙 602를 이용했다고 주장하는 사람들도 있지만, 누군가가 언급할 가치가 있는 이야기를 드러내고 있다는 사실만으로도 나는 여전히 신이 난다. 그리고 이야기와 연필은, 연필이 필요하지 않은 세상에서 태어나고 자란 어른들에게, 역사에서 그렇게도 중요한 자리를 차지하는 매체를 이해할 수 있는 기회를 준다.

국보급 연필들

연필 회사의 유산은 가치 있다. 그리고 편견이 관점을 바꿀 수도 있지만, 전 세계의 회사들은 저비용 생산이 가능한 국가에서 연필을 만드는 일이 죄가 아님을 증명한다.

연필은 대부분의 일상용품에서 즐거움의 대상이 된 지 오래다. 미국에서 8월에 신학기 준비물을 사러 다닌다면, 대개 중국, 인도 또는 멕시코에서 식별이 불가한 나무로 만들어진 상표 없는 연필들을 발견할 것이다. 한때 제품에 새겨진 "메이드 인 나라이름"이 제품이 실제로 만들어진 장소를 나타내는 것으로 기대되었던 적이 있었다. 하지만 요즘에는 중국이나 다른 대표적인 제조국가들 중 하나에서 만들어졌을 가능성이 많기 때문에 그럴 경우는 거의 없다. 연필에 있어서는 분명히 이러한 제조 동향의 변화로 영향을 받았지만, 놀라운 예외들이 많다는 것을 대부분 잘 알지 못한다. 가장 편리한 대형마트 선반에서는 그런 예외들을 찾지 못할 수도 있다. 품질 좋은 연필의 출처를 아는 것은 어렵지 않다. 무엇을 찾아봐야 할지 알기만 하면 된다. 즉, 기존의 많은 회사들의 "메이드 인" 표시에 대한 자부심은 헤리티지 상품의 브랜딩에 결정적인 역할을 한다. 연필은 어떤 기후에서도 간단히 만들 수 있다. 원재료가 풍부한 본거지에서 연필을 만드는 것은 위탁 생산만큼 쉽다. 단지 더 큰 비용이 들뿐이다.

미국과 유럽에서 알려진 대부분의 큰 브랜드는 딕슨 타이콘데로가가 필라(Fila)로 인수된 것처럼 다른 큰 회사들에 인수되거나, 또는 샌포드가 그랬던 것처럼 지난 몇십 년에 걸쳐 다른 브랜드들을 천천히 인수했다. 위탁 생산의 경우, 일반적으로 다른 국가에 소규모 자회사를 설립하여 현지 시장을 지원하거나, 브랜드 원산지와는 무관한 장소에 있는 대형 멀티 브랜드 공장과 전적으로 계약을 맺어 그곳에서 생산한다. 이것은 많은 유럽 회사들이 한 세기 전, 북미에 가게를 내기 위해 가족을 보내기 시작한 이후로 일어나고 있는 일들이다.

1990년대까지 대부분의 연필이 판매 지역과 어느 정도 가까운 곳에서 만들어졌다는 사실을 고려하면, 외주 노동력은 완전히 새로운 개념이다. 지역에 따라 다르겠지만, 지난 20년 동안 사람들은 대부분 가게 진열대에서 유명 브랜드의 연필을 보는 데 익숙해졌다. 하지만 이후 그 기준은 HB나 넘버2보다 더 적은 애매한 종류가 되었다. 심지어 사랑받는 모델인 타이콘데로가도 더 이상 미국 내에서 만들어지지 않는 상황에서는 특히 그렇다. 21세기 초반에 들어서면서부터는 변화가 생겼다. 상품의 출처를 더 잘 인식하고 지역 경제를 지원하고자 하는 세계적인 움직임은 남은 "지역" 연필 회사들이 사업을 지속시키는 데 도움을 주었다. 사랑받는 브랜드가 사라진 지 수십 년이 된 이 시점에서, 앞으로의 수십 년 동안에도 이

패턴이 지속되면 좋겠다. 아직 충족되어야 할 필요에 맞춰 열정을 갖고 기꺼이 다음 세기의 연필을 만들려는 많은 연필 혁신자들이 있기에, 아날로그 도구의 미래는 항상 열려 있다.

21세기에는 두 가지 유형의 연필 사용자가 있다. 하나는 엄격히 연필의 용도에 맞게 사용하는 사람이고 다른 하나는 연필을 사용함으로써 향수를 느끼려는 사람이다. 물론, 보통 이 두 가지가 함께 가지만 우리가 고려해야 할 또 다른 요인은 "빈티지(vintage)"의 컴백이다. 연필 자체는 빈티지 아이디어가 아니지만, 현대의 연필 사용은 부분적으로 연필이 미적으로나 감각적으로 즐거운 도구를 사용하고자 하는 욕구를 충족시키고, 디자인이 아날로그적이며, 의사소통이 덜 복잡한 과정이었던 시간을 상기시킨다는 데 기인한다. 지난 몇십 년 동안, 중고품 할인 상점과 벼룩시장을 가득 메운 빈티지 아이템들은 "유행"의 영역을 넘어서 생활방식이 되었다. 아날로그 도구의 사용은 이런 생활방식에서 큰 역할을 하며, 연필만큼 향수를 불러일으키는 대상도 예외는 아니다. 진품 빈티지 연필만의 시장도 일부 있지만, "빈티지" 모델을 단종시키는 대신, 오랫동안 없어진 것을 되돌려주는 연필 회사들도 여전히 있다. 빈티지 연필은 그러한 미학의 인기를 이용하고, 여전히 예전과 같은 방식으로 만드는 데 대한 자부심을 과시하면서 연필의 역사를 공유할 수 있는 더 큰 기회를 준다. 포르투갈 브랜드인 비아르쿠(Viarco)가 그 좋은 예이다.

파버-카스텔의 남미산 연필은 그 지역의 목재로 만들어지고 종종 "에코(eco)" 라고 새겨져 있다. 독일산 제품과 거의 동일한 이름과 일반적 특징을 가지고 있지만, 남미산 제품들의 포장 디자인은 독특하고 제조 국가에 따라 디자인이 약간씩 다르다.

1907년, 비아르쿠는 프랑스 기업가들에 의해 다른 이름으로 설립되었다. 파산과 1차 세계대전 때문에

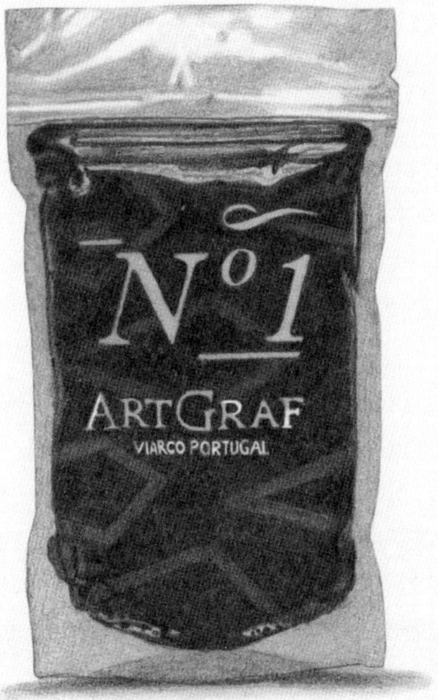

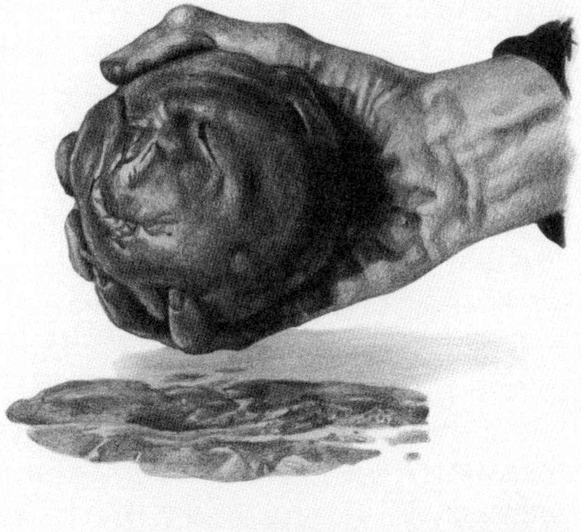

포르투갈 회사인 비아르쿠가 만든 어떤 제품들은 복고풍으로 포장되어 있지만, 이 회사는 반죽이 가능한 이 흑연 접합제와 같이 미래 지향적인 흑연 혼합물도 만든다.

1930년대 후반까지 연필을 실제로 시장에 출시하지 않았고, 마노엘 비에이라 아라우주가 회사를 매입하여 생산을 재개했다. 아라우주의 첫 번째 큰 걸음은 1940년대에 마데이라 시로 회사를 이전하는 것이었었다. 여전히 비아르쿠의 고향이라 불리는 포르투갈 북서부의 이 작은 도시에서, 그들은 포르투갈 시장을 위한 연필을 성공적으로 만들기 시작했다. 대부분 단순한 필기용과 미술용이었는데, 제품들의 품질은 처음부터 아주 뛰어났다. 비아르쿠의 디자인, 특히 포장은 포르투갈 디자인의 전체적인 특징을 담고 있다.

유럽에서 가장 오래된 국가 중 하나이며 식민지를 경영했던 포르투갈은 아프리카, 중남미, 아시아를 포함한 세계 여러 지역에서 독특한 영향을 받았다. 포르투갈의 생선 통조림에서부터 핸드크림, 연필에 이르기까지 많은 제품들 고유의 "빈티지"한 모습은 1933년에서 1974년 사이 에스타도 노보 정권하에서 확립된, 역사적으로 중요한 미학이다. 독재정권이 포르투갈에 대한 외부의 영향력을 거의 허용하지 않았을 때였다. 비아르쿠의 클래식 연필 데제뇨(Desenho)의 포일 스탬핑은 50년 전과 거의 같다. 최근에 다시 출시된 복사용 연필은 여전히 생산되는 유일한 복사용 연필 중 하나이며, 명백히 포르투갈다운 정교한 장식체의 "비아르쿠"가 쓰인 오래된 상자 디자인을 적용했다. 하지만 비아르쿠를 가장 흥미롭게 한 것은 최근 몇십 년 동안 세계 시장의 변화에 적응하는 그들의 능력이었다. 많은 작은 브랜드 연필처럼, 비아르쿠 연필은 여전히 미국에서 찾기 어려운 브랜드인데, 이는 특히 더 향수를 불러일으키는 모델들이 유럽 밖으로 잘 수출되지 않기 때문이다.

그러나 비아르쿠 연필은 부족한 유명세를 혁신으로 보완한다. 수용성 아트그라프 소프트 카본(ArtGraf Soft Carbon) 모델은 1940년대에 연필이 어떻게 팔렸을지 연상케 하는 포장으로 출시된다. 각 묶음은 종잇조각으로 싸여 있고 양쪽 끝이 끈으로 단단히 묶여 있다. 이 연필은 굵고 어두운 무광의 검은색 탄소 심으로 채워져 있으며 수용성으로도 사용할 수 있다. 이 제품은 시장에 출시된 그 어떤 연필과도 다르며, 이 연필이 포함된 제품 라인에는 나누어 쓸 수 있는 긴 점보 드로잉 연필과 넓고 아름답게 번지도록 그릴 수 있는 흑연 점토도 포함되어 있다. 자석 연필부터 농담 연필과 팽이 연필까지, 이 포르투갈 브랜드는 오랜 고전들을 재밌고 탐나는 21세기 물건으로 바꾸어 놓았다.

비아르쿠의 제품군에서 특히 유명한 것은 "포르투갈의 뒤뜰과 정원"이라는 향기 나는 연필이다. 달콤한 과자나 보통 과일의 향기가 아닌, 포르투갈의 뒷마당과 정원에 있는 식물들의 향기이다. 백합, 오렌지꽃, 작약, 무화과, 자스민 등 할머니네 정원에 있는 식물들을 연상시킨다. 배럴은 페인트칠이 되어 있지 않은 나무 그대로의 질감이며, 지우개가 달려있지 않고 문구는 매우 섬세하게 새겨져 있다. 향수에 담가졌기 때문에 향이 강할 뿐만 아니라 그 향도 각각의 이름에 충실하다.

비아르쿠 사는 그들의 유산으로 놀라운 일을 해냈고, 연필을 현대적이고 흥미롭고 사용하기 쉽게 만들었다. 많은 고객들이 포르투갈 사람이 아니거나 포르투갈에 가본 적이 없을지도 모르기 때문에, 그들은 제품에 독특한 지역 색깔, 그리고 디자인과 문화에 대한 약간의 지식적인 부분을 담고 있다. 최근에는 1940년대부터 1960년대까지의 일부 제품의 디자인을 다시 가져왔지만, 단순한 복제품으로 언급하기엔 모욕적일 것이다. 연필 자체는 옛날 제품과 기존 제품 라인의 특징을 모두 살려 완벽히 복원되었고, 포장재도 원본과 매우 비슷해서 문구점에서 발견하면 수십 년 전 제품이라고 생각할 수도 있다. 이전에도 비아르쿠의 제품 라인에는 포르투갈의 상징적인 캐릭터, 과일과 야채, 동물들을 포함하여 오래된 노벨티 연필의 빈티지 리메이크 버전도 포함되어 있었다. 잘 알려지지 않았지만 상징적인 이 브랜드에서 가장 만족스러운 것은 새로움의 발견뿐만 아니라 오래됨을 기념하는 그들의 헌정이다.

비아르쿠처럼 20세기 초부터 있었던 덴마크 브랜드 바이킹(Viking)에 대한 이야기도 이와 비슷하다. 덴마크의 유명한 성냥 회사의 연필 사업체였던 바이킹은, 회사를 다른 목제품으로 확장하려는 비전을 가진 경영자의 사위에 의해 설립되었다. 1970년대까지는 홈그라운드에서 운영되었는데, 성냥 회사가 스웨덴의 주요 경쟁사였던 슈베즈카 탠스틱스 주식회사(Svedska Tändsticks AB)에게 인수되자 연필 사업을 중단하기로 결정한다. 그 후 보기 드문 사건이 일어났는데, 덴마크의 문구 산업에서 서서히 쇠퇴한 후, 2010년 덴마크의 한 회사가 바이킹을 매입하고 생산을 재개한 것이다. 그 이후로 바이킹 사는 주로 덴마크에서의 생산을 유지하면서 이 브랜드의 역사와 본래의 모습을 보존하기 위해 열심히 일했다.

지금은 방대한 문구 제품군을 갖고 있지만, 바이킹은 여전히 핵심적인 제품인 필기용 연필과 드로잉 연필들을 만들고 있다. 제품들은 모두 최상급 품질이며 브랜드의 상징인 작은 바이킹 배가 새겨져 있다. 학교용(Skoleblyanten)과 사무실용(Skjoldungen) 초급용 필기연필 모두에는 영어 대신 덴마크어로 이름이 새겨져 있는데, 이것은 현대 연필에서 찾아보기 드물다. 하지만 가장 놀라운 연필은 조금 더 설명이 필요하다. 그것은 심지어 대부분의 브랜드에서 출시한 점보 연필보다 조금 더 큰 육각형 연필인데, 연필의 끝부분에 가로로 관통하는 작은 구멍이 있다. 밸그블리얀트(Valgblyant)라 불리는 이 연필은, 원래 덴마크 당국이 투표용으로 제작을 의뢰한 연필이다. 심은 상당히 두껍고 진해서 과감한 흔적을 남긴다. 구멍은 연필을 기표소나 다른 것에 묶어놓을 수 있도록 만든 것이다. 이 연필은 주목할 만한 필기구이며 특정 기능을 염두에 두고 제작되었다. 브랜드가 그 역사를 유지하는 데 도움이 되는 연필은 이런 종류의 연필, 즉 그 유래에 매우 구체적으로 연결된 목적을 가진 연필이다. 코히츠 쇼샤 연필이 톰보와 미쓰비시의 유산에 연결되어 있는 것처럼, 테스트-스코어링 연필이 제너럴의 역사와 연관된 것처럼, 바이킹의 밸그블리얀트 연필도 과거와 현재 사이에서 매우 중요한 부분이다.

앞서 언급한 두 브랜드인 바이킹과 비아르쿠 모두, 심지어 지금까지도 웹사이트 전체를 자국어로 운영하고 있다. 영어가 세계에서 세 번째로 많이 사용되는 언어이고 영어로 번역된 웹사이트들이 아주 많은 세상에서, 이것은 다분히 의도적인 선택처럼 보인다. 물론 대부분의 영업 시장이 자국 내에 있다는 사실과 관련이 있지만, 외부인에게는 대세에 순응하지 않고 대규모 마케팅에 상당히 완고하다는 것을 보여준다. 다행히 웹브라우저는 번역할 수 있지만, 이 모든 것의 배타성은 두 브랜드가 그들의 뿌리를 매력적인 방식으로 보존한다는 점에서 그들을 약간 민족주의적으로 만든다.

연필을 사용하는 많은 국가에서 지역 판매에 집중하는 것은 드문 일이 아니다. 우리는 비록 과거보다 더 쉽게 수출입할 수 있는 시대에 살고 있지만, 많은 제품들이 자국 내 시장 밖에서는 생산되지 않고, 온라인상에서 찾기 어렵거나 웹사이트들이 외국어로 되어 있어 접근할 수 없다. 아마 비용 때문인 것 같은데, 내가 관찰한 바로는 대부분 수요나 필요가 없기 때문이다. 미국에는 스테이플스(Staples) 같은 대형 문구 체인점들이 있는데, 그곳에서는 여전히 본 적 있는 이름을 가진 훌륭한 연필들이 팔리고 있다. 다른 나라들도 마찬가지다. 타이콘데로가가 미국을 위한 브랜드인 것처럼, 또는 슈테들러 노리스가 대부분 유럽 국가에 있는 것처럼, 그 브랜드들은 수출할 필요가 없는 오랜 예비품이다.

이 소규모 기업들이 갖고 있는 국가적 자부심을 무시하기는 어렵다. 그들은 제품을 잘 만드는 불가능한 위업을 성공적으로 달성했으며, 순전히 자생적 환경에서 번성할 수 있는 명성을 얻었다. 하지만 이에 대해 특이한 점은 아날로그 도구들이 계속해서 강력하게 컴백함에 따라, 그 나라가 지정한 펜슬 히어로라는 자부심을 가진, 찾기 어려운 브랜드들에 대한 욕구 또한 점점 더 커지고 있다는 사실이다.

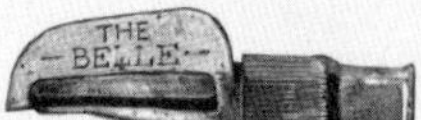

벨(Belle) 연필 커터와
샤프너,
약 1893년경.

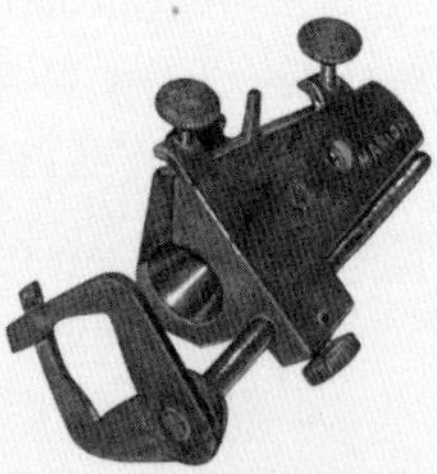

프랑스산 연필 커터와
샤프너,
약 1857년경.

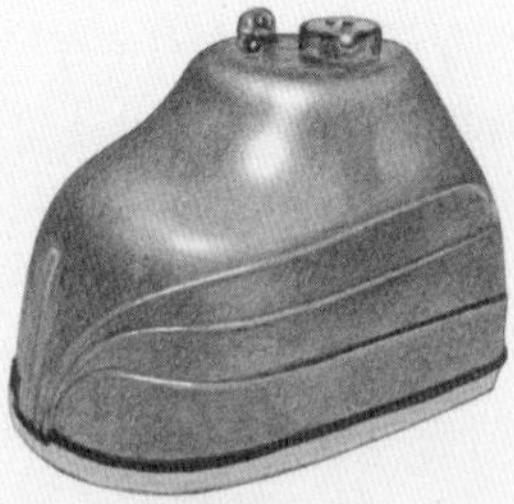

모리스샤프(Morrisharp) 전동
연필깎이,
약 1946년경

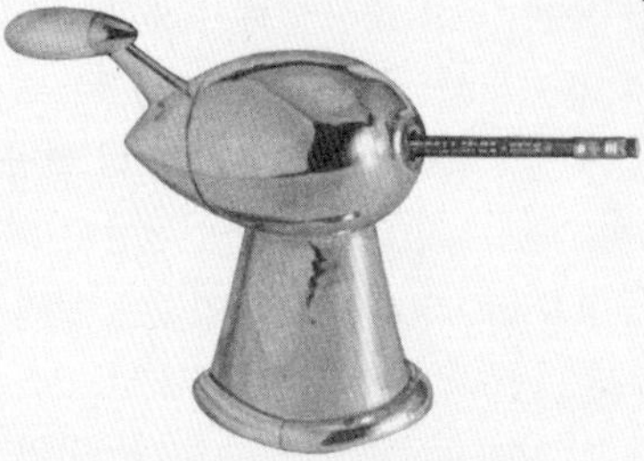

미국의 디자이너 레이먼드 로위
(Raymond Loewy)의 기계식
연필깎이, 1934년

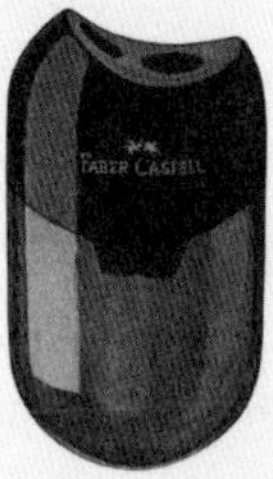

파버-카스텔 사의 더블-홀
(double-hole) 연필깎이,
현재

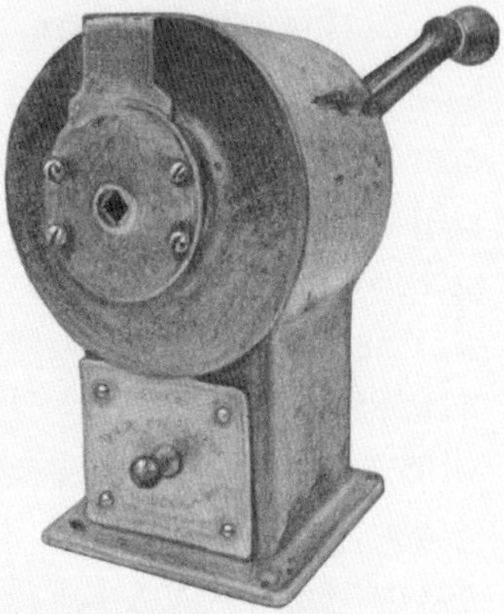

올콧 클라이맥스(Olcott Climax)
연필깎이, 1994년. 나선형 커팅 날이
장착된 원통형 커터가 달린 최초의
연필깎이.

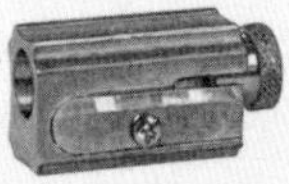

둑스(DUX)사의 단계 조절
가능한 연필깎이, 1950년대
초반부터 지금까지

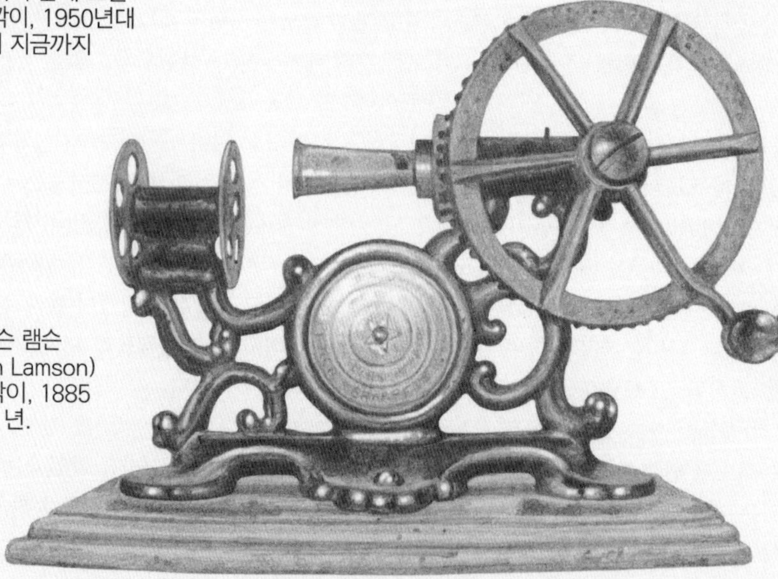

딕슨 램슨
(Dixon Lamson)
연필깎이, 1885
년.

연필업계에 발을 들여놓기 전에는 전혀 몰랐던 특별한 브랜드 하나가 있다. 어느 날, 세즈하드 샤(Shezhad Shah)라는 남자로부터 그의 가족이 파키스탄에서 가장 큰 연필 회사를 운영하고 있다는 이메일을 받았다. 그로부터 거의 두 달 후, 몇 주간의 여행을 한 것 같은 소포 하나를 받았다. 안에는 가족 기업인 샤슨스(Shahsons)의 매우 오래되고 아름다운 빈티지 연필 상자와 함께 현재 운영자인 샤 씨의 긴 편지가 들어있었다. 그 연필들은 회사의 대표적인 연필인 골드피시 오토크랫(Goldfish Autocrat: 직역하면 "금붕어 독재자")의 초기 견본이었는데, 파키스탄에서 잘 알려진 연필이다. 연필은 반짝이는 갈색으로 칠해졌으며 검은색인 끝부분에는 노란 띠가 있었다. 예전에는 백단향 냄새가 났었다고 하며, 포장에는 아직도 "향 연필 12개"라고 적혀 있었다. 독특한 이름에 관해서 말하자면, 그의 할아버지가 골드피시 아리스토크랫(Goldfish Aristocrat: 직역하면 "금붕어 귀족")이라 이름 붙이려 했지만, 전달 과정에서 잘못되었는지 글자가 잘못 새겨졌다고 한다. 연필들을 써봤는데 품질이 훌륭해서 약간 놀랐다. 샤슨스의 클래식 연필인 골드피시 오토크랫 이후, 피카소라는 이름의 미술 연필 제품군 외에도 골드피시 비스타(Goldfish Vista)와 골드피시 블루버드(Goldfish Blue Bird)를 포함하여 똑같이 묘한 이름을 가진 다른 골드피시 연필 제품군 전체가 추가되었다.

샤슨스는 한 나라의 필요에 부응하기 위해 20세기 중반에 설립된 회사의 사례다. 1953년 설립되었으며, 현재 가장 최근에 설립된 연필 제조업체 중 하나이다. 비록 이 연필이 파키스탄 밖에서는 거의 발견되지 않고 골드피시 오토크랫이라는 이름이 전혀 말이 안 될지라도, 샤슨스의 존재는 이런 물건들이 반드시 수출될 필요는 없다는 주장을 설득력 있게 만든다. 인도와 대부분의 동남아시아도 이와 비슷한 상황이며, 인도의 힌두스탄(Hindustan) 연필이 그중 최고로 군림하고 있다. 샤슨스처럼 힌두스탄은 1950년대에 설립되었으며, 자국 내와 주변국들의 인구수에 힘입어 가장 큰 연필 제조사로 빠르게 성장했다. 나타라지(Nataraj), 압사라(Apsara), 시보(SiVO)라는 브랜드로 연필을 생산한다. 원래는 필기용 연필을 전문으로 했는데, 지금은 색연필, 크레용, 펜, 연필깎이, 지우개를 포함한 제품군이 있다. 나타라지 621 모델은 빨강과 검정 줄무늬가 있는 국제적인 연필의 상징이다. 621 연필이 다른 친숙한 연필들과 트랙에서 경주하는 장면이 담긴 유명한 TV 광고는 오랫동안 인기였다. 다른 연필들은 모두 부러지지만, 621은 아무런 상처도 입지 않고 경기를 끝내는 모습이었다. TV 광고로 힌두스탄 연필은 차별성을 갖게 되었다. 그들은 이런 식의 광고를 주기적으로 하는 유일한 연필 회사였다.

여전히 미국에 있는 연필 회사가 얼마나 적은지 고려해 보면, 미국산 연필은 특히 희귀하다. 대형 매장에서 쉽게 발견할 수 있는 유일한 미국산 연필은 테네시 주의 문 프로덕츠(Moon Products) 사에서 만든 라이트 듀즈 USA 골드(Write Dudes USA Gold)이다. 제너럴 사의 연필들은 종종 품질 좋은 미국산 연필로 수출되지만, 그 이외의 미국산 연필은 미국 밖에서는 찾아보기 어렵다.

5개 지역에 10개 공장이 있는 힌두스탄은 하루에 800만 개라는 놀라운 양의 연필을 대량 생산하며, 연필깎이 날에 부착되는 용도의 나사못까지, 모든 것을 인도 내에서 만든다. 또한 힌두스탄은 지역의 나무를 지속적으로 공급받아 연필을 만드는, 미국 밖의 연필 회사의 가장 좋은 예이다. 힌두스탄 제품군에서 삼나무로 만든 연필은 찾을 수 없을 것이다. 고급 연필에는 보통 포플러 나무가 선호되기 때문이다. 하지만 힌두스탄의 특징은 그들의 제품이 실제로 50개의 다른 나라로 수출된다는 점이다. 사람들이 그 사실을 모를 뿐이다. 세 가지 브랜드로 생산된 연필은 거의 독점적으로 동남아시아에서 판매되며 서구 세계에는 거의 알려지지 않았다. 그러나 그들의 연필은 덜 비싼 대체품을 찾는 대형 매장에서 제작 및 판매하는 다른 연필로 위장되는 경우가 많다. "인도산(Made in India)"이라고 쓰인 이름 없는 연필을 발견한다면, 힌두스탄에서 만들었을 가능성이 높다.

다른 나라에서 제조하는 것이 항상 나쁘지는 않다. 특히 매우 낮은 가격을 감안하면 힌두스탄 연필은 훌륭하다. 다른 많은 저렴한 연필도 마찬가지지만, "메이드 인 나라이름" 현상은 자사의 제조국가를 분명하게 광고하지 않는 제품이나, 브랜드가 명료하고 평판 좋은 유산을 가진 나라에서 생산되지 않은 모든 제품을 비판하는 것처럼 보인다. 남미의 슈퍼마켓에 가면 학교용품과 사무용품 코너에서 파버-카스텔이나 유럽 브랜드의 상표가 붙은 연필을 발견할 수 있다. 아마도 익숙하지 않은 제품이거나, 품질이 낮아 보이거나, 거의 오리지널의 가짜 버전처럼 보이는 제품일 것이다. 속지 말기 바란다. 그저 자국 내 시장을 염두에 두고 그 지역에서 만든 것일 뿐 정말로 그 회사 제품이 맞다.

연필깎이 제조업자들은 자국의 국가적 자긍심을 드러낸다. 연필의 원조 국가인 독일에서 자랑스럽게 만들어진 쿰(Kum), 둑스(Dux), 뫼비우스&루퍼트(Möbius & Ruppert)는 세계에서 가장 품질이 좋고 가격도 적당한 연필깎이 제조회사로서 사람들을 즐겁게 해준다. 사실, 독일은 미술용품점이나 다른 곳에서 구입할 수 있는 대부분의 연필깎이를 만든다. 만약 유명한 독일 브랜드가 새겨져 있지 않다 하더라도, 현재 이용할 수 있는 연필깎이 중 많은 것들이 독일의 다른 회사에서 만들어졌을 가능성이 매우 높다. 그렇긴 하지만, 이 믿을 수 있고 진정한 독일 연필깎이 회사들은 품질이 좋다는 평판만큼이나 잘 알려진 디자인의 연필깎이를 만든다. 여전히 독일 밖에서는 아주 보기 힘든, 현대 연필 사용자의 요구를 충족시키기 위해 만들어진 특정 모델이 있다.

오늘날, 손 필기는 학교에서 더 이상 필기체를 가르치지 않는 서구 밖의 나라에서도 더 높이 평가되고 더 많은 관심과 중요성을 부여하고 있다. 예를 들어, 인도, 파키스탄, 일본에서는 손 필기가 여전히 중요한 커리큘럼으로 여겨지고, 심지어 어른에게 적용되는 기준도 아주 높다. 손으로 쓰는 기술은 서서히 쓸모없게 되었지만, 이 나라들에서 연필의 필요성은 여전히 굳건하다.

롱-포인트 연필깎이(long-point sharpener)는 최근에 출시되었지만 크게 유행하게 되었다. 다양한 종류의 연필에 노출된 연필 사용자들이 더 안목 있는 취향을 개발하게 되면서, 연필깎이에 동일한 기준이 적용되기 시작했다. 쿰(Kum) 사의 구멍이 두 개 있는 연필깎이는 연필을 최대한 길게, 점차 가늘어지는 뾰족한 모양으로 깎는다. 첫 번째 구멍의 날은 나무만, 두 번째 구멍의 날은 심 부분만 깎는다. 2015년, 최종판인 마스터피스(Masterpiece) 연필깎이가 출시되었다. 이것은 정교하게 만들어진 수제 마그네슘 2단 연필깎이로 시장에 출시된 연필깎이 중 가장 긴 심으로 깎을 수 있는 제품이다. 그 이후, 뫼비우스&루퍼트 사도 고전적인 황동 연필깎이 제품군에 롱-포인트 버전과 오목한 버전의 연필깎이를 출시하여 제품군을 확대했는데, 이 두 제품 모두 수요가 많아서 희귀한 상품이 되어버렸다.

많은 이들처럼 나 또한 미국산 연필을 사랑하지만, 값싼 생산으로 유명한 나라에서 생산된 제품이 실제로 그 기능을 잘 수행하는가에 대해서는 할 말이 많다. 연필처럼 쉽고 저렴하게 생산할 수 있는 물건에 국가적 자부심이 담겨 있다는 점은 흥미롭다. 기원의 중요성에 대해서는 원하는 대로 생각할 수 있지만, 연필은 전 세계에서 생산되며 대부분 자국 내 시장을 위해 만들어진다(이상하게도 미국을 제외하고는 말이다). 강한 국가적 자부심 덕분에 대부분의 연필들은 가장 사랑받는 자국 내 시장에서 팔리고 있다. 비아르쿠, 바이킹, 샤슨스, 힌두스탄 같은 브랜드 모두 중요한 공통점이 있다. 그들 모두 국가적 자부심이 매우 강하며, 이것은 디자인과

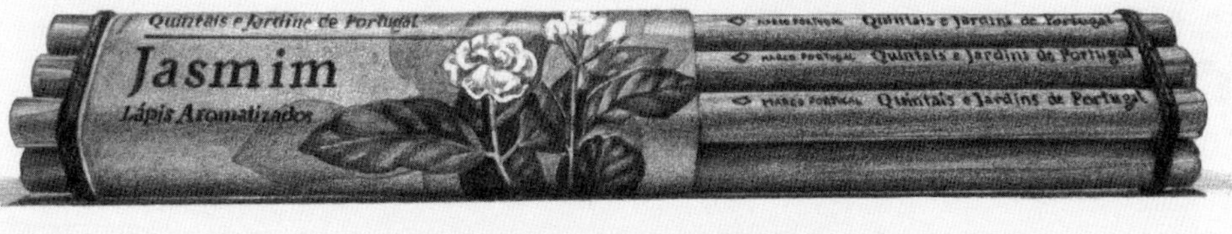

비아르쿠 사의 자스민 향기가 나는 연필. "포르투갈의
뒤뜰과 정원" 제품군의 향기는 포르투갈의 정원을
"후각을 통해 떠올리도록" 디자인되었다.

사용, 제품 생산에도 반영된다는 사실이다.

비록 서양인들이 중국산 제품을 보고 인상을 찌푸리는 경향이 있을지라도, 중국 브랜드들도 그들의 전국적인 브랜드 연필에 대해 엄청난 자부심을 보이고 있다. 1935년에 설립된 청화(Chung Hwa)사가 만든 연필, 특히 6151 모델은 중국에서 유명하다. 나타라지 621처럼 자국에서 가장 유명한 브랜드인 이 연필은 검정과 빨강이 교차되는 줄무늬를 갖고 있다. 미쓰비시처럼 중국에도 청화라는 이름의 다른 회사들이 있고, 청화 연필 회사와는 무관하다. 가격대도 샤슨스나 힌두스탄과 비슷하며, 거의 수출되지 않지만 전국적으로 사랑받는 일상용품의 예이며, 훌륭한 필기감도 그 명성에 부응한다.

청화 연필과 비슷한 가격대의 경쟁사 제품들도 보통 한 다스에 1달러 미만인 소매가로 팔리고 있다. 아시아 밖의 비슷한 가격대 연필이 보통 쓸 만한 품질이 아니라는 사실에 비하면 정말 놀랍다.

그 감정이 대개 못마땅하게 받아들여지긴 하지만, 연필의 맥락에서 국가적 자부심은 제품의 정체성에 꼭 필요하다. 색다른 장소에서 만든 연필을 예찬하는 것은 그렇게 나쁜 일이 아니다. 아날로그 도구의 감소에 따라, 놀라운 점은 연필이 여전히 전 세계 구석구석에서 만들어지고 있으며, 그 모든 연필 회사가 오래된 회사의 자회사가 아닌, 완전히 다른 새로운 회사라는 사실이다. 알려지지 않은 작은 브랜드의 연필을 설명하는 데 사용된 "장인이 만든 제품(artisanal)"이라는 말을 들어본 적이 있지만, 그것이 정확한 상표라고 확신하지는 않는다. 연필은 그냥 연필이 될 수 없는 걸까? 흥미로운 기원으로서는 더 많이, 틈새시장의 매력적인 상품으로서는 더 적게 알려지면서 세상에 존재할 수는 없는 걸까? 까렌다쉬에 대해 앞서 이야기했다. 까렌다쉬 브랜드에 스위스의 유산은 필수적이며, 제품 판매에도 스위스 국기가 자랑스럽게 사용된다. 또는, 독일의 오랜 위대함인 파버-카스텔이나 슈테들러도 시대와 역사를 통한 명성이 제품 자체보다 대체로 앞서 있다. 모두 연필을 팔아주는 뒷이야기이다.

20세기 초 전쟁에 시달리던 시절, 까다로운 무역법과 금지령 때문에 제품의 원산지는 광고에서 중요한 부분이었지만 이제는 더 이상 그렇지 않다. 오늘날 중요한 것은 연필 제조자의 유산과 명성이다. 브랜드가 70년이 되었는지 200년이 되었는지, 어디에서 왔는지, 그리고 그 기원이 어떻게 인정받고 있는지가 21세기 제품의 위치와 관련이 있다. 지역 내 생산을 유지하여 기업의 유산을 지켜나가는 일의 중요성은 확실히 이 회사들이 내세워야 하는 이야기의 일부이며, 위탁생산이 더 쉽고 저렴해짐에 따라 그 어느 때보다도 가치 있는 부분이 되고 있다.

최근의 경향들

인터넷은 연필에 대한 것들을 변화시켰다. 역사를 발견하는 새로운 방법들, 새로운 팬 층, 그리고 아날로그의 즐거움을 받아들이는 사람들이 많아지면서 연필도 성장했다.

내가 이 글을 쓰고 있는 현재는 연필이 탄생한 지 수 세기 만에 많은 것이 바뀌었고 그 대부분은 컴퓨터와 관련이 있다. 지난 30여 년간 연필 사용의 감소로 인해 컴퓨터, 또는 워드프로세서와 인터넷을 신뢰하는 대신에, 인터넷이 연필에 유용한 모든 방법을 살펴보겠다. 우선 인터넷이 없었다면 이 책을 쓰는 일이 훨씬 더 어려웠으리라 생각한다. 일반 대중에게 인터넷이 보급된 지 단 1년 후인 1992년, 헨리 페트로스키의 《연필: 디자인과 상황의 역사》가 출간되었다. 이 책은 연필의 모든 역사에 대한 유일하게 포괄적인 자료로 인정받아야 한다. 왜냐하면 책상을 떠나지 않고서도 볼 수 있는 그런 엄청난 양의 정보가 생기기 전에 쓰였기 때문이다.

인터넷으로는 연필의 역사(생각보다 광범위하게 기록되지 않은 역사)에 쉽게 접근할 수 있다. 또한 수십 년 전과 수 세기 전의 연필뿐만 아니라 먼 나라의 잘 알려지지 않은 연필을 알게 되거나 구입할 수도 있다. 인터넷이 없었다면, 연필에 대한 내 관심은 지금 같지 않았을 것이다. 내가 태어난 1990년에 최초의 웹서버와 브라우저가 개발되었다. 무언가 조사해볼 만한 관심사가 있을 정도로 나이가 들었을 즈음에는, 내가 필요한 모든 정보를 주는 상자인 델(Dell) 컴퓨터가 우리 집 다락에 있었다. 처음 연필의 역사에 관심을 갖게 되었을 때, 에버하르트 파버 블랙 윙 602가 무엇인지, 그리고 도대체 연필의 경도 척도가 어디까지 있는지 알려준 것도 인터넷이었다. 연필에 대한 블로그를 하는 오랜 연필 사용자들 대부분도 마찬가지일 것이다. 인터넷은 연필에 대한 전 세계적 대화를 가능하게 했을 뿐 아니라 연필을 알 수 있는 장소가 되기도 했다. 하지만 인터넷은 연필처럼 아날로그적인 도구를 낱낱이 밝혀내지는 않았다. 사용자의 웹 브라우저에 따라 검색할 수 없거나 존재하지 않는 모델들이 여전히 있다.

미국의 공학자이며 학자였던 헨리 페트로스키는 디자인과 공학 분야의 실패 분석에 대한 연구과 저술뿐만 아니라, 연필은 물론 종이 클립을 포함하여 잘 알려진 물건들을 발명하는 데 전념했다. 공학에 대한 그의 다양한 저서로 인해, 사물의 작동 방식과 관련된 모든 것에 대한 그의 권위는 더욱 공고해졌다.

과거의 희귀한 연필들을 드러낸 것으로 인정받는 brandnamepencils.com이라는 웹사이트는 연필 수집가인 밥 트루비(Bob Trub) 씨가 2005년에 만들었다. 이곳은 내가 동료 및 연필 친구들과 함께, 우리가 발견한 연필을 식별하고 신화적인 연필의 존재를 확인하는 중요한 자료로 사용하는 곳이다. 웹사이트는 연필의 유형과 브랜드, 이 두 가지로 분류된다. 일단 두 범주 중 하나를 선택하면, 그 범주에 있는 트루비 씨의 모든 연필들의 명확한 실제 사진과 함께 알파벳순으로 모델 이름이 나열된 화면으로 이동한다. 희귀한 연필, 유명한 연필, 진짜라고는 믿기지 않는 연필 등 수천 개의 연필이 있고, 그 소장품들은 간단히 말해 상상 이상이다. 수집가 가족 출신인 트루비 씨는 연필은 쉽게 수집할 수 있고, 연필에 대한 포괄적인 카탈로그가 없기 때문에 연필에 관심을 갖게 되었다고 한다. 여전히 성장 중인 그의 웹사이트는 바로 그것, 즉 인터넷에서 알려진 가장 큰 연필 카탈로그이다. 그의 웹사이트에는 그가 여전히 사냥 중인 연필을 나열한 "지명수배자(Most Wanted)" 섹션도 있다. 트루비 씨는 항상 새로운 연필을 찾을 수 있다고 믿기 때문에 그의 탐색에는 끝이 없으며, 관찰해보면 그가 대부분 옳다는 것을 알게 된다. 미지의 수집 영역에 대한 이런 생각은 매혹적이다. 사이트의 정보와 카탈로그에서 빠진 부분은 특히 희귀한 연필들을 위해 비워두었다고 한다. 인터넷은 이러한 부분에 많은 도움을 줄 수 있다.

밥 트루비 씨가 그런 프로젝트를 시작했을 때 자신이 무엇을 하고 있었는지 정말로 깨닫지 못했는지는 잘 모르겠다. 그는 누구에게나 알려진 가장 큰 연필 카탈로그를 만들었다. 수집한 연필이 너무 많아서 그조차 정확히 세지 못한다. 이 연필들에 대해 끝없는 관심을 가진 사람으로서, 그러한 자원을 이용할 수 있게 되어 매우 감사하다. 또한 이 웹 사이트, 또는 그 이후 인터넷의 새로운 정보들이 페트로스키의 책에 영향을 주었는지 궁금하다. 그의 책이 출간된 지 거의 10년 반 동안, 연필에 대해 공식적으로 쓰인 것은 거의 없지만, 그런 출간물이 있는 경우엔 대부분 참고 자료로 페트로스키의 책만 언급한다는 사실을 발견했다.

페트로스키 덕분에 사람들이 연필의 역사에 대해 알게 된 것과는 별도로, 인터넷으로 인해 연필에 대한 새로운 대화와 정보의 공유가 가능해졌다. 오로지 연필과 아날로그 도구만을 위한 수많은 블로그가 있으며, 페이스북과 같은 플랫폼들은 지속적인 토론의 장을 제공했다. 심지어 이레이저블(Erasable)이라는

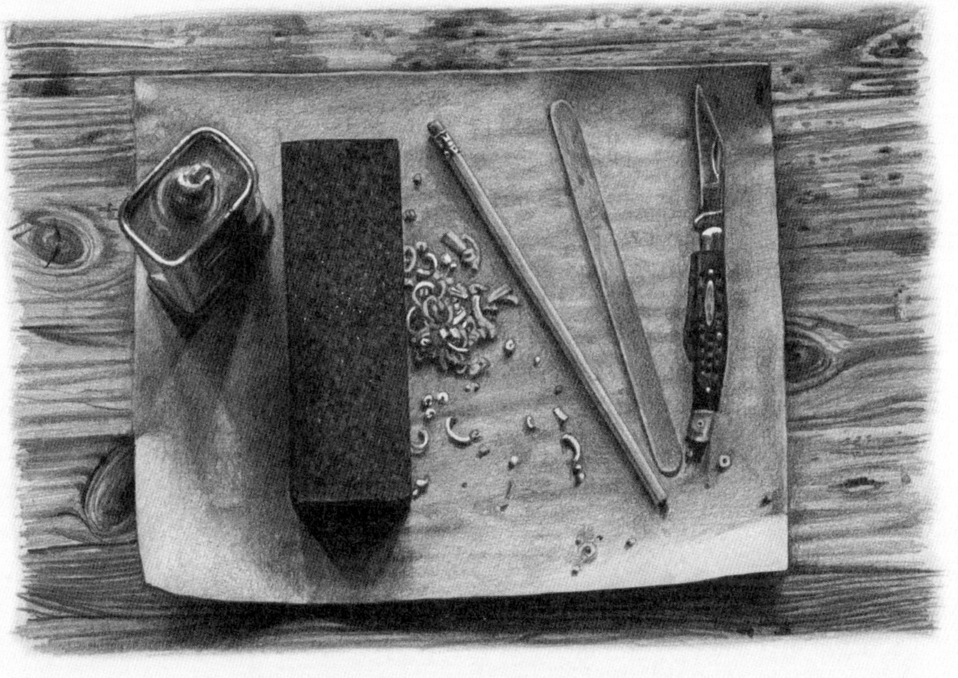

연필 깎기 장인인 데이비스 리스 씨가 사용하는 도구들.

팟캐스트도 이런 이유로 존재하며, 소박한 연필을 여전히 아끼는 이용자와 골동품 수집가들을 위한 모임을 열고 있다. 연필에 대한 정보를 발견하는 데 있어서도 인터넷은 새로운 사용자 인구, 즉 초등학생 시절의 학교 준비물 목록 이후로는 연필에 대해 한 번도 생각해보지 않았던 사람들의 관심을 끄는 역할을 해왔다.

21세기에 연필이 좋은 명성을 쌓는 데 도움을 준 사람은 데이비드 리스(David Rees) 씨이다. 온라인에서 공인된 연필 깎는 장인으로 알려져 있으며, 최근까지 연필 한 자루에 40달러를 받고 연필을 깎아주었다. 그에게 연필, 정확히 말해서 넘버2(HB) 연필을 보내면, 몇 주 후 날카롭게 깎인 연필을 우편으로 되돌려 받을 것이다. 그는 칼, 휴대용 연필깎이, 그리고 칼날이 하나 또는 두 개인 수동 연필깎이로, 그리고 사포나 에머리보드(emory board)도 이용하여 완벽하게 연필을 깎는다. 그리고 심 부분을 투명한 관에 끼워 보호한 다음 파손방지 튜브에 연필을 넣어, 작은 비닐에 깔끔하게 모은 연필밥 및 증명서와 함께 당신에게 보내줄 것이다. 2012년에 이 주제에 관해 출판된《연필 깎기의 정석》은 처음에는 대부분 순전히 우스갯소리라고 여겨졌다. 같은 시기에 9분 27초 러닝 타임의 비디오가 퍼져나가면서, 연필을 깎는 간단한 행동을 다시 대화의 장으로 끌어올렸다. 리스 씨는 아무도 신경 쓰지 않는 그런 시시하고 사소한 일에 대한 믿을 수 없는 헌신으로 전 세계에 알려지게 되었다. 훌륭한 디자인에, 철저하고 재미있으며 시장성 있는 그의 책은 연필이 여전히 의미 있고 바람직한 아날로그적 물건임을 보여준다. 어쩌면 그 모든 것이 실험이었을지도 모르지만, 리스 씨는 자신의 이상한 직업 덕분에 결국 "데이비드 리스와 함께 깊이 연구하기(Going Deep with David Rees)"라는 텔레비전 쇼를 진행하게 되면서 자신의 재능을 마음껏 펼쳤다. 이 쇼는 2시즌 동안 방영되었으며, 그의 연필 깎기와 비슷한 맥락에서 다른 활동들을 탐험해 보는 프로그램이었다. 2016년, 그는 은퇴를 발표했다. 더 정확히 말하면, 연필 한 자루당 깎는 비용을 500달러로 올려서 고객층을 없애버렸다. 짧지만 영원한 인상을 남긴 직업이었을 것이다. 리스 씨는 연필을 새로운 맥락에 넣고 훌륭한 유머를 사용하여 연필의 생명과 가치를 증명해 보였다.

팟캐스트인 이레이저블은 진행자인 팀 와셈, 쟈니 갬버, 앤디 웰피가 각자의 블로그를 통해 온라인으로 나누던 연필에 관한 대화에서 시작되었다. 가장 풍부한 지식을 가진 연필애호가와 기분전환용으로 연필을 사용하는 사람 모두의 입장에서 전 세계 청중에게 이야기한다.

하지만 트루비 씨와 리스 씨 전에, 출판인인 빌 헨더슨(Bill Henderson)은 "흑연 연필 모임(Lead Pencil Club)"에서 인터넷이 연필이나 펜을 사용하는 활동에 미치는 영향에 대한 대화를 시작했다. 1996년에 출판된《흑연 연필 모임의 순간들(Minutes of the Lead Pencil Club)》이라는 에세이에서, 그는 기술이 야기하는 몰 개성화를 탐구하고 적극적인 반기술적 입장을 취했다. 극단적인 "모임"을 통해 잘 알려진 그의 발언은, 보다 정확하게 기록할 수 있는 디지털 대안물 때문에 연필의 중요성이 감소하면서 우리가 여전히 숙고해보아야 할 것이다. 아날로그와 디지털의 사물은 기능면에서 실제로 그렇게 다르지 않지만, 그 모임의 대화는 컴퓨터 기술에 관한 것이지 연필에 관한 것은 아니다.

하지만 연필도 컴퓨터와 마찬가지로 소통의 기술이다. 몇 세기 전, 연필의 개념은 편리해 보였을지 모르지만, 사물의 질서를 혼란스럽게 만들기도 했다. 첨단기술의 힘이 결여되어 있는 연필은 자유와 사생활을 허용한다. 연필로 쓴 단어들은 지울 수 있을 뿐만 아니라 전적으로 나의 것이라는 확신이 든다. 인터넷에 올린 글에 대해 마지막으로 자신 있게 말할 수 있었던 적이 언제였던가? 연필로 쓴다는 것에는 어느 정도 자유가 있고, 컴퓨터에 절대 비교할 수 없는 정신과의 연결이 있다. 다행스럽게도, 그런 것들을 살리려 노력하는 나에게는, 나와 비슷한 관심을 가진 사람들이 여전히 많다. 아마도 연필의 아날로그적 힘이 우리에게 알려줄 수 있는 것보다 더 많은 관심을 가지고 있을지도 모른다(연필은 디지털 미디어처럼 자기 광고적이지 않다).

아마도 한때 연필에 의존했던 몇몇 산업들에게는 지금 선택권이 있을 것이다. 제도하는 사람에겐 오토캐드(AutoCAD) 같은 프로그램들이, 일러스트레이터에겐 어도비(Adobe) 소프트웨어 같은 제품들이, 작가에겐 워드 프로세서가 있다. 한때 비너스 연필 회사가 주창했던 "모든 것은 연필에서 시작되었다"는 이제는 낭만적인 과거의 말인지도 모른다. 문화와 산업계의 몇몇 거물들은 연필을 옹호해 왔지만, 최근 몇 년 동안 2015년《뉴욕은 교열 중(출판사: 마음산책, 2018년 5월 출간)》을 출간한 유명한 카피라이터 메리 노리스보다 더 영향력 있는 사람은 없다. 책의 맨 끝부분인 10장의 제목은 "연필 중독자의 발라드"이다. 노리스 씨는 23쪽에 걸쳐 연필을 회상하고 경멸하다가, 결국엔 넘버1(B) 나무 연필의 경이로움에 대한 사랑을 선언했다. 또한 방금 깎은 수많은 연필들이 담긴 트레이를 밀며 뉴욕 사무실 사이를 누비던 한 젊은이가 있던 시절을 이야기한다. 그리고 그녀가 사랑하던 넘버1 연필을 찾기가 힘들다고 해서 상대적으로 사각거리는 넘버2(HB) 연필로 대체할 수 없었던 끔찍한 시간들에 대해서도 이야기한다. 그녀는 그런 분투를 완벽하게 묘사했다. "넘버2 연필로 글을 쓰니 숙취가 있는 것처럼 느껴졌다. 그것은 내 손과 뇌 사이를 멀어지게 했고, 내가 쓰고 있던 종이 위에서 나를 치워버렸다." 결국 그녀는 좌절 끝에 팔로미노 블랙 윙 602를 발견했고, 오레오 과자의 중독성에 빗대어 이 연필에 대한 탐닉을 이야기했다.

저널리즘의 상징인 연필에 대한 사색은 학자들뿐만 아니라 문학가들에게도 한때 작가들의 전용물로 정의되었던 것을 재발견하도록 관심을 불러일으켰다. 수년 동안 대부분의 일을 연필 없이 하고 난 후 연필로 글을 쓰면 신선한 기분이 든다. 이제는 인터넷 없이 살 수 없다는 사실을 인정한다. 다만 인터넷과 연필이 성공적으로 공생하는 방법을 찾는 것이 문제일 뿐이다. 인터넷은 의사소통 도구들의 고유한 특성을 빼앗아 갔지만, 그 도구들에 대한 완전히 새로운 배움의 세계를 열어주기도 했다. 분명 둘 사이의 어딘가에서 균형을 찾을 수 있을 것이다. 21세기에 연필을 사용하기로 결심한 사람들에게 연필은 단지 종이에 정보를 적는 도구가 아니다. 연필은 사용자가 쓰고 있는 생각과 연결시켜주며, 의사소통의 한 형태인 쓰는 과정을 정신적 운동으로 만든다.

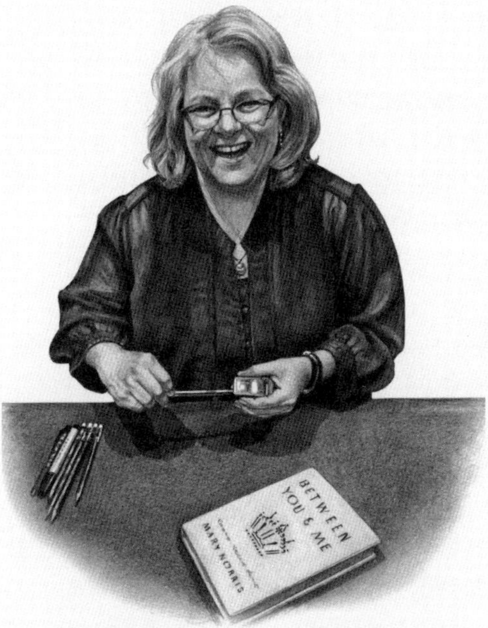

콤마 퀸이자 넘버1(B) 연필의 팬인 메리 노리스가 일하기 위한 도구들을 깎고 있다.

CW 펜슬 엔터프라이즈

자칭 연필 중독자들을 위해 "입문 연필"과 소모품 모두를 제공하는 이 작은 연필 천국은 미지의 세계로 도약하는 곳이다.

2014년 초, 겨울이 막바지에 이르렀을 때쯤, 나는 하던 일을 그만두고 "CW 펜슬 엔터프라이즈"라고 부르기로 한 사업을 시작하는 데 집중하기로 결심했다. 첫 번째 아이디어는 갖고 싶었지만 가질 수 없는 엄청난 연필이 많다는 사실을 알고 좌절했을 때 떠올랐다. 그런 연필들을 찾는 사람들이 또 있을 것이라 생각했다. 어쩌면 내가 너무나 사랑했던 연필의 이야기에는 더 많은 것이 있을지 모른다. 겉으로는 그 모든 것에 대해 농담을 하고 있었지만, 머릿속으로는 계산기를 두드려보고 나만의 연필 천국을 꿈꾸고 있었다. 그다음엔 문신을 했다. 나의 "입문" 연필이었던 2000년대 초기의 검정 무광 타이콘데로가를 단순한 선으로 표현한 그림을, 어머니가 그려주신 크기로 내 왼팔에 새겼다. 사람들이 왜 팔에 연필을 새겼는지 물으면, 보통은 당황한 목소리로 나의 연필에 대한 사랑에 대해서만 대답했고, 내 계획은 거의 언급하지 않았다.

결국, 변화가 생겼다. 뉴욕시에서 무언가를 알아내려고 노력했던 갓 대학을 졸업한 사람으로서, 위험을 감수하려면 어렸을 때 해야 한다는 것을 깨달았다. 나는 오래 전에 사용했던 제품이나 내가 찾기 힘들었던 제품을 생산한 회사들에게 천천히 이메일을 보냈다. 놀랍게도, 내가 연필가게를 준비하고 있다는 말을 농담으로 받아들인 회사는 거의 없었다. 아파트 벽장들이 꽉 차서 넘치기 시작했다. 웹사이트를 만드는 데 여름을 보냈고, 11월에는 온라인 오픈을 할 준비가 되었다. 심지어 그때까지도 가까운 친구들과 가족 외에는 알린 사람도 없었다. 나는 사업가도 아니고 마케팅 천재도 아니다. 인터넷에서 아날로그 아이템을 판매하는 것이 어떤 의미인지 종종 생각했다. 그 두 가지는 서로 어울리지 않았고 단순히 사진과 설명으로는 연필의 타당성을 보여줄 수 없다고 느꼈다.

소문이 나서 온라인 POS시스템이 주문으로 가득 차기 시작했다. 나는 그 사실을 알기도 전에, 맨해튼 시내 젠트리피케이션의 마지막 경계 지역이라고 여기던 로어 이스트 사이드(Lower East Side) 거리에서 우연히 발견했던 작은 가게를 임대하기로 하고 계약서 서명 중이었다. 이 모든 것을 진지하게 고려하기 시작한 1년 후인 그 해 겨울, 내가 꿈꾸던 연필 가게를 설계하기 시작했다. 머릿속에서 가게의 바닥은 항상 학교 복도를 떠올리게 하는 체스판 무늬였다. 가게 뒤쪽에는 빨간 벨벳 커튼이 달려 있을 것이다. 선반에는 연필들이 꽂혀 있는 라벨 붙은 유리병이 줄지어 놓여 있을 것이다. 가장 중요한 것은 책상이었다. 하나는 연필 테스트용이고 다른 하나는 내가 앉아 있을 책상이다. 카운터는 없고 양쪽에 책상과 의자가 하나씩 있을 것이다. 공간이 허락된다면 바퀴 달린 도서관 사다리도 있을 것이다. 그리고 이 모든 설계의 목적은, 잊혀져가는 물건을 예찬할 뿐만 아니라 그 물건을 접근 가능한 사치품으로 만드는 환상의 나라를 만드는 것이다. 모든 것을 만지고 사용할 수 있기를 바라는 곳, 그리고 그런 종류의 생각들이 매우 환영받는 곳 말이다.

그다음 3월에 가게가 문을 연 날, 몇 백 명의 인스타그램 팔로워들과 몇몇 친구들, 그리고 가족들 외에는 아무에게도 말하지 않았다. 몇몇 이웃들과 호기심 많은 행인들이 들어왔다. 손님이 고른 연필을 조심스럽게 노란 봉투에 넣고 끈으로 묶었다. 손님들은 그런 배려에 놀랐고 심지어 즐거워하기까지 했다. 마케팅 계획은 없었다. 홍보비용이 비싸기도 했지만, 나는 항상 이 가게가 지나가다가 그냥 자연스럽게 발견되길 원했기 때문이다. 우리 가게 같은 가게가 너무 "틈새시장" 같거나 "유행에 민감해" 보이지 않기 위해서는, 이 가게가 스스로의 삶을 살도록 내버려 두는 것이 옳은 듯했다. 낭만주의는 제쳐두고, 나는 어떤 전략을 세우기 전에 스스로에게 두 달을 주기로 결정했다. 풋내기 사업가에게 다행스럽게도 한 블로거가 방문했고, 그다음엔 더 유명한 블로거가 방문했다. 그 후 몇몇 온라인 잡지사에서 왔고, 그리고 어느 날, 〈뉴욕 타임스〉에서 찾아왔다. 모든 일이 빠르게 일어났고 상당한 도전이었다. 전문점의 위상을 어떻게 유지하고 수요를 따라잡을 수 있을까? 아직도 완전히 알아낸 것은 아니다. 갑작스런 성공과 나와 같은 생각을 가진 몇몇 훌륭한 아날로그 도구 사용자들을 고용함으로 인한 눈덩이 효과를 경험한 후, CW 펜슬 엔터프라이즈는 내가 자랑스럽게 "집"이라 부르는 곳이 되었고, 이곳이 내가 사는 도시 풍경의 일부가 되어 행복하다.

내 전문성은 다른 사람들에게 연필 또는 좋은 연필이 지정된 용도로 사용될 필요는 없지만, 예전처럼 일상생활의 일부가 될 수 있다고 설득하는 데 있다. 연필에 대해 더 많이 배울수록, 잘 알려지지 않은 역사와 우연한 디자인 및 혁신에 대한 이야기를 가진 회사들을 더 많이 발견했다. 처음부터, 나는 연필만 파는 가게가 연필 자체에 대한 이야기만큼이나 각 연필 고유의 이야기에 대한 곳이라는 점을 알고 있었다.

CW 펜슬 엔터프라이즈를 방문한다면, 알파벳순으로 나열된 연필 브랜드가 있는 벽, 모델별로 나눠진 각 섹션, 샴페인 잔에 꽂혀 있는 연필들을 볼 수 있다. 테이블 위에는 모든 유형의 지우개, 필요한 줄 몰랐던 액세서리들, 작지만 다양한 연필깎이들이 진열되어 있다. 종이 제품 몇 개와 빈티지 모델이 가득한 케이스가 추가되었고 이것이 전부이다. 가게가 작기 때문에, 상점의 모든 연필이 들어 있는 테스트 스테이션에서 보낸 시간만큼 책상 뒤에 앉아 있는 사람과도 상호 작용을 하면 좋을 것이다. 가게에 들어와서 몇 분 동안만 머무는 사람들은 드물다. 옛날 광고 연필로 가득한 연필 자판기와 일시적으로 붙여놓은 종이들로 뒤덮인 벽들도 있다. 사람들이 찾아오는 이유, 또는 내가 사람들에게 원하는 것은 경험이다. 가게 안으로 들어오는 순간 볼 것도 많지만 심지어 이야기할 것은 더 많다.

그것은 바로 지난 7년간 내가 만난 모든 낯선 사람들에 대한 이야기다. 그들이 나눈 이야기들과 내 도움으로 성장한 그들의 열정은 내 사업을 성공으로 이끌었다. 인터넷을 기반으로 하는 세계에서는 찾기 어려운 종류의 사회적 관대함이다. 물론 고려해야 할 온라인 사업도 있고, 종종 가게에 "감상적이다" 또는 "틈새시장"이라는 꼬리표가 붙는다는 피할 수 없는 사실도 있지만, 그런 것들은 인간적인 요소에 가려져 있다. 그 인간적인 요소란, 이런 가게를 존재하게 만든 연필을 둘러싸고 우연히 형성된 사람들의 공동체이다. 또한 그것에는 내가 새로운 연필을 탐낼 때 만났던 사람들이나 우리가 온라인에 올린 사진을 통해 소셜 미디어에서 만난 사람들의 편지도 포함되어 있다. 이 별난 작은 사업과 함께 성장하면서, 실생활과 온라인 생활 사이에서 균형을 찾는 것이 얼마나 중요한지 알게 되었다. 내 가게는 내가 인터넷을 항해하도록 만들었고, 방문객들이 구입한 연필들도 그들에게 똑같은 역할을 할 것이라 생각한다. 나는 연필이 얼마나 멋진 것인지 사람들에게 상기시켜주는 일을 한다. 내가 아는 것을 공유하는 행위, 그리고 연필의 기능과 디자인, 또는 단순히 이야기나 그 어떤 것을 통해서든, 모든 사람들이 연필에 관련 있을 수 있다는 것을 보여주는 일이 나의 직업이다. (2021년 코로나19로 문을 닫고 현재는 소매 컨설팅을 하고 있다.)

연필의 미래

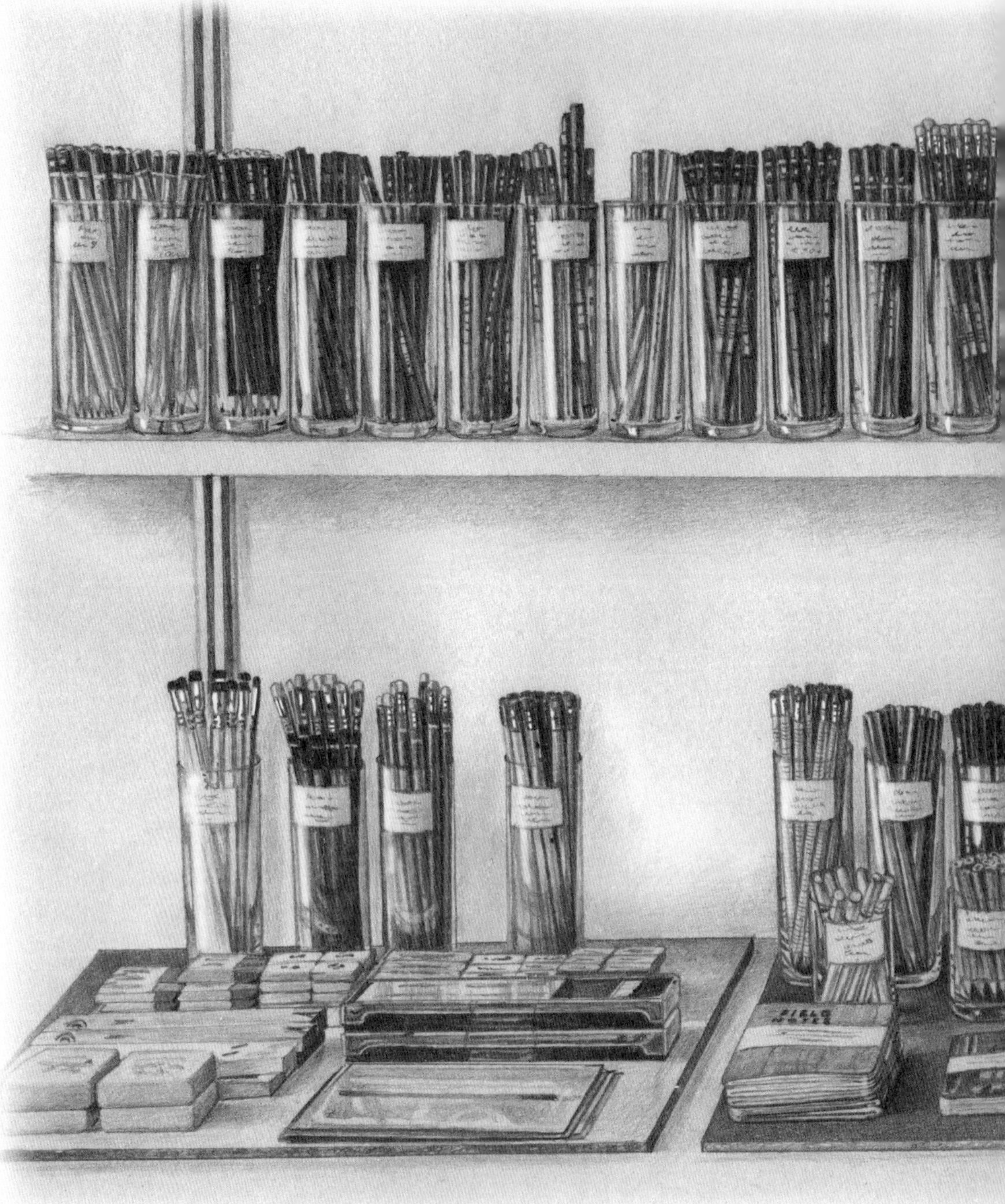

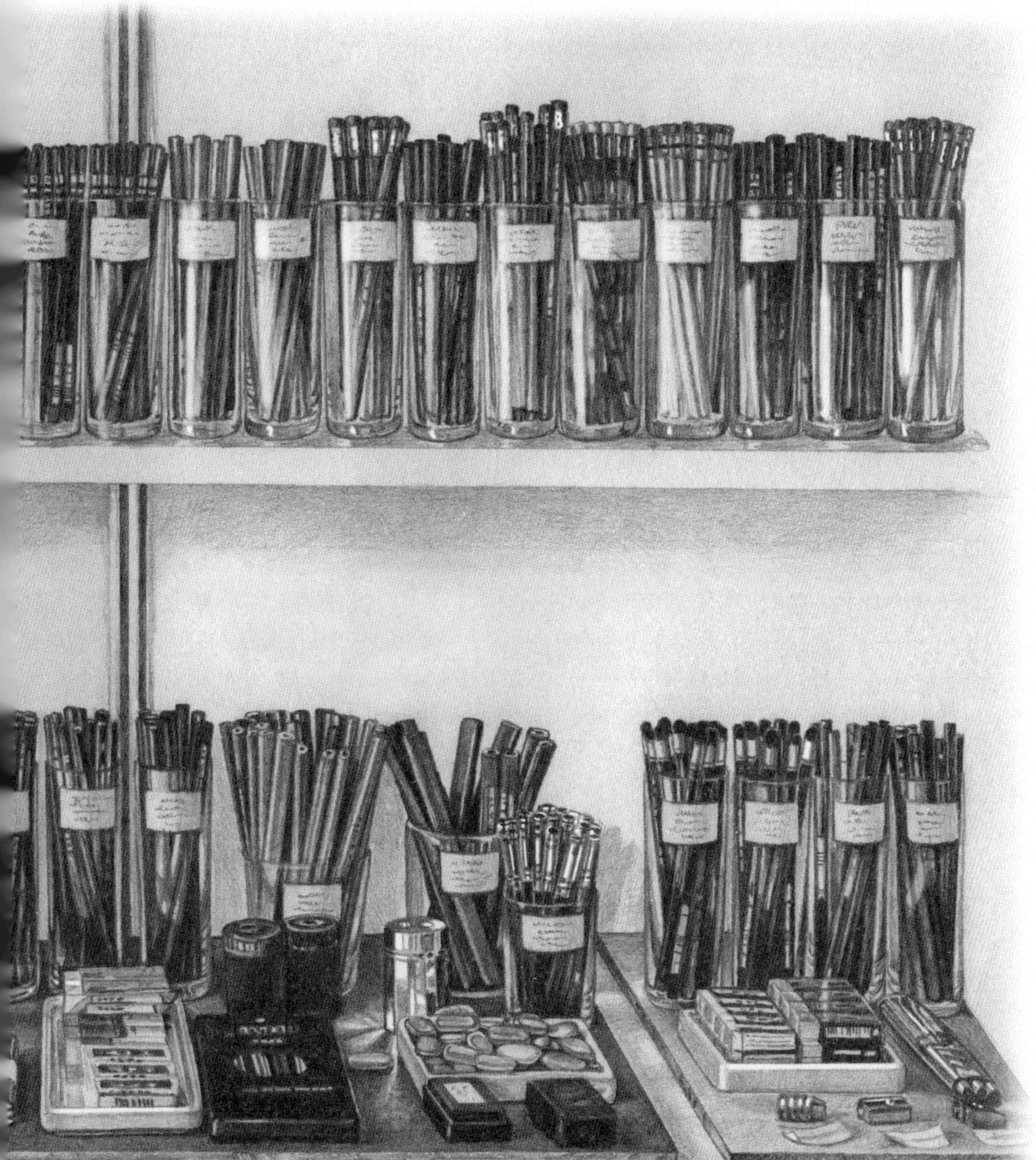

연필 애호가들과 이제 갓 연필의 세계를 맛본 사람들 모두를 위한 아이템들이
정렬되어 있는 CW 펜슬 엔터프라이즈의 꽉 찬 선반들

연필은 수명이 짧고, 촉각적이며, 물리적인 사물이다. 마우스와 모니터는 할 수 없는 어떤 방식으로 손과 뇌를 연결한다. 하지만 장기적으로 봤을 때 연필이 계속 존재할 여지가 있을까?

이제 우리는 토론 없이는 할 수 없는 예측에 직면해 있다. 연필의 미래는 내가 자주 질문하고, 또한 아주 오랫동안 논쟁할 수 있는 주제이다. 이것은 연필뿐 아니라 아날로그 도구 전체와도 관련이 있다. 새로운 휴대폰과 어플리케이션이 등장할 때마다 이런 것들의 필요성은 조금씩 더 줄어든다. 연필이 점점 더 불필요하다고 여겨지면서 그 중요성 또한 간과된다. "필요"란 단어는 다소 사용하기 꺼려지는 말이다. 왜냐하면 연필을 옹호할 수는 있어도, 단어의 표준적인 정의에 따르면 "필요"하지는 않기 때문이다. 연필은 참신함(novelty)이다. 내 말은, 연필은 새롭다는 뜻이다. 메리엄 웹스터 사전에 따르면, 참신함이란 "새롭고, 다르거나 흥미로운 성질이나 상태"라고 한다. 우리가 연필에 대해 잊어버렸던 것은 이제 재발견되고 있다. 새 연필을 깎고 사용하는 행위는 연필에 새 생명을 불어넣는다. 그것은 우리가 익숙해진 것과는 완전히 다른 속도의 변화를 느끼게 한다. 실제로 매우 오래된 이 물건은 21세기의 어른들에게 새로운 물건이 되었고, 하루를 끝내기 위해 책상 위에 꼭 있어야 했던 물건이 즐거움을 주는 물건으로 다시 태어났다. 연필로 글을 쓰는 것은 과거를 받아들이고 미래를 위한 창조적인 자유를 추구하는 일이다.

연필은 다른 어떤 대용품도 줄 수 없는 일종의 덧없음을 경험하게 한다. 연필은 사용과 동시에 사라지고, 지저분한 연필밥만 남긴다. 깎을 때는 나무 냄새, 심지어 나무가 있던 숲 내음도 난다. 작은 한 획을 그을 때마다 사각거리는 소리를 들을 수 있다. 손에 쥐어보면 가볍지만 완벽한 구조 때문에 튼튼하다. 써 내려간 단어나 문장이 맘에 들지 않으면, 남겨진 가루들이 더 이상 존재하지 않는 흔적을 떠올리게 하는 또 다른 단순한 물건의 마찰력을 이용하여 지울 수도 있다. 연필에 의해 자극되지 않는 유일한 감각이 맛이라고 주장할 수도 있지만, 불안할 때 키보드나 전화기를 씹을 수 있는지 생각해보라. 연필을 사용하는 것은 진정 다른 어떤 것으로도 대신할 수 없는 감각적인 경험이다. 연필은 가방 안에 있던 물건이 숙제와 무딘 연필 몇 자루뿐이었던 시절로 데려가준다.

향수는 이런 물체로 의해 자극되는 가장 강렬한 감각이다. 지구상에서 나무 연필의 냄새와 관련된 기억이 없는 사람은 아마 찾기 어려울 것이다. 마지막으로 연필을 사용하여 글을 썼던 때를 기억할 수 없을지도 모르지만, 아마도 연필로 쓰는 것이 어떤 것인지, 연필을 사용하던 장소, 그리고 그 연필을 사용한 목적을 기억할 수는 있을 것이다. 유치원에서 처음으로 쓰기를 배우든, SAT 시험 답안지의 동그라미를 채우든, 막 열여덟이 되어 첫 투표를 하든, 또는 이케아를 처음 방문하여 제품 번호를 적어두든, 인생에서 기억할 만한 많은 순간들은 연필과 관련이 있다. 내가 감상주의자일 수도 있지만, 연필을 집어들기 위해 잠시 속도를 늦추는 순간 결과는 언제나 똑같을 것이다. 일단 첫 흔적을 남기는 두려움을 거치고나면, 당신의 뇌는 손과 손 안의 도구를 통해 종이와 연결되고, LCD 화면에서는 찾을 수 없는 종류의 자유를 열게 될 것이다.

손으로 쓰는 행위에서 멀어지면 기억 또한 위험에 빠진다. 손 메모에 담긴 사려 깊음이 뇌에 남기는 생각은 지속적이다. 종이에 적는 단어들은 도구로 인한 물리적 관련성 때문에 좀 더 오래 기억될 가능성이 높다. 연필은 필기한 노트를 잃어버린 장소를 기억하는 데 도움이 될 수는 없지만 그 기록들을 정신적으로, 그리고 타이핑한 것보다 더 지속적인 방식으로 유지시키는 수단이 된다.

미래에 관해서: 연필이 존재하는 한, 사람들은 연필을 사용할 것이다. 이 책의 대부분에서, 나는 미술용 연필에 대해서는 별로 언급하지 않았다. 왜냐하면 미술 활동에 있어서 연필은 언제나 높이 평가되기 때문이다. 예술의 맥락에서는 연필을 걱정할 필요가 없다. 걱정해야 할 것은 일상생활에서의 연필의 입지이다. 만약 곤경에 처해 있는데 빨리 쓸 무언가가 필요하다면, 연필은 가장 친한 친구가 되어줄 수 있다. 연필을 필수품으로 기억하는 세대가 더 이상 우리 옆에 없을 때 어떤 일이 일어날지 무척 궁금하지만, 연필이 사무용품 가게의 통로에 상당히 오래 남아 있으면 좋겠다. 연필이 더 이상 학용품 준비 목록의 맨 위에 있지 않을 때가 올까? 연필이 과거의 상징이 될까? 그 어떤 질문에도 대답할 수 없지만, 밀레니엄 세대로서 내가 연필을 이렇게 긴 길이로 예찬하는 이유 중 하나는 연필은 내게 사치품이기 때문이다. 나에게 컴퓨터와 관련한 수많은 표현의 배출구들이 있어서 다행이라 생각한다. 나는 어느 누구 못지않게 인스타그램을 사랑하고, 친구들에게 직접 편지를 쓰는 만큼 아이폰으로도 메시지나 이메일을 많이 보낸다. 중요한 것은 내게 선택권이 있다는 사실이다. 나는 연필을 사용할 필요가 없지만, 자연스러움과 향수를 느낄 수 있으며, 내가 해야 하는 무언가가 아니라 내 자신을 위해 내가 직접 선택한 것이기에, 연필을 사용하기로 선택한다.

나는 자신을 표현하고 관찰의 결과와 필수적 정보를 기록하기 위해 사용하는 도구에서 자극을 받고 싶다. 항상 기억해야 할 중요한 한 가지는 전통적인 연필이 단순히 나무와 흑연으로 만들어진 물체라는 점이다. 연필은 사용할수록 점점 작아진다. 생각과 창조성이 자라날수록 연필의 특질은 감소한다. 하나의 연필이 품고 있는 모든 단어, 아이디어, 이미지 및 발견에 대해 생각해보라. 20세기 중반의 미국 연필 광고 실무진들은 옳은 생각을 했다. 비록 가치를 표현하는 방법으로 더 추상적인 아이디어 대신 연필로 쓸 수 있는 단어의 수를 사용했지만 말이다. 연필은 그런 생각들을 종이 위에서 볼 수 있는 기회를 준다. 표현의 자유와 관용 의식을 준다.

내 컴퓨터는 나의 직업과 존재에 필수적인 부분이다. 출근하면 항상 가장 먼저 접하고 매일 전원을 켠다. 하지만 결코 연필을 집어서 내가 감히 생각하지만 감히 말할 수 없는 것들을 적는 것만큼 순수한 행동이 될 수는 없을 것이다. 우리가 해야 할 일은 인간처럼 소통하는 방법을 기억하는 데 시간을 할애하여, 그것을 반영하고 격려하는 물건을 사용하는 것이다. 말할 이야기, 부쳐야 할 편지, 만들어야 할 물건, 표현해야 할 이미지가 있는 한, 연필은 그 과정에서 항상 당신을 도와줄 것이다.

연필 수집 시작하기

연필은 모든 연령대의 안목 있는 사람들이 수집하기에 훌륭하다. 왜냐하면 연필은 매우 구하기 쉬울 뿐 아니라 작아서 보관하기도 쉬우며, 혹여 수집품을 포기하기로 선택했을 때에도 유용하기 때문이다. 연필 수집을 시작할 때 고려할 사항들은 많다. 어떤 종류의 연필을 수집할 것인가? 목표는 무엇인가? 연필로 무엇을 할 것인가? 모두 중요한 질문들이다. 왜냐하면 한도 없이 모든 연필을 수집하려고 들면 건강에 해로운 집착의 소용돌이에 휘말려 완전히 압도당하고 빙빙 도는 느낌이 들 것이기 때문이다. 무엇보다도 어떤 종류의 수집가가 될지 정하는 것이 좋다. 다음과 같이 몇 가지 유형에서 선택할 수 있다.

연필을 쌓아두는 사람

연필을 전혀 사용하지 않고 새 것의 상태로 유지한다. 이것을 선택한다면, 연필들을 적절하게 보관하거나 전시할 수 있는 설비에 약간의 시간과 돈을 투자할 준비가 되어 있어야 한다.

연필을 사용하는 사람

이 유형을 선택한다면, 연필을 수집하고, 또 사용해도 전적으로 괜찮다. 연필을 보관하기 전에 필기감이 어떤지 알고 싶을 수도 있다. 그런 경우에는, 중고 연필을 사고 싶어하는 사람들은 드물기 때문에 다시 팔 수 없다는 것을 명심해야 한다.

우유부단한 사람

만약 이런 식으로 수집할 의지와 자금이 있다면, 모으고 싶은 연필을 두 개 이상 사둘 수도 있다. 아마도 한 자루는 사용하고 한 자루는 소장품에 넣어둘 것이다. 이 선택은 그 연필에 대해 가장 빈틈없는 지식을 갖고자 하는 사람에게 권장된다.

일단 어떤 유형의 수집가가 되고 싶은지 결정했으면, 범위를 약간 좁히는 것이 중요하다. 단일 브랜드, 또는 단일 모델을 선택할 수 있다(예를 들면, 에버하르트 파버 몽골은 100가지 이상의 모델을 갖고 있으며, 멋진 소장품이 될 것이다). 노벨티 연필, 호텔 연필, 또는 특정한 종류의 특수 연필을 수집할 수도 있다.

지금쯤이면, 모든 중요한 결정이 끝나야 한다. 이제 연필 수집을 시작할 준비가 된 것이다! 다음 단계들을 신중히 따라가보자.

1단계: 연필을 사거나 찾기

당연한 제안처럼 보이지만, 생각보다 더 중요하다. 수집을 계속하는 한, 이 모든 것을 시작하게 한 연필을 애정을 갖고 기억할 것이다. 이미 그 연필을 갖고 있을 수도, 또는 특정한 연필을 찾는 중일 수도 있다. 흥미로운 연필, 또는 특별히 개인적인 의미가 있는 연필을 선택하라.

2단계: 나만의 기준 정하기

연필은 일반적으로 저렴하고 도처에 많이 있어서,

수집하기로 선택한다면 스스로 규칙을 정하는 것이 중요하다. 최종 목표가 있는가? 너무 많다는 기준은 몇 개인가? 연필을 전시할 것인가? 지불할 수 있는 가격의 상한선은? 규칙이 없을 수도 있는데, 이런 경우에는 비용이 많이 들고 저장 공간이 매우 빨리 부족해질 수 있다.

3단계: 보관하거나 전시하기
일단 연필을 모으기 시작하면, 연필들을 넣어둘 공간을 찾아야 할 수밖에 없을 것이다. 공간이 문제가 되지 않는다면, 오래된 도서관 카드 카탈로그는 좋은 선택이 될 것이다. 벽장이나 선반을 사용하는 경우에는 시가(cigar) 박스의 크기가 딱 맞다. 좀 더 효율적으로 정리하길 원한다면, 낮은 서랍이 달린 작은 서류장이 훌륭한 선택이다. 연필을 전시하고 싶은 경우에는, 섀도우 박스, 목재 스탠드, 또는 장식이 있는 연필꽂이를 두고 선택한 연필을 원하는 만큼 자주 바꿔놓을 수 있다. 이 방법은 수집품을 지루하지 않게 즐길 수 있도록 지속적으로 순환시킬 수 있기 때문에 이상적이다.

4단계: 목록을 만들어 기록해놓기
연필을 수집하는 동안, 가지고 있는 연필을 기록해놓아야 어떤 연필을 계속 찾아야 하는지 알 수 있다. 기술을 능숙하게 사용하는 사람이라면, 스프레드시트를 사용하는 것도 나쁘지 않을 것이다. 좀 더 아날로그적인 사람이라면(애초에 연필을 수집하고 있다면 당연히 그런 사람이라고 생각할 수 있다), 공책에 연필을 획득한 날짜, 장소, 모델 번호 등등을 기록하는 것을 추천한다. 갖고 있는 연필에 대해 더 알기 위한 조사가 조금 필요할지도 모르지만, 이 상황에서는 인터넷이 도움을 주는 친구가 된다. 실제로 모든 연필을 꺼내지 않고도 소장품에 대해 리뷰하고 싶을 수도 있으므로, Brandnamepencils.com의 밥 트루비 씨처럼 연필들을 철저하게 사진으로 남기는 것도 좋은 생각이다. 연필의 포일 부분은 종종 촬영하기 어려우니 좋은 카메라로 찍어야 한다는 점을 명심하자.

5단계: 연필 예찬하기
모은 소장품들을 즐기지 않는다면 무슨 소용인가? 연필을 자주 꺼내어 친구들과도 나누고, 그 연필과 역사에 대해 더 배우는 기회로 사용하라. 연필은 실용적인 물건이다. 어떤 방식으로든 연필을 사용해야 한다. 심지어 집이나 직장에 미니 연필 박물관을 세우는 것을 고려해볼 수도 있다. 또는 먼 미래에 상대적으로 연필에 익숙하지 않을 수도 있는 미래의 자녀들이나 손주들, 증손들을 위해 아껴둘 수도 있다.

고려해야할 다른 사항들:

- 수집한 연필들을 나중에 되팔 생각이 있다면, 그다지 좋은 생각이 아니라고 말해주고 싶다. 당신은 연필을 그저 상자 안에 두고 가격을 올리려고 연필을 사는 것이 아니다. 또는 적어도 당신이 그럴 것이라 생각하진 않는다. 심지어 가장 비싼 연필도 당신이 은퇴할 수 있을 만큼 비싸지는 않으니, 너무 기대하지 않는 것이 좋다.
- 벼룩시장과 개인의 중고 판매는 연필을 찾기에 훌륭한 장소이다. 골동품 가게에 들어가자마자 연필이 어디에 있는지 물어보는 이상한 사람이 되는 것을 두려워하지 말라.
- 자녀나 애완동물이 있다면, 연필을 안전한 곳에 두도록 하자. 그렇지 않으면 학교 준비물이나 츄토이(chew toy)가 될 수도 있다.

나만의 연필을 수집하는 것은 힘들거나 어려운 일이 아니다. 중요한 것은 어떤 연필을 수집하느냐이다. 수집품의 전체적인 핵심은 공부하고 즐기기 위해 많은 양의 단일 아이템을 획득하는 것이다. 찾아다니고 알게 되는 것을 즐기기 위해 연필을 선택하는 한, 반드시 수집품들을 최대한 활용하게 될 것이다. 당신의 연필들이 이야기하게 하라.

연필에 대해 더 알고 싶다면 이곳으로

미국 연필 수집가 협회 컨벤션 (AMERICAN PENCIL COLLECTORS SOCIETY CONVENTION)

2년마다 다양한 장소에서 열리는 이 컨벤션에서 미국 연필 수집가 협회의 회원들이 만나서 연필을 거래하고, 팔고, 나누고, 자신의 소장품들을 선보인다. 전 세계 연필 애호가들 모임 중 가장 큰 것으로 알려져 있다. www.pencilcollector.org을 통해 매년 10달러의 회비를 내고 신청서를 작성하면 입장할 수 있다.

조셉 딕슨 기억의 숲 (JOSEPH DIXON MEMORIAL FOREST)

주소: Lake George, New York, U.S.A.

뉴욕 북부의 조지 호수 근처 8번 도로 외곽에 가면, 지난날 유명했던 미국의 몇몇 흑연 광산으로 안내해줄 그래파이트 마운틴(Graphite Mountain)이 있다. 이것은 한때 딕슨이 흑연을 채굴했던 장소에 1958년 헌정된 조셉 딕슨 기억의 숲의 일부이다. 제대로 즐기기 위해 페니모어 쿠퍼 트레일(Fenimore Cooper Trail)을 따라 하이킹을 해보자.

에버하르트 파버 공장 (EBERHARD FABER FACTORY)

주소: 61 Greenpoint Ave., Brooklyn, New York, U.S.A.

한때 브루클린에 있던 에버하드 파버 공장 자리에, 이제는 아파트와 사무실이 가득 들어찼을지 모르지만, 과거의 유물은 여전히 눈에 띈다. 건물 꼭대기를 보고 외벽의 아르데코 세라믹 연필을 찾아보자. 길 건너편 20세기 초의 분위기를 느낄 수 있는 "연필 공장(Pencil Factory)" 이라는 술집에서 칵테일도 마실 수 있다.

리틀 세인트 사이먼 아일랜드 (LITTLE SAINT SIMONS ISLAND)

주소: 1000 Hampton River Club Marina Dr., Saint Simons Island, Georgia, U.S.A.

베롤츠하이머 가족(20세기 연필업계의 거물)은 1900년대 초에 풍부한 자연 삼나무를 위해 이 섬을 구입했다. 하지만 그곳의 나무는 연필을 만들기엔 너무 거친 것으로 밝혀져, 그 지역은 가족 전용 휴양지로 바뀌었다. 사람들은 이제 예약을 통해, 모든 것이 구비된 분위기 있는 리틀 세인트 사이먼스(Little St. Simons)의 통나무집에 머물면서 완전한 환경 친화적 경험을 할 수 있다.

테네시 주 셸비빌의 펜슬 타운 (SHELBYVILLE, TENNESSEE – PENCILTOWN U.S.A.)

자동차로 미국을 횡단한다면, 100년 된 머스그레이브 연필 회사의 본거지이자 남부 지역의 연필 중심지였던 셸비빌을 지나가봐야 한다. 운이 좋다면 수십 년 전 연필의 잔재를 발견할 수도 있다.

폴 A. 스미스 연필깎이 박물관 (PAUL A. SMITH PENCIL SHARPENER MUSEUM)

주소: Hocking Hills Visitor Center, Hocking Hills, Ohio, U.S.A.

오하이오(Ohio)의 우거진 호킹 힐즈 지역 고속도로에서 멀지 않은 곳의 방문객 센터 밖에는, 고(故) 폴 A. 스미스 씨의 방대하고 체계적인 연필깎이 수집품들이 있는 작은 헛간이 있다. 거의 모든 종류와 시대의 연필깎이들이 있는데, 대부분 다양한 노벨티 제품들이며 중복되는 전시품이 전혀 없다.

콩코드 박물관의 헨리 데이비드 소로 컬렉션 (THE HENRY DAVID THOREAU COLLECTION AT THE CONCORD MUSEUM)

주소: 200 Lexington Rd., Concord, Massachusetts, U.S.A.

헨리 데이비드 소로와 그의 아버지 존 소로가 만든 연필들을 포함하여, 대다수의 초기 미국 연필들은 콩코드에서 만들어졌다. 콩코드 박물관 방문객들은 마을의 역사뿐만 아니라 소로 가족과 그들의 업적에 대해서도 배울 수 있다.

시티 박물관에 소장되어 있는 세계에서 가장 큰 연필 (THE WORLD'S LARGEST PENCIL, HOUSED AT CITY MUSEUM)

주소: 750 N 16th St., St. Louis, Missouri, U.S.A.

현재 세계에서 가장 큰 연필의 소유자로 기록되어 있는 애슈리타 퍼먼(Ashrita Furman, 가장 많은 기네스 공인 기록을 가지고 있는 인물)이 2007년 뉴욕 퀸스에서 제작한 길이 23미터, 무게 8,164킬로그램의 연필이다. 나무로 만들어진 이 연필은 실제 연필처럼 흑연 심이 있다. 세인트 루이스의 시티 박물관에서 볼 수 있다.

아시아

일본 이토야 문구점

주소: 2-7-15 Ginza, Chuo 104-0061, Tokyo, Japan

일본의 최고급 문구류를 탐방하려면 이토야를 필수적으로 방문해야 한다. 일종의 문구 백화점이고, 수많은 연필을 포함한 필기구들이 있는 별관도 있다.

유럽

영국 컴벌랜드 연필 박물관 (CUMBERLAND PENCIL MUSEUM)

주소: Carding Mill Ln., Keswick, Cumbria, U.K.

영국의 더웬트 연필 회사 근처에 위치한, 컴벌랜드 연필 박물관은 더웬트 연필의 역사와 제조, 그리고 컴벌랜드 연필 산업과 흑연 광산의 역사를 기념하기 위한 곳이다.

독일 파버-카스텔 성과 박물관 (FABER-CASTELL CASTLE AND MUSEUM)

주소: Nürnberger Str. 2, Stein, Germany

독일의 연필 제조 역사를 더 자세히 들여다보려는 사람들을 위해, 파버-카스텔 사는 가끔 웅장한 성, 공장, 박물관의 문을 대중에게 연다. 파버-카스텔 웹사이트에서 입장권을 미리 예약해야 한다.

시스웨이드 흑연 광산 (SEATHWAITHE PLUMBAGO MINES)

주소: Borrowdale, Cumbria, England

보로데일은 초기 연필의 시절, 흑연 광산으로 한때 유명했다. 광산은 문을 닫았을지 모르지만 방문은 여전히 가능하다. 영국 레이크 지역에 위치한 아름다운 보로데일에서 광산 탐험, 야외 활동, 한적한 시골에서의 여유로운 주말을 경험할 수 있다. 공식적인 광산 관광을 제공하는 회사들을 온라인으로 검색해보라.

Glossary

배럴(BARREL) : 완전히 조립된 연필의 나무 몸통을 흔히 배럴이라고 한다. 배럴은 보통 삼각형, 육각형 또는 원형으로 만들어진다.

"빅4" ("BIG FOUR") : 20세기 초부터 중반까지, "빅 4"라는 용어는 연필 매출의 대부분을 차지하고 있던 미국의 4대 연필 회사를 지칭하는 데 사용되었다. 아메리칸 연필 회사, 딕슨, 이글 연필 회사, 그리고 에버하르트 파버를 말한다.

보로데일(BORROWDALE) : 흑연은 1500년대 중반, 영국의 호수 지역에서 발견된 것으로 가장 잘 알려져 있다. 처음 몇 세기 동안 세계에서 가장 품질이 좋고 순도가 높은 흑연은 광산이 완전히 고갈될 때까지 영국의 보로데일에서 나왔다. 보로데일 흑연은 오늘날까지 인간에게 알려진 가장 좋은 흑연이라고 여겨진다.

브리지 펜슬(BRIDGE PENCIL) : 길이와 직경이 일반 크기의 연필보다 약 1/3 작은 연필이다. 한때 카드 게임의 득점을 기록하기 위한 용도로 인기 있었다.

클러치 펜슬(CLUTCH PENCIL) : 1929년에 까렌다쉬 최초로 발명한 클러치 연필은, 금속 몸통의 내부에 2mm의 흑연 심을 잡고 있는 "클러치" 장치가 특징이다. 연필 끝의 버튼을 누르면 클러치가 풀리면서 심을 내보낸다.

콩테의 방법(CONTÉ METHOD) : 프랑스혁명 중 니콜라 자크 콩테는 더 튼튼한 연필심을 만드는 현대적인 방법을 개발했다. 곱게 간 흑연을 점토와 혼합한 후 가마에서 구운 것이다. 낮은 순도의 흑연으로 튼튼하고 사용하기 편리한 연필을 만드는 효과적인 방법의 첫 번째 예이다.

복사용 연필(COPYING PENCILS) : 지울 수 없는 연필 또는 잉크 연필로도 알려진 복사용 연필에는 아닐린 염료가 들어 있으며, 이 염료는 젖은 종이로 눌렀을 때 다른 종이에 옮겨진다. 또한 염료 때문에 지울 수 없는 특징으로 인해, 제1차 세계대전 중 문서 작성과 서명에 이상적인 필기도구가 되었다.

심(CORE) : 연필 내부에 있는 것을 심 또는 흑연 심이라고 한다. 심은 흑연과 점토의 압출된 혼합물로 가마에서 구워진 다음, 연필 생산 과정에서 슬랫의 홈에 접착된다.

페룰(FERRULE) : 지우개와 연필 뒷부분의 끝을 연결하는 작은 금속 튜브를 말한다. 원래는 놋쇠로 만들어졌지만, 이제는 대개 가벼운 알루미늄으로 만들어진다. 제2차 세계대전 중에는 금속 부족으로 인해 플라스틱이나 판지로 만들어지기도 했다.

포일 스탬핑(FOIL STAMPING) : 연필에 브랜드를 새길 때 사용되는 방법을 말한다. 활자를 섭씨 93도 이상의 온도에서 가열하는 기계를 사용한다. 포일 한 롤이 들어 있는 기계가 포일 위에서 가열된 활자를 누르면, 연필에 살짝 돋을새김된 포일 글자가 새겨진다.

경도(HARDNESS) : 연필의 경도는 심에 들어 있는 흑연과 점토의 비율을 나타낸다. 경도가 부드럽다는 것은 흑연을 더 많이 함유하고 있다는 뜻이고, 숫자 뒤의 "B"로 표시된다. 숫자가 클수록 연필이 부드럽다는 뜻이다. 경도가 단단하다는 것은 더 많은 점토를 함유하고 있다는 뜻이며, 숫자 뒤의 "F" 또는 "H"로 표시된다.

고령토(KAOLIN CLAY) : 연필심은 흑연과 점토의 혼합물로 만들어진다. 고령토는 부드럽고 입자가 곱기 때문에 연필에 가장 일반적으로 쓰이는 점토이다. 또한 화장품의 재료나 다양한 질병에 대한 자연적 치료법으로도 쓰인다.

논-포토 펜슬(NON-PHOTO PENCIL) : 대부분 복사기나 스캐너에 잡히지 않는 특정한 블루 계열의 색을 사용한 논-포토 펜슬은 삽화나 제도의 초안용으로 인기 있다.

포인트 리텐션(POINT RETENTION) : 연필심 끝의 예리함을 지속하는 능력. 사용 후에도 심이 지속적으로 뾰족하게 유지되면 포인트 리텐션이 좋은 것이고, 사용하면서 심이 금방 닳으면 포인트 리텐션이 나쁜 것이다.

부석(PUMICE) : 지우개는 전통적으로 천연 고무와 연마제 역할을 하는 부석을 혼합하여 만들어진다. 지우개에 사용되는 부석은 매우 곱게 간 화산 암석으로, 원래는 이탈리아산이 선호되었다.

슬랫(SLATS) : 현대의 연필 공장에서는 여러 개의 연필이 이어져 있는 나무 슬랫을 잘라서 연필을 만든다. 기계로 연필을 잘라내기 전에 심을 사이에 끼우기 위해 사용되는 직사각형의 나무판을 말한다.

수용성(WATER-SOLUBLE) : 연필과 관련하여 "수용성(water-soluble)"과 "수채화(aquarelle)"라는 용어는 같은 뜻으로 사용된다. 이 용어는 흑연 연필이나 색연필의 유형을 말하며, 수용성 연필에는 물에 용해되는 접합제가 들어 있어서, 붓과 함께 사용하면 물감으로 칠한 것 같은 효과를 낼 수 있다.

목분(WOOD FLOUR) : 연필이 공장에서 생산될 때, 많은 양의 톱밥도 함께 생기게 된다. "목분"이라 불리는 고운 톱밥은 종종 다른 목적으로 사용되며, 목재 복합재나 플라스틱 연필을 만들 때도 사용된다.

Bibliography

Abramovitch, Seth. "Why Is Hollywood Obsessed with this Pencil?" The Hollywood Reporter, 8 Aug. 2013, http://www.hollywoodreporter.com/news/blackwing-602-why-is-hollywood-600265.

Arons, Irv. "The EPCON Plastic Pencil." ADL Chronicles, 23 July 2008, http://www.adlittlechronicles.blogspot.com/2008/07/epcon-plastic-pencil.

"At the Sharp End." The Economist, The Economist Newspaper, 3 Mar. 2007, http://www.economist.com/node/8770415/print?story_id=8770415.

Baron, Dennis E. A Better Pencil: Readers, Writers, and the Digital Revolution. Oxford, Oxford University Press, 2009.

Bernard, Bush. "Tennessee' s Pencil City Still Makes its Mark with Flair." Cincinnati Enquirer, 12 Oct. 2003.

Betz, Paul R., and Mark C. Carnes. American National Biography. Supplement 2. New York, Oxford University Press, 2005.

Bolin, Robert L. "Guide to Autopoint and Dur-O-Lite Spiral Pencils: A Working Paper." Http://Unllib.unl.edu/, 25 Feb. 2005, http://www.unllib.unl.edu/Bolin_resources/pencil_page/mystery/spiral_guide.

"Chronology." Viarco, http://www.viarco.pt/cronologia/.

Cirkel, Fritz. Graphite: Its Properties, Occurrence, Refining and Uses, vol. 2, Ann Arbor, MI, University of Michigan Library, 1907.

"Company History." CalCedar, http://www.calcedar.com/company-history/.

Dube, Liz. "The Copying Pencil: Composition, History, and Conservation Implications." The Book and Paper Group Annual, vol. 17, http://www.cool.conservation-us.org/coolaic/sg/bpg/annual/v17/bp17-05.

Dubnet, Stephen J. "How Can This Possibly Be True?" Freakonomics, 18 Feb. 2016, http://www.freakonomics.com/podcast/i-pencil/.

"Emile Albert Berol, 81, A Pencil Manufacturer." The New York Times, 9 Oct. 1993.

"Evolving the Lead Pencil." The American Stationer, vol. 69, 21 Jan. 1911.

Ewing, Jack. "Hands-On Bavarian Count Presides Over a Pencil-Making Empire." Nytimes.com, The New York Times, 3 Dec. 2013, http://www.nytimes.com/2013/12/04/business/international/hands-on-bavarian-count-presides-over-a-pencil-making-empire.

Ferreri, Marco. Pencils. Mantova, Corraini Editore, 1996.

Fleming, Clarence C. The Pencil: Its History, Manufacture and Use. Bloomsbury, NJ, Koh-i-Noor Pencil Co., 1936.

"Graphite Industry Is Growing Here." The New York Times, 4 Sept. 1917.

Harding, William. The Days of Henry Thoreau: A Biography. Mineola, NY, Dover Publications, 2011.

Haynes, George Henry. The Tale of Tantiusques: An Early Mining Venture in Massachusetts. Worcester, MA, American Antiquarian Society, 1912.

Henderson, Bill. Minutes of the Lead Pencil Club: Pulling the Plug on the Electronic Revolution. Wainscott, NY, Pushcart, 1996.

"The History of the American Lead Pencil." Scientific American Supplement, vol. 187, 4 Jan. 1879.

Kennedy, Pagan. "Who Made That Built-In Eraser?" The New York Times, 13 Sept. 2013, http://www.nytimes.com/2013/09/15/magazine/who-made-that-built-in-eraser.

"Kita-Boshi Pencil Co., Ltd." Bureau of Industrial and Labor Affairs, 19 Mar. 2015, http://www.tokyo-ritti.jp/english/special/voice/ui72b20000000w8h

Malone, Sean. "A Conversation With Eberhard Faber IV." Contrapuntalism, 6 Sept. 2016, http://www.contrapuntalism.wordpress.com/2015/06/08/a-conversation-with-eberhard-faber-iv/.

Malone, Sean. "No Ordinary Pencil: A Portrait of the Eberhard Faber Blackwing 602." Blackwing Pages, 22 Feb. 2012, http://www.blackwingpages.com/no-ordinary-pencil/.

"Mitsubishi Pencil Museum." Uni Mitsubishi Pencil, http://www.mpuni.co.jp/museum/.

Munroe, William. "Memoir of William Munroe." Memoirs of Members of the Social Circle in Concord. Cambridge, MA, Riverside Press, 1888.

Norris, Mary. Between You & Me: Confessions of a Comma Queen. New York, W.W. Norton Company, 2015.

Norris, Mary. "Pencils Up." The New Yorker, 9 Nov. 2015, http://www.newyorker.com/magazine/2015/11/09/pencils-up.

Owen, David. Copies in Seconds: How a Lone Inventor and an Unknown Company Created the Biggest Communication Breakthrough since Gutenberg: Chester Carlson and the Birth of the Xerox Machine. New York, Simon & Schuster, 2004.

Pat Sorokin. "Graphite." The Michigan Technic, vol. 78, no. 6, Mar. 1960.

Petroski, Henry. The Pencil: A History of Design and Circumstance. New York, Knopf, 1990.

Rees, David. How to Sharpen Pencils. Brooklyn, NY, Melville House, 2012.

Secrest, Rose. "Erasers." How Products Are Made, vol. 5. Farmington Hills, MI, Gale, 1996.

Stock, June Duran. Twenty-Five Cent Gamble. Bloomington, IL, AuthorHouse, 2012.

"The Story of the Viking Pencil Factory." Viking Creas, http://www.viking1914.com/page/maerker/viking/blyantfabriken-viking.

Tombow Perfect Book. Japan, Ei Publishing, 2013.

Truby, Bob. "Bob Truby' s Brand Name Pencils." Bob Truby' s Brand Name Pencils, http://www.brandnamepencils.com.

Ward, James. The Perfection of the Paper Clip: Curious Tales of Invention, Accidental Genius, and Stationery Obsession. New York, Touchstone, 2015.

Wilkinson, W.T. "Photo-Lithography and Photo-Zincography." The Photographic Journal, 1 May 1896.

THE PENCIL PERFECT

사소한 물건의 소중한 역사

연필 이야기

1판 1쇄 인쇄_2023년 1월 10일
1판 1쇄 발행_2023년 1월 15일
저자 _ 캐롤라인 위버
역자 _ 이지영
교정 교열_ 배진수
디자인 _ 손호성
발행인 _ 손호성
펴낸곳 _ 봄봄스쿨
출력인쇄 _ 신화프린팅
등록 _ 제 300-2010-174 호
주소 _ 서울특별시 서대문구 봉원사길 6, 화인빌딩 5 층
전화 _070.7535.2958
팩스 _0505.220.2958
e-mail_argo9@argo9.com
Home page_http://www.argo9.com
ISBN 979-11-5895-174-0 03600
※ 값은 책표지에 표시되어 있습니다.

KOREAN TRANSLATION RIGHTS ARRANGED
WITH DIE GESTALTEN VERLAG GMBH & CO. KG
THROUGH POP AGENCY, KOREA.

The Pencil Perfect
Written by Caroline Weaver,
Illustrated by Oriana Fenwick
Original edition conceived, edited, designed
and published by Gestalten Copyright © 2017
by Die GestaLTEN VERLAG GMBH & CO. KG
ALL RIGHTS RESERVED.

NO PART OF THIS BOOK MAY BE REPRODUCED
OR TRANSMITTED IN ANY FORM OR BY ANY MEANS,
ELECTRONIC OR MECHANICAL,
INCLUDING PHOTOCOPYING, RECORDING,
OR BY ANY INFORMATION STORAGE AND
RETRIEVAL SYSTEM,
WITHOUT THE WRITTEN PERMISSION
OF THE PUBLISHER.

KOREAN LANGUAGE EDITION © 2018 BY ARGO9
PUBLISHING CO.

이 책의 한국어판 저작권은 팝 에이전시(POP AGENCY)를
통한 저작권사와의 독점 계약으로 아르고나인이 소유합니다.
신 저작권법에 의하여 한국 내에서 보호를 받는
저작물이므로 무단전재와 무단복제를 금합니다.

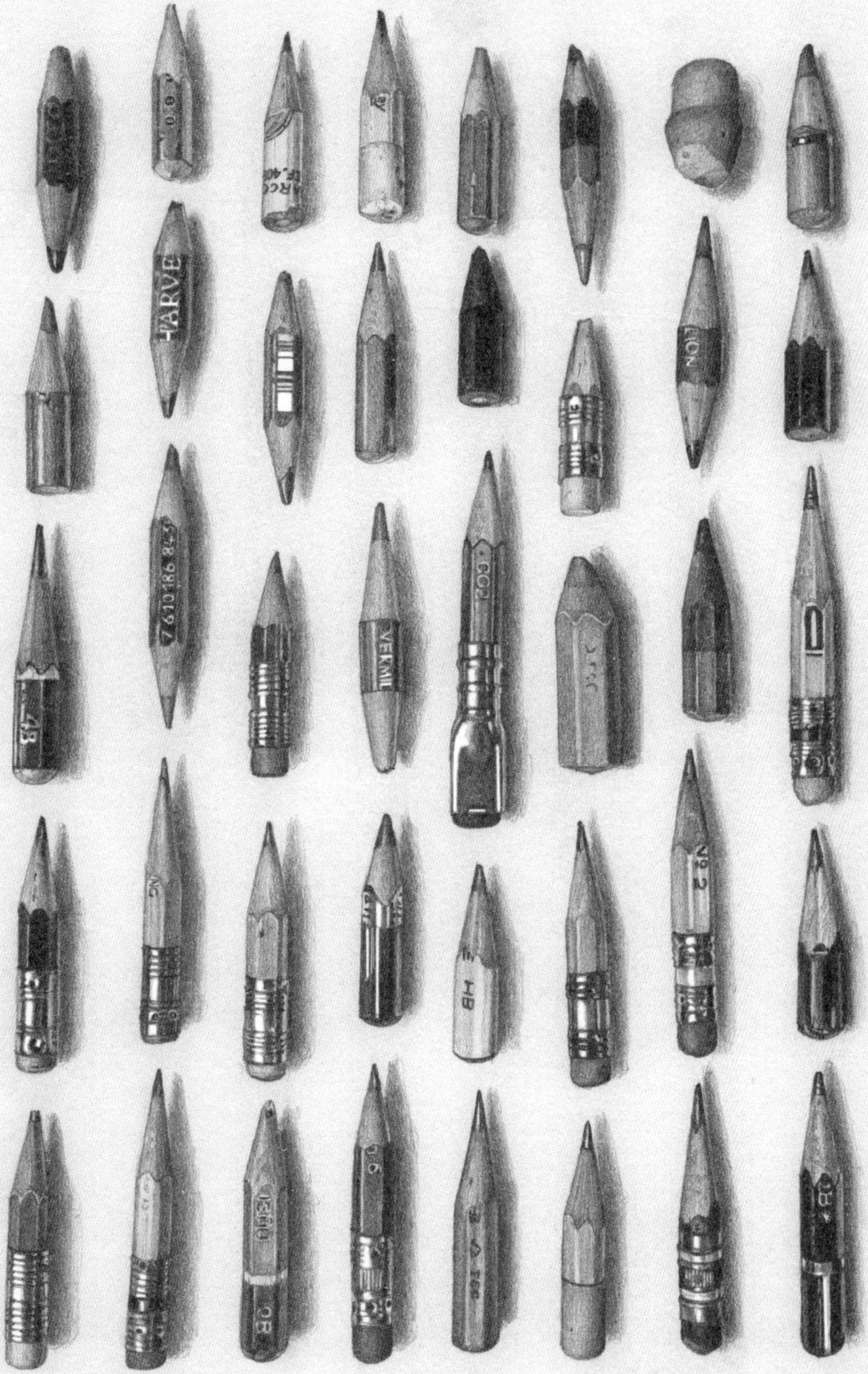
HARVE
LION
7 6 10 186 84-5
VEKMIL
4B
HB

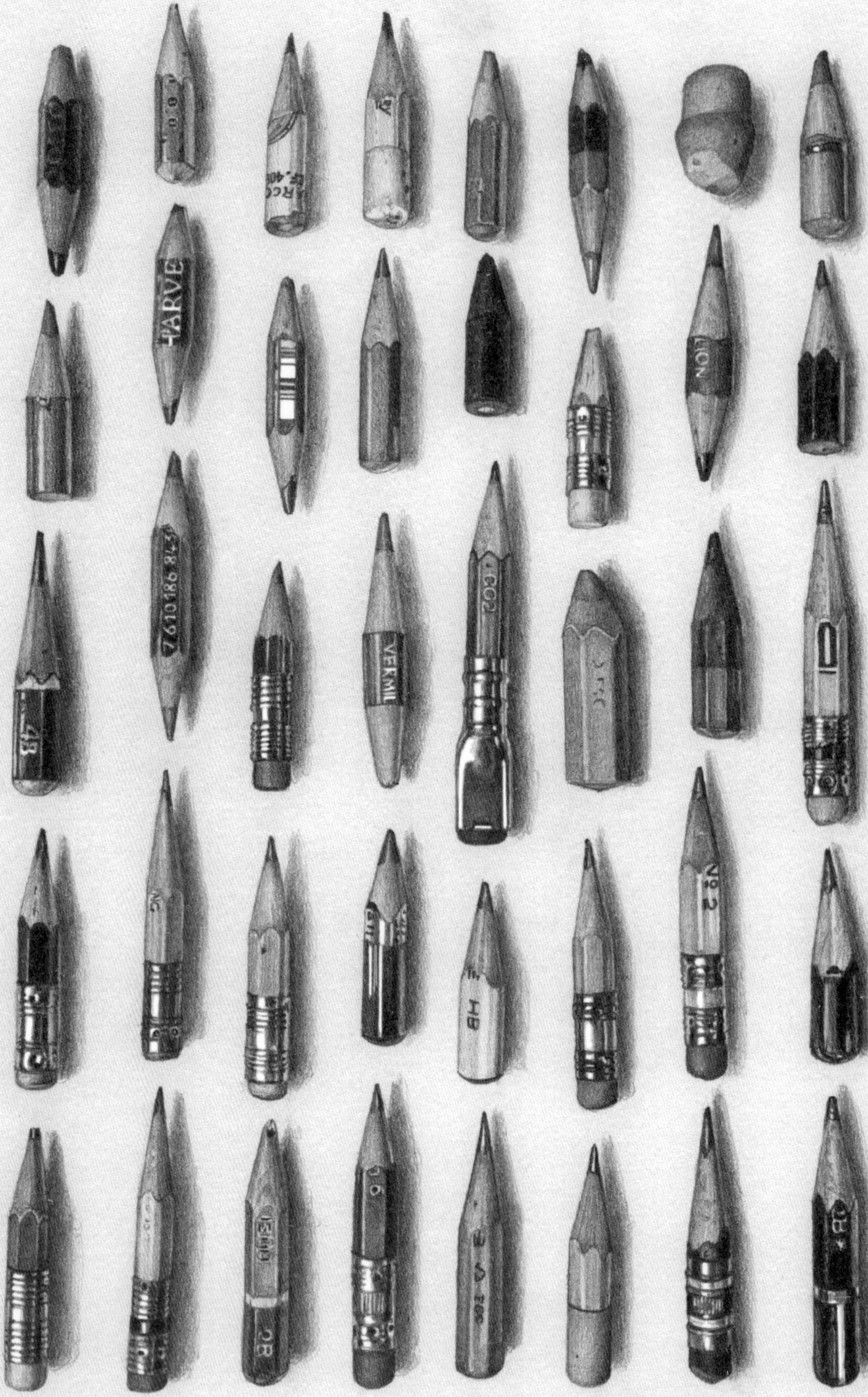
PARVE
LION
4B
VERMIL
HB
2B

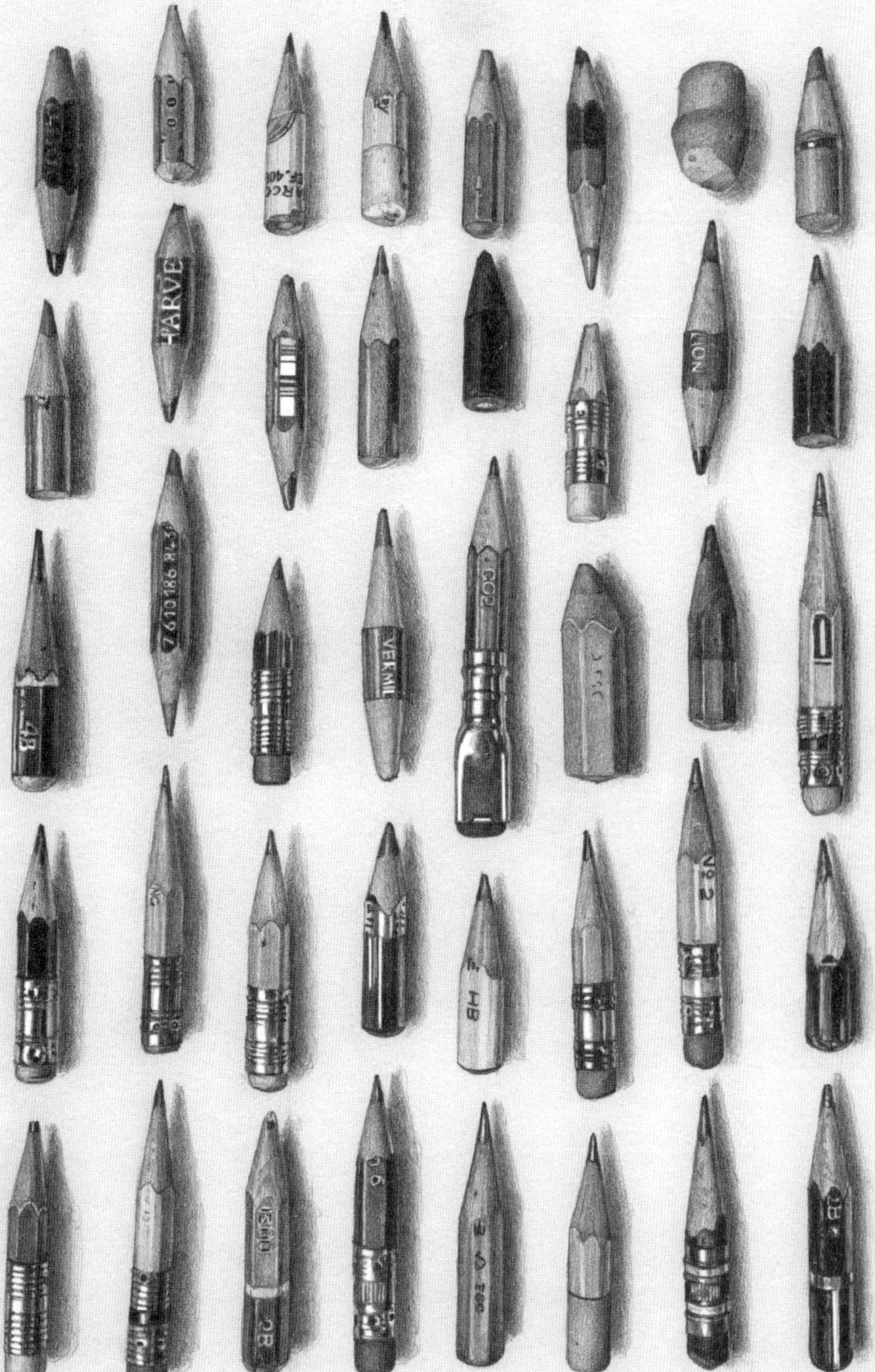
HARVE
LION
4B
HB

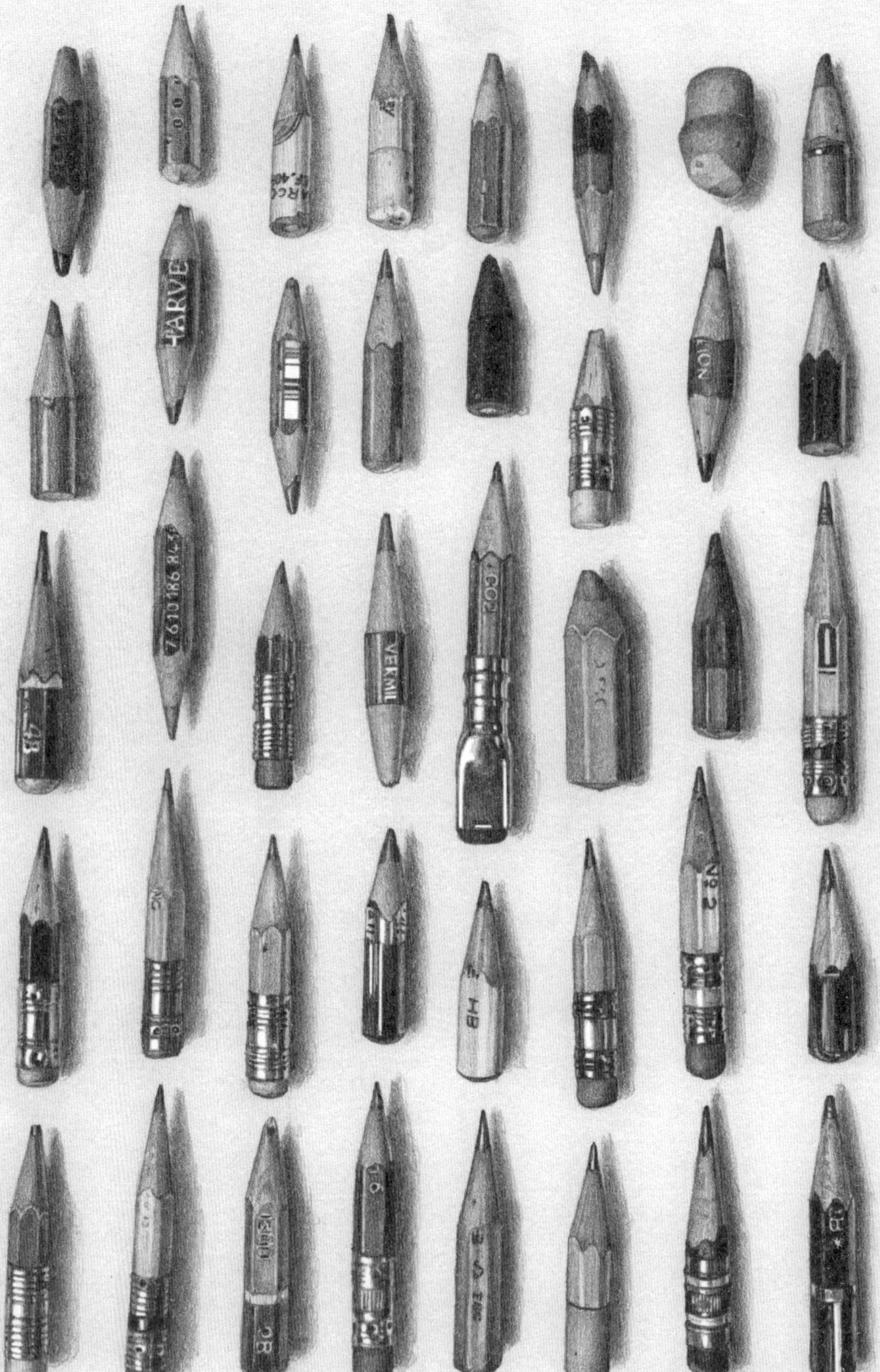
HARVE
VERMIL
4B
HB
2B